Hans van Ooyen

Heute gehört uns Deutschland ...

Die lange Geschichte der faschistischen Machtergreifung

WELTKREIS

CIP-Kurztitelaufnahme der Deutschen Bibliothek

Ooyen, Hans van:
Heute gehört uns Deutschland …: d. lange
Geschichte d. faschist. Machtergreifung /
Hans van Ooyen. – Dortmund: Weltkreis, 1983
ISBN 3-88142-286-2

Postfach 789
4600 Dortmund 1

Umschlag: Detlef Meißner, Hamburg
Lektorat: Jürgen Starbatty, Münster
Herstellung: Plambeck & Co Druck und Verlag GmbH, 4040 Neuss
Auflage: 5.4.3.2.1.
ISBN 3-88142-286-2

Hans van Ooyen

Heute gehört uns Deutschland ...

Die lange Geschichte der faschistischen Machtergreifung

Weltkreis

Der Autor

Hans van Ooyen, 1954 in Duisburg geboren, lebt mit Frau und zwei Kindern als „freier“ Schriftsteller in Marl. Nach dem Abitur studierte er Germanistik und Philosophie. Bekannt wurde er vor allem durch seine Hörspiele, in denen er sich mit dem Nationalsozialismus und der Rechtsentwicklung in der Bundesrepublik auseinandersetzt. Seine Kriminalhörspiele mit politischem Hintergrund wurden nicht nur in der BRD, sondern auch in der DDR, der ČSSR und Frankreich ausgestrahlt.

1980 erhielt er für den Erzählband „Die Schrift an der Wand“ (Asso-Verlag) ein Stipendium des Kultusministers von NRW. Der Bulgarische Rundfunk verlieh ihm 1981 für einen Essay über antifaschistischen Widerstand einen ersten Preis. Im Weltkreis-Verlag erschien von ihm 1982 der „Reagan-Report“, im selben Jahr gab er den Band „Zu den Sternen – Wohin sonst?” (Fritz Seibert) heraus.

Inhalt

Für Sascha

Der Geist von Auschwitz lebt

Am 26. September 1980 explodierte am Haupteingang des Münchener Oktoberfests eine Rohrbombe, es gab 13 Tote und 213 Verletzte. Am 24. Dezember ermordete der Neonazi Frank Schubert zwei Schweizer Zöllner, die ihn beim Waffenschmuggel gestellt hatten. Im folgenden Jahr entdeckte die Polizei im Kreis Uelzen 31 Waffenlager der Neonazis, bestückt mit 156 Kilo Sprengstoff, 230 Sprengkörpern, 50 Panzerfäusten, 258 Handgranaten, 13530 Schuß Munition sowie größere Mengen Zyankali, Arsen und Strychnin. Was da in 88 Kisten in der Lüneburger Heide aufgefunden wurde, stammte zum größten Teil aus Bundeswehrbeständen. Ein Kriminalbeamter kommentierte: „Solche Mengen kann man nicht stehlen, das muß geliefert worden sein."

Der Geist von Auschwitz lebt, nicht nur in den Köpfen der neuen Rechten; der Faschismus zeigt uns sein Alltagsgesicht: „Was ist blau und treibt im Rhein?" fragt ein Bekannter nebenbei. „Die richtige Antwort: ein Türke im Müllsack." „Oder kennst du den?" mischt sich ein anderer grinsend ein: „Was ist der Unterschied zwischen Juden und Türken?" Als keine Antwort kommt, gibt er sie selbst mit breitem Lachen: „Na, die Juden haben es hinter sich."

Symptome für die Bedrohung von rechts finden sich genug: Da ist die Sprache unserer Journalisten, die vom „Reinigen" palästinensischer Flüchtlingslager und von der „Versaftung" der PLO sprachen, wo es Völkermord heißen mußte. Da liegt – noch immer unbehelligt – die *Nationalzeitung* an fast allen Kiosken aus. Da verweigert eine Tageszeitung nicht den Abdruck jenes Inserats, in dem ein „Geschäftsmann ... preiswerte Hitlerbüsten" anbietet, und da kann sich die rechtsextremistische „Liste für Ausländerstopp" der wohlwollenden Toleranz der „Demokraten" sicher sein. Da gelten Massenmörder als geachtete Leute, denen man ruhig die Erziehung der Jugend anvertrauen kann, und da werden Antifaschisten von entnazifizierten Richtern verurteilt, weil sie Nazis Nazis nennen. Da stehen Zehnjährige an piepsenden, summenden, knatternden Automaten, spielen den „Krieg der Sterne" und holen reihenweise feindliche Raumschiffe vom Mattscheibenhimmel. Da schreiben Schulkinder in ihren Aufsätzen: „Hitler wollte einen sauberen, friedlichen, von Verbrechern befreiten Staat... Er hat die Arbeitslosigkeit bekämpft, indem er Autobahnen bauen ließ."

Ein 17jähriger Berufsschüler legt den Finger in die offene Wunde unserer unbewältigten Vergangenheit: „Von Hitler weiß ich sehr wenig, um nicht zu sagen, überhaupt nichts. Diese Feststellung bezieht sich auf den Menschen Adolf Hitler und dessen hintere Beweggründe und nicht etwa auf Fakten und Jahreszahlen, denn damit wurde man regelrecht gefüttert. So weiß ich, daß Hitler 1933 die Macht in Deutschland übernahm. Was ich aber nicht weiß, ist, warum haben die Leute alle NSDAP gewählt?“

In der Jugend ist Unwissenheit über die Ursachen der nationalsozialistischen Machtübernahme weit verbreitet. Sie zeigt nicht nur die Versäumnisse der Schulpädagogik vergangener Jahrzehnte, die dazu beitrug, daß sich eine antifaschistische Tradition in der BRD nicht entwickeln konnte. Sie stellt auch die Republik selbst in Frage, denn wie sollen diejenigen, die die Gründe der Machtübernahme nicht überblicken, die Gefahren einer neuen Rechtsentwicklung frühzeitig erkennen, bevor neue Diktatoren im Sattel sitzen? Wer nicht weiß, wie sich die Nazidiktatur etablierte, bleibt blind für die Gefahr von rechts.

Wie kommt man den Ursachen der „Machtergreifung“ auf die Spur? Über keinen Abschnitt unserer Geschichte wurde so viel geschrieben wie über die Zeit vom Ausbruch des ersten Weltkriegs bis zur Befreiung vom Naziterror am 8. Mai 1945. Das erleichtert die Aufgabe nicht, denn gerade über diese Epoche halten sich bis auf den heutigen Tag zugleich die meisten Geschichtsfälschungen.

Wie findet man sich in den Dokumentenbergen zurecht? Wer weist meiner Generation, die den Faschismus nicht aus eigenem Erleben kennt, den Weg durch die Vorgeschichte des „Tausendjährigen Reichs“?

Wer, wenn nicht jene Deutschen, die das NS-Regime am eigenen Leib erfuhren? Noch gibt es sie: Männer und Frauen, die als Zeitzeugen über den Weg der Weimarer Republik in den Faschismus aussagen, Ursachen analysieren und Täter beim Namen nennen können, weil sie den Hergang der Tat selbst beobachtet haben.

Der Marler Bergmann Gustav Gäde, dem ich an einem Novembertag des Jahres 1981 gegenübersitze, steht nicht im Verdacht, ein Sympathisant der Nazis gewesen zu sein. Vierzehn Tage nach Hitlers Machtübernahme verhaftete ihn ein NS-Rollkommando in seiner Wohnung und verschleppte ihn in die berüchtigte Folterkammer der Gestapo Recklinghausen. Mehrere Jahre mußte er im Konzentrationslager Börgermoor (Emsland) Schwerstarbeit lei-

Gustav Gäde

sten. Der Kolben eines Nazigewehrs hat ihm damals den Kiefer und das linke Ohr zertrümmert. Am rechten Arm sieht man heute noch die eintätowierte Häftlingsnummer in verblaßtem Blau.

Er stopft sich eine Pfeife, während er über meine Frage nachdenkt. „Die Ursachen des Faschismus?“ wiederholt er nachdenklich. Dabei drückt er mit dem Daumen den Tabak im Pfeifenkopf fest. „Hast du nicht was Leichteres?“

Er sucht nach einem Anfang, vergißt sogar, seine Pfeife anzuzünden, raucht kalt, ohne es zu merken. „Ich kann dir meine Geschichte erzählen“, sagt er langsam. „Wenn du den 30. Januar 1933 begreifen willst, dann mußt du die Weimarer Republik verstehen, aber die verstehst du nicht, wenn du nicht kapierst, wie sie entstanden ist. Am besten ist es da wohl, wenn ich mit dem Krieg anfange, mit dem von 14/18, denn da wurden die Weichen für Weimar gestellt.“

Burgfrieden mit dem Kapital

„Als der Krieg ausbrach, das war ein Freudentaumel“, beginnt er seine Erzählung. „Die waren bei uns wie betäubt, schwenkten Fahnen, grölten Kriegslieder, und die Männer meldeten sich freiwillig zur Front. Sie wurden mit Musik zum Bahnhof geleitet und da verabschiedet. ‚Weihnachten sind wir zu Hause!‘ hieß es.

Die Jungen spielten den Krieg gegen die ‚Franzmänner‘ und die ‚Ruskies‘, denn überall wurde uns eingeredet, Krieg sei eine große Sache, eine Zeit der Abenteuer und der Bewährung. Viele träumten davon, bald selbst die Uniform anziehen und an die Front gehen zu dürfen.“

Die Kriegsbegeisterung, die die große Mehrheit der Bevölkerung ergriff, als der deutsche Kaiser zum „Waffengang“ gegen das zaristische Rußland und das republikanische Frankreich rief, war von langer Hand vorbereitet. Die Verherrlichung des Krieges, die systematische Erzeugung nationalen Größenwahns und das Totschweigen jeder Information, die dem staatlich verordneten Weltbild widersprach, gehörten im Wilhelminischen Kaiserreich zum Pflichtpensum der Schulen und der nationalistisch gesinnten Obrigkeitspresse.

Die Medien in unserem Land verschweigen gern, daß Deutsche auf das Säbelrasseln am Vorabend des ersten Weltkrieges auch anders reagiert haben. Monate zuvor wiesen sozialdemokratische Zeitungen auf die Gefahr eines Krieges hin. Noch drei Tage vor dem Attentat in Sarajewo forderte die SPD in einem Manifest: „Die herrschenden Klassen, die euch im Frieden knebeln, wollen euch als Kanonenfutter mißbrauchen. Überall muß den Gewalthabern in den Ohren klingen: Wir wollen keinen Krieg!“

Doch die Herrschenden wollten Krieg, allen voran der deutsche Adel und das Großkapital, die sich bei der Aufteilung der Welt in Herrschaftsgebiete der Großmächte zu kurz gekommen glaubten und die britisch-französische Vormachtstellung in Europa, Afrika und im Nahen Osten brechen wollten. England, Frankreich, die USA und Rußland sahen ihrerseits in einem Krieg eine Chance, ihren Kolonialbesitz auszudehnen und lästige Konkurrenten auszuschalten.

Das Attentat serbischer Nationalisten auf das österreichische Thronfolgerpaar am 28. Juni 1914 kam den deutschen Kriegsstrategen gerade recht, denn es lieferte den Vorwand zum Losschlagen. Kaiser Wilhelm II. beschwor seine österreichischen Verbündeten, die Gunst der Stunde zu nutzen und Serbien zum Krieg zu provozieren, denn er wußte: Ein Krieg mit Serbien mußte dessen Verbündeten Rußland und damit auch Frankreich und Großbritannien auf den Plan rufen.

Nur die Sozialdemokratie stand im Landesinneren den Kriegsplänen im Weg. Schon Silvester 1905 hatte Wilhelm II. in einem Brief an Reichskanzler Bülow die aggressiven Pläne aufgedeckt: „Die Hauptsache aber wäre", schrieb der Monarch, „daß wir wegen unserer Sozialisten keinen Mann aus dem Lande nehmen können ohne äußerste Gefahr für Leben und Besitz der Bürger. Erst die Sozialisten abschießen, köpfen und unschädlich machen – wenn nötig per Blutbad – und dann Krieg nach außen."

Wenn die deutschen Kriegstreiber auf dem Schlachtfeld Erfolg haben wollten, mußten sie stabile Verhältnisse im Reich schaffen. Die organisierte Arbeiterklasse – Gewerkschaften und Sozialdemokratie – mußte ausgeschaltet werden.

„Mein Vater war überzeugter Sozialdemokrat", erzählt Gustav Gäde. „Als die Leute auf den Straßen wie im Taumel Kriegslieder grölten, hat er sich ihnen entgegengestellt und hat geschrien: ‚Nieder mit dem Krieg!' Aus einiger Entfernung konnte ich beobachten, wie die aufgeputschte Menge ihn umringte. Es hat nicht viel gefehlt, dann hätten sie ihn an einer Gaslaterne aufgehängt. Die Polizei hat nur dabeigestanden und seelenruhig zugesehen. Ich war starr vor Angst, konnte mich nicht rühren. Verstanden habe ich damals nicht, warum Vater das machte. Es hat mich aber lange Zeit beschäftigt."

In den Großstädten sammelten sich die Kriegsgegner spontan zu Massendemonstrationen. Allein in Berlin kamen Zehntausende zu Protestkundgebungen, über die Berlins Polizeipräsident berichtete: „Nach Schluß versuchten die Teilnehmer aller Versammlungen, in ... nach Tausenden zählenden Ansammlungen nach dem Stadtinnern zu dringen, und es gelang zum Teil erst unter Waffenanwendung und unter Vornahme von Verhaftungen, die Massen zu zerstreuen."

Die Antikriegskundgebungen zeigten, daß viele Arbeiter nicht in die Schützengräben ziehen wollten, um Kolonien zu erobern und die Konkurrenz der deutschen Konzernherren auszuschalten. Deshalb bereitete das kaiserliche Deutschland für die Kriegszeit harte Unterdrückungsmaßnahmen gegen die Arbeiterschaft vor. Gleichzeitig versuchte die Staatsführung jedoch, SPD und Gewerkschaften für ein Stillhalteabkommen zu gewinnen und von der Notwendigkeit des Krieges zu überzeugen.

Während Ende Juli Hunderttausende gegen den drohenden Krieg demonstrierten, verhandelten SPD-Führer im Geheimen mit der kaiserlichen Regierung. Obwohl sie bei diesen Gesprächen von den deutschen Aggressionsplänen erfuhren, versuchten sie später, den Eindruck zu vermitteln, das zaristische Rußland sei der Hauptkriegstreiber, gegen den das deutsche Volk einen Verteidigungskrieg führen müsse. Die Parteileitung versprach der Regierung, während des Krieges keine Kampfaktionen einzuleiten und sich „mißverständlicher" Äußerungen in der sozialdemokratischen Presse zu enthalten.

Die SPD-Presse reagierte sofort: Am 30. Juli schrieb der Chef des Parteiorgans *Vorwärts*, Friedrich Stampfer, anläßlich der russischen Mobilmachung in einem für alle SPD-Zeitungen bestimmten Leitartikel: „Wenn die verhängnisvolle Stunde schlägt, werden die Arbeiter das Wort einlösen, das von ihren Vertretern für sie abgegeben worden ist. Die ‚vaterlandslosen Gesellen' werden ihre Pflicht erfüllen und sich darin von den Patrioten in keiner Weise übertreffen lassen."

Am gleichen Tag sagte sich der Parteivorstand vom Kampf gegen den imperialistischen Krieg los und forderte von den Mitgliedern Ruhe und Ergebenheit: „Unbesonnenheiten, nutzlose und falsch verstandene Opfer schaden in diesem Augenblick nicht nur dem einzelnen, sondern unserer Sache."

Hatte nicht 1912 der Kongreß der Sozialistischen Internationale festgestellt: „Die Proletarier empfinden es als ein Verbrechen, aufeinander zu schießen zum Vorteile des Profits der Kapitalisten, des Ehrgeizes der Dynastien oder zur höheren Ehre diplomatischer Geheimverträge." Nun rief die SPD-Führung die Arbeiter zu den Waffen! Wie hatte es dazu kommen können?

Gustav Gäde holt ein altes Buch aus dem Schrank. „Das habe ich über manche Durchsuchung gerettet", sagt er, während er nach der Stelle sucht, die er mir zeigen will. *Karl Liebknecht – Reden und Schriften,* steht auf dem Einband. Gustav Gäde tippt mit dem Finger auf eine Stelle, die mit Bleistift markiert ist:

„Das ist der verhängnisvolle Zirkel, in dem sich die großen, zentralisierten, mit fest besoldeten Funktionären versehenen Organisationen bewegen, daß sie in dieser Berufsbürokratie eine der revolutionären Interessen des Proletariats geradewegs feindliche Schicht nicht nur erzeugen, sondern zu ihrem Bevollmächtigten,

Führer und gar leicht Tyrannen machen, während die geistige und moralische Selbständigkeit, der Wille, die Initiative, die Eigenaktion der Massen zurückgedrängt oder ganz ausgeschaltet wird.“ Liebknecht, einer der populärsten Führer der deutschen Sozialdemokratie, hat diese Zeilen 1916 im Gefängnis verfaßt.

Gustav Gäde merkt, daß mich dieses Zitat nicht zufriedenstellt. Es reicht zur Erklärung des plötzlichen Bruchs der Parteiführer mit der sozialdemokratischen Friedenspolitik nicht aus. Er erzählt, wie sich unter dem Einfluß vom Marx und Engels 1869 der Vorläufer der sozialdemokratischen Partei bildete. Die von Wilhelm Liebknecht und August Bebel geleitete Sozialdemokratische Arbeiterpartei forderte den „Kampf für die Befreiung der arbeitenden Klassen“.

Vor dem Hintergrund des Deutsch-Französischen Krieges 1870/71 und der Reichsgründung schloß sich die „Partei Marx“ in Gotha 1875 mit dem 1863 gegründeten Allgemeinen Deutschen Arbeiterverein Ferdinand Lassalles zur Sozialistischen Arbeiterpartei zusammen. Im Gegensatz zu den Marxisten der Arbeiterpartei strebten die Lassalleaner einen Kompromiß mit den Mächtigen an und hofften, in Reichskanzler Bismarck, dem Henker der Pariser Kommune, einen „taktischen Bundesgenossen“ zu finden.

Auf der Grundlage der Einigung mit den Lassalleanern entstand die Sozialdemokratie, die bei den nächsten Wahlen schon fast 10 Prozent der Stimmen erhielt und damit eine parlamentarische Stellung einnahm, die die preußische Regierung darüber nachdenken ließ, wie man weitere Gewinne der sozialistischen Arbeiterpartei verhindern könne. Zwei Attentate auf den Kaiser boten den Vorwand zum Gegenschlag: „Gegen die gemeingefährlichen Bestrebungen der deutschen Sozialdemokratie“ ließ der „eiserne Kanzler“ eine hysterische Kampagne entfachen; seine „Sozialistengesetze“ trieben die Partei für zwölf Jahre in die Illegalität.

Nach dem Tod von Karl Marx am 14. März 1883 galt Friedrich Engels gemeinsam mit August Bebel und Wilhelm Liebknecht als höchste Autorität in der SPD. Einstimmig übernahm der Erfurter Parteitag das von ihm und Marx erarbeitete theoretische Grundkonzept ins Parteiprogramm. Zwar versuchte der rechte Flügel die kämpferische Partei der deutschen Arbeiterklasse in eine sozialreformerische „Volkspartei“ zu verwandeln und die marxistischen Prinzipien zu revidieren, doch das Erfurter Programm blieb bis zum Weltkrieg das Fundament der politischen Erziehung und jeder theoretischen Diskussion innerhalb der Sozialdemokratie.

Mit den großen Wahlerfolgen nach Aufhebung der Sozialistengesetze, die im Parteiapparat Bürokratisierung und Hierarchiebildung begünstigten, wurden die Stimmen lauter, die ein Arrangement mit dem bürgerlich-monarchistischen Staat befürworteten und nur noch Forderungen stellen wollten, die sich auf dem Boden des bestehenden Gesellschaftssystems verwirklichen ließen. Eduard Bernstein verlangte zum Beispiel, die SPD solle sich vom theoretischen Ballast der Revolutionserwartung befreien und statt dessen den Staat mit einer Politik der kleinen Schritte zu reformieren suchen. Zwar fand sich für seine Position in der Partei keine Mehrheit, doch wurde der Einfluß revisionistischer Kräfte in der SPD in den kommenden Jahren immer deutlicher.

Als das Kaiserreich am 1. August 1914 Rußland den Krieg erklärte, spürten die sozialdemokratischen Reformpolitiker, daß ihre Stunde gekommen war. Am 4. August, als deutsche Truppen das neutrale Belgien überfielen, beriet die Reichstagsfraktion der SPD über die vom Kaiser geforderten Kriegskredite.

In der Fraktionssitzung ging es hoch her: Abgeordnete wie Eduard David begrüßten den Krieg als einzige Möglichkeit, mit der Regierung ins Geschäft zu kommen und von ihr im Gegenzug in Preußen das allgemeine Wahlrecht sowie die Parlamentarisierung des Reiches zu erhalten. Die Gruppe um Friedrich Ebert und Philipp Scheidemann hielt die Bewilligung der Kriegskredite für unumgänglich, weil der Ausbruch des Krieges inzwischen vollendete Tatsachen geschaffen hatte. Sie sahen keine andere Möglichkeit, als dem „Vaterlande" die Mittel zur Verfügung zu stellen, die es zur „Verteidigung" benötigte.

Die Fraktionsmehrheit fürchtete, die Regierung werde die Partei verbieten, wenn sie sich gegen die Kredite ausspräche. Was sie nicht wußte und die Parteiführung glatt verschwieg, war, daß diese Gefahr nicht bestand, denn der Parteivorstand hatte von Reichskanzler Bethmann Hollweg längst die Zusicherung erhalten, die Arbeiterorganisationen könnten legal weiterarbeiten, wenn sie nur nicht zum Massenstreik aufriefen.

Wenige Abgeordnete fanden den Mut, ihren Spitzenpolitikern zu widersprechen. Nur einer – Karl Liebknecht – verlangte nachdrücklich, die Arbeiterschaft zum Kampf gegen den Krieg aufzurufen. Er beschwor seine Fraktionskollegen: „Es handelt sich um einen imperialistischen Krieg, einen Krieg um die kapitalistische Beherrschung des Weltmarktes, um die politische Beherrschung wichtiger Siedlungsgebiete für das Industrie- und Bankkapital."

Die Fraktionsleitung versuchte, Liebknecht das Wort zu entziehen, doch der prominente Sprecher der Kriegsgegner rief in den Sitzungssaal: „Unter Protest gegen den Krieg, seine Verantwortlichen und Regisseure, gegen die kapitalistische Politik, die ihn heraufbeschwor, gegen die kapitalistischen Ziele, die er verfolgt, gegen die Annexionspläne, gegen den Bruch der belgischen und luxemburgischen Neutralität, gegen die Militärdiktatur, gegen die soziale und politische Pflichtvergessenheit, deren sich die Regierung und die herrschende Klasse auch heute noch schuldig machen, lehne ich die geforderten Kriegskredite ab."

Die Fraktionsleitung beendete die Aussprache abrupt und ordnete Abstimmung an. 14 Abgeordnete stimmten gegen, 78 Abgeordnete für die Bewilligung des Kriegsetats. Die Parteiführung verlangte von der Minderheit, im Reichstag mit „Ja" zu stimmen. Fraktionszwang wurde verfügt, die Minderheit beugte sich, widerwillig stimmte auch Liebknecht zu.

Hugo Haase, stellvertretender Fraktionsvorsitzender der SPD, begründete vor den begeistert applaudierenden Abgeordneten des Bürgertums und der Junker das einstimmige Votum seiner Partei: „Nicht für oder gegen den Krieg haben wir heute zu entscheiden, sondern über die Frage der für die Verteidigung unseres Landes erforderlichen Mittel. Da machen wir wahr, was wir immer betont haben: Wir lassen in der Stunde der Gefahr das eigene Vaterland nicht im Stich."

Gustav Gäde erinnert sich an eine Sitzung des SPD-Ortsverbandes unmittelbar nach der Entscheidung der Reichstagsfraktion: „Mein Vater nahm mich zu der Versammlung mit. Der Saal war überfüllt. Jugendliche drängten von der Tür herein, man rückte zusammen, aber nicht alle fanden Platz. Die Leute sprachen aufgeregt miteinander. ‚Auch Liebknecht?' hörte ich. ‚Einstimmig!' kam die Antwort, die mit lauten Pfui-Rufen kommentiert wurde.

Der Versammlungsleiter beschwor die Genossen, Ruhe zu bewahren und schlug mit seinem Pfeifenstopfer an das Bierglas. ‚Genossen! Beruhigt euch!'

Ein Mädchen schrie: ‚Ihr habt uns verraten!'

‚Pfui', tobte der Saal. Dem Versammlungsleiter standen dicke Schweißperlen auf der Stirn. ‚Wir haben Krieg, Genossen!' krächzte er, aber im Saal gab es nur eine Antwort: ‚Die Bewilligung der Kriegskredite ist Verrat!'

Ein Reichstagsabgeordneter war extra aus Berlin gekommen.

Der war sehr aufgebracht und brüllte in den Saal: ‚Euer Liebknecht hat doch auch zugestimmt!'

Da hat es meinen Vater nicht mehr auf dem Stuhl gehalten: ‚Liebknecht hat zugestimmt!' schrie er. ‚Genossen, das ist nur die halbe Wahrheit! Sagen Sie den Genossen doch auch, warum Liebknecht zugestimmt hat!' rief er dem Reichstagsabgeordneten zu. Der zischte zurück: ‚Wollen Sie hier etwa aus dem Nähkästchen plaudern? Das gehört nicht hierher!'

Da tobte der Saal erst richtig los. Ich habe mir die Ohren zuhalten müssen, so ein Radau war da. ‚Und ob das hierher gehört!' schrie eine Genossin. ‚Gäde soll sprechen!'

Der Versammlungsleiter versuchte, die Leute zum Schweigen zu bringen, aber es gelang ihm nicht. ‚Gäde! Gäde!' schrie es von allen Seiten. Der Reichstagsabgeordnete stand auf. Er war puterrot und knurrte: ‚Da braucht ihr mich wohl nicht mehr.'

‚Bleiben Sie, Genosse!' sagte mein Vater. ‚Sie sollten sich das anhören, was die Genossen darüber denken, daß ihr Liebknecht gezwungen habt, für die Kredite zu stimmen!'

Alles tuschelte aufgeregt miteinander, denn das war eine empörende Neuigkeit. Der Reichstagsabgeordnete war schon an der Tür. ‚Ich werde dem Parteivorstand Meldung machen!' drohte er und verließ türschlagend den Raum."

Zur gleichen Zeit schrieb Konrad Haenisch, ein vom linken zum rechten Flügel gewanderter Sozialdemokrat, in sein Tagebuch: „Bis dann ... plötzlich die furchtbare Spannung sich löste, bis man wagte, das zu sein, was man doch war, bis man ... aus vollem Herzen, mit gutem Gewissen und ohne jede Angst, dadurch zum Verräter zu werden, einstimmen durfte in den brausenden Sturmgesang: Deutschland, Deutschland über alles."

Für die Arbeiterfamilien gab es keinen Grund zum Jubel, denn was als „Blitzkrieg" geplant war, zog sich hin. Verlustreiche Menschen- und Materialschlachten lösten die Anfangserfolge des deutschen Militärs ab. Von Tag zu Tag wurden die Listen mit den Namen der Gefallenen und Vermißten länger. Sie trugen dazu bei, die Begeisterung der ersten Tage rasch in Kriegsmüdigkeit und Friedenssehnsucht umschlagen zu lassen.

„Mein Onkel war in seinem Dorf einer der ersten, die sich freiwillig zur Front meldeten", berichtet Gustav Gäde. „Aber schon nach ein paar Monaten schrieb er verzweifelte Briefe nach Hause. Ich kann mich noch erinnern, in einem dieser Briefe hieß es sinngemäß: es war ein furchtbares Gemetzel, ganz so, als ob die Welt untergehen sollte. In drei Tagen hatten wir bei uns tausend Mann Verluste. Ganz schlimm ging es den Verwundeten, die zwischen den Fronten lagen, die mußten elendig krepieren. Ich wache jetzt nachts oft auf, weil ich ihre Schreie nicht mehr loswerde.' So kurierte der Krieg selbst die schlimmsten Fanatiker."

Auch Gewerkschaftsführer fanden sich zur „Arbeitsgemeinschaft" mit dem Großkapital bereit und schlossen ihren Burgfrieden mit den Militaristen: Sie fragten im Reichsamt des Inneren nach, ob im Fall eines Krieges Maßnahmen gegen die Gewerkschaften zu erwarten seien. Aus dem Ministerium kam frohe Kunde: „Wir denken nicht daran, Ihnen zu Leibe zu gehen, falls Sie uns keine Schwierigkeiten machen, denn wir sind froh, große Organisationen der Arbeiterklasse zu haben, auf die sich die Regierung bei den notwendigen Hilfsaktionen stützen kann."

Daran, den Herrschenden Schwierigkeiten zu bereiten, hatten diese „Arbeiterführer" gar nicht gedacht; hoch erfreut, daß Regierung und Unternehmer bereit waren, sie als Partner zu akzeptieren, setzten sie auf den Konferenzen der Verbandsvorstände durch, sofort alle Streiks abzubrechen, die von den Arbeitern eingezahlten Beiträge für die Kriegsfürsorge aufzuwenden und die Werktätigen zur Erntehilfe auf den Gütern der Junker anzuhalten.

Die Unternehmer wollten den kriegsbedingten Arbeitskräftemangel im Innern nutzen und forderten die Aufhebung der Arbeitsschutz- und Arbeitszeitbestimmungen, um weitere Profite erwirtschaften zu können. Rechte Gewerkschaftsführer, die ihren Frieden mit dem Großkapital längst geschlossen hatten, waren erneut zur Stelle: Carl Legien, Vorsitzender der Generalkommission der Freien Gewerkschaften, der bereits am 2. August 1914 erklärt hatte: „Wie die Dinge heute liegen, hört die Demokratie in den Gewerkschaften auf", macht sich für die Annahme des von den Konzernchefs geforderten Hilfsdienstgesetzes stark, mit dem der Arbeitstag bis an die Grenze physischer Leistungskraft ausgedehnt wurde. Für viele Beschäftigte hieß das zwölf Stunden Arbeit täglich; Nacht- und Feiertagsarbeit wurden zur Regel.

Die Gewerkschaftsführung machte sich selbst die Kriegsziele des deutschen Imperialismus zu eigen, wie ein Zitat aus dem Organ des Deutschen Transportarbeiter-Verbandes belegt: „An der unvergleichlichen Tapferkeit der deutschen und österreichischen Truppen zerschellen ... die verruchten Pläne des wort- und treuebrüchigen Blutzaren und seiner Alliierten", trommelte der *Courier* und frohlockte: „Heute weht die deutsche Fahne auf den Türmen Antwerpens, hoffentlich für immer."

Die Linke wertete die Zustimmung der SPD-Fraktion zu den Kriegskrediten als Verrat an den Interessen der Arbeiterklasse. Das Wort „Sozialchauvinismus" machte die Runde. „Sozialchauvinisten", erläutert Gustav Gäde, „nannten die Linken in der Partei diejenigen Sozialdemokraten, die für ein Bündnis zwischen Kapital und Arbeit eintraten, die den Krieg zur nationalen Aufgabe erklärten und dabei völlig vergaßen, daß die Konzernbosse die größten Feinde der Arbeiter sind. Sozialchauvinisten, damit meinte man die Politiker innerhalb unserer Partei, die dafür eintraten, daß sich die Proleten an den Fronten gegenseitig abschlachteten."

Wie sehr die rechte Sozialdemokratie inzwischen mit den Kriegszielen des deutschen Imperialismus übereinstimmte, bezeugt eine Tagebuchnotiz Eduard Davids, der nach einer Besprechung mit Parteifreunden „sozialdemokratische" Kriegsziele nannte: „Wegnahme des Kongostaates und Bildung eines großen deutschen Kolonialreichs durch das äquatoriale Afrika hindurch. Frankreich müßte das französische Kongoland dreingeben, evtl. Tanger als deutscher Flottenstützpunkt... Die Eingeborenen der betroffenen Länder gewinnen nur durch den Übergang in die deutsche Verwaltung. Die Kollegen sind der gleichen Meinung, glauben auch, daß man damit bei der großen Mehrheit der Partei keinen Widerstand fände."

Die Parteilinke erkannte, daß es sich bei der Zustimmung zum Krieg nicht um einen taktischen Fehler, sondern um die Aufgabe sozialdemokratischer Prinzipien handelte. In einer Partei, die sich die Kriegsziele der deutschen Rüstungsindustrie zu eigen machte, sahen sie für sich keinen Platz mehr. Zwar hatte auch Karl Liebknecht für die Kriegskredite gestimmt, um nicht gegen die Parteidisziplin zu verstoßen, und mußte sich deshalb der heftigen Kritik seines Wahlbezirks stellen. Im Unterschied zu den anderen Mitgliedern der SPD-Fraktion erkannte er jedoch seinen Fehler, distanzierte sich öffentlich von der Stimmabgabe und versprach, in Zukunft „einen kompromißlosen Kampf gegen den Wilhelminischen Krieg und die Kaisersozialisten zu führen".

Er gelangte zu der Überzeugung, daß jede Gemeinsamkeit mit den Anhängern der Mehrheitssozialdemokratie schädlich sei. „Keine Verbindung, die der freien Initiative Fesseln anlegt", forderte er. „Diese Initiative der Massen zu fördern, ist gerade für

Deutschland, dem Land des passiven Massen-Kadavergehorsams, die dringendste Erziehungsaufgabe, die gelöst werden muß, selbst auf die Gefahr hin, daß vorübergehend alle ‚Disziplin' und alle ‚strammen Organisationen' zum Teufel gehen."

Seine Thesen vom November 1914, in denen er die Kriegsschuld Deutschlands nachwies und allgemeine Gesetzmäßigkeiten des Krieges analysierte, gaben der Parteilinken die politisch-theoretische Plattform. Die Thesen schlossen mit einem Appell an die internationale Arbeiterschaft, „sich zu erheben gegen den Wahnwitz, in dem sie ihr bestes Blut für ihre Ausbeuter und Unterdrükker verspritzen ...". Der Appell brachte die Hoffnung der Linken zum Ausdruck, „daß der Tag bald kommen wird, an dem die Proletarier im Feld erklären werden, wir schießen nicht mehr aufeinander".

Natürlich nahm die Parteirechte Liebknechts Attacken nicht einfach hin, sondern versuchte, den populären Sozialdemokraten in der Partei zu isolieren. Nach Liebknechts öffentlicher Stellungnahme gegen die Kriegskredite verurteilte die Fraktion am 4. Februar 1915 sein Verhalten als „unvereinbar mit den Interessen der deutschen Sozialdemokratie". Drei Tage später wurde der Führer der Oppositionsbewegung zum Kriegsdienst zwangsrekrutiert. Die Teilnahme an politischen Versammlungen wurde ihm ausdrücklich

Karl Liebknecht (3. von links) als zwangsrekrutierter Soldat

verboten. Seine Mitstreiterin Rosa Luxemburg mußte im gleichen Monat eine einjährige Kerkerhaft antreten, weil sie ein Jahr zuvor auf Versammlungen in Frankfurt/Main erklärt hatte: „Wenn uns zugemutet wird, die Mordwaffe gegen unsere französischen oder andere ausländische Brüder zu erheben, so erklären wir: Nein, das tun wir nicht."

„Aber Karl und Rosa arbeiteten auch unter diesen schweren Bedingungen weiter", erzählt Gustav Gäde. Am 5. März gründete Karl Liebknecht mit anderen bekannten Arbeiterführern die Gruppe Internationale, die erste Organisationszentrale der oppositionellen Arbeit im Reich; im April 1915 erschien die Startnummer der von Rosa Luxemburg edierten Zeitschrift *Die Internationale,* die zu einer bedeutsamen Diskussionstribüne der Parteilinken heranreifte.

Der Bruch in der SPD, von den Revisionisten planmäßig herbeigeführt, um die Partei „salonfähig" zu machen, war nicht mehr zuzudecken. Er führte zur Konstituierung des Spartakusbundes und der Unabhängigen Sozialdemokratischen Partei Deutschlands (USPD), die sich im April 1917 in Gotha zusammenschlossen, um die revolutionäre Tradition der deutschen Sozialdemokratie fortzuführen.

Gustav Gäde erläutert den Unterschied zwischen Spartakusbund und Unabhängigen: „Im Spartakusbund waren die radikalen Kriegsgegner, die den Krieg durch den Sturz der deutschen Monarchie beenden wollten. In der USPD kamen verschiedenartige Kräfte zusammen, zum Teil auch Leute wie Bernstein und Kautsky, die zwar den Krieg ablehnten, die aber zugleich die Arbeiter für ihre reformerische Politik gewinnen wollten."

Karl Kautsky, einer der namhaftesten Reformpolitiker, schätzte die Rolle der USPD mit den Worten ein: „Die Gefahr, die von der Spartakusgruppe droht, ist eine große... Liebknecht ist heute der populärste Mann in den Schützengräben, das wird von allen übereinstimmend versichert, die von dort kommen. Die unzufriedenen Massen... sehen in ihm den Mann, der für das Ende des Krieges wirkt, und das ist ihnen jetzt die Hauptsache... Hätte sich (die USPD) nicht gebildet, wäre Berlin von den Spartakusleuten erobert und stünde außerhalb der Partei."

Nach dieser Einschätzung ist es nur zu verständlich, daß die Spartakusgruppe nicht in der USPD aufgehen wollte, sondern ihre politische und organisatorische Handlungsfähigkeit auch nach der Vereinigung mit der USPD bewahrte.

Rosa Luxemburg und ihr Verteidiger Paul Lévi auf dem Weg zu dem Gerichtsprozeß, in dem sie wegen Agitation gegen den Krieg angeklagt war.

Die Spaltung der SPD und die Austritte zahlreicher Mitglieder hatten die Spitzenpolitiker in Kauf genommen, um mit den Mächtigen ins Geschäft zu kommen. Sollten die Arbeiter in den Schützengräben ruhig für Vaterland und nationale Interessen verbluten, wenn die Politiker der bürgerlichen Parteien nur endlich aufhörten, die SPD als inneren Feind zu betrachten.

Die Rechnung der „Kaisersozialisten" ging auf: Nicht nur der Generalstab der deutschen Armee legte dem Kaiser dringend ans Herz, „jetzt auch diejenigen Kreise an die Regierung zu bringen, denen wir es in der Hauptsache zu danken haben, daß wir so weit gekommen sind". Auch die Großkonzerne wußten, was sie an „ihren" Sozialisten hatten: Als etwa die deutschen Arbeiter im April 1917 die Rüstungsbetriebe bestreikten, um so der Forderung nach sofortigem Friedensschluß Nachdruck zu verleihen, eilten sozialdemokratische Gewerkschaftsfunktionäre den Fabrikherren zur Seite und halfen, den Massenstreik abzuwürgen, der allein in Berlin 300000 Arbeiter zusammengeführt hatte.

Die Kapitalseite hatte nicht gewagt, den Ausstand gewaltsam niederschlagen zu lassen, denn sie fürchtete das Beispiel der russischen Februarrevolution. Um so dankbarer war sie für die Schützenhilfe rechtsgerichteter Sozialdemokraten, die in diesem Streik eine landesverräterische Aktion sahen.

Die Reichstagsfraktion der SPD sprach sich schon am 23. September mit 55 gegen 10 Stimmen für Regierungsbeteiligung aus. Zwar warnte der Spartakusbund vor dem Eintritt der SPD in die Regierung und prophezeite, „die Scheidemann und Bauer, die jetzt mit einem Kuß auf die Hand der deutschen Monarchie beginnen, (würden) noch mit blauen Bohnen gegen streikende und demonstrierende Arbeiter enden."

Friedrich Ebert verteidigte den SPD-Beschluß im *Vorwärts* jedoch als einzige Möglichkeit, „russische Verhältnisse" in Deutschland zu verhindern; denn hätte die Fraktion die Teilnahme an der Regierung abgelehnt, so hätte sie „das weitere Schicksal Deutschlands der Partei der Revolution", also dem Spartakusbund, überlassen. Da jedoch niemand ernsthaft „der Meinung sein (könne), daß solche Zustände wie in Rußland bei uns wünschenswert sind", habe man sich entschließen müssen, sich „in die Bresche (zu) werfen". Mit dieser Begründung bestätigte Ebert die Befürchtungen des Spartakusbundes, der vermutete, die SPD-Parteispitze „stelle sich als Retter des Kapitalismus der kommenden proletarischen Revolution in den Weg".

Im Oktober 1918 waren die Mehrheitssozialdemokraten endlich am Ziel ihrer Wünsche: Auf Bitten der Obersten Heeresleitung (OHL) und der bürgerlichen Reichtagsparteien nahm der neue Reichskanzler Prinz Max von Baden die SPD-Abgeordneten Philipp Scheidemann und Gustav Bauer in sein Kabinett auf, denn er hatte längst begriffen, daß der Krieg verloren war. Die SPD sollte helfen, der Antikriegsbewegung, die überall aufkeimte, Zügel anzulegen. Da man selbst die Verantwortung für den verlorenen Krieg nicht tragen wollte, waren sozialdemokratische Minister um so nützlicher, denn wenn man sich schon mit „Sozialisten" an den Tisch setzte, dann sollten sie auch die Lasten der militärischen Schlappe tragen helfen.

Trotzdem erklärte Gustav Gäde 1918 seinen Eintritt in die Sozialdemokratische Partei Deutschlands. Die Frage, warum er nicht dem Spartakusbund oder den Unabhängigen beigetreten sei, quittiert er mit ironischem Lächeln. „Mein Großvater ist Sozialdemokrat gewesen, mein Vater war Sozialdemokrat, fast unsere ganze Familie war sozialdemokratisch. Auch ich habe vor 1918 in der sozialdemokratischen Jugendbewegung mitgemacht. Eines Tages hat mein Vater zu mir gesagt: ‚Junge, jetzt wird es Zeit, daß du in die SPD eintrittst.' Mein Vater hatte das Eintrittsformular schon ausgefüllt, da gab es keine Debatten."

Kiel gab das Signal

Weil Gustav Gäde zu jung war, brauchte er nicht Soldat zu werden, sondern konnte eine Lehre als Hauer beginnen. „Ich war froh, daß ich nicht an die Front mußte“, erzählt er, „denn ich habe gesehen, wie die Männer aus unserer Siedlung heimkamen. Viele sind gar nicht zurückgekehrt, die Eltern und Angehörigen bekamen dann meist einen Brief. ‚Für Gott und Vaterland gefallen‘, stand darin. Viele Mütter sind schreiend durch die Siedlung gelaufen, wenn die Todesnachricht kam.

Noch schlimmer war es, wenn jemand als Krüppel zurückkam. Manchem fehlte ein Bein, andere hatten keine Arme mehr. Die waren jung und stark gewesen, aber wenn sie nach Hause kamen, hast du sie nicht mehr wiedererkannt. Die waren für ihr Leben gezeichnet. Wer sein Bein verloren hatte, der mußte froh sein, wenn er ein Holzbein bekam.

In unserem Nachbarhaus wohnte ein gewisser Urbaniak. Der war nur zwei Jahre älter als ich. Im Sommer 1917 ist er zurückgeschickt worden, weil sie ihn an der Front nicht mehr gebrauchen konnten. Der Mann war ein Jammerbild, denn ein Granatsplitter hatte ihn am Kopf getroffen. Der konnte sich nicht mehr richtig bewegen, und auch sprechen konnte er kaum noch. Seine Eltern haben sich viele Jahre mit ihm gequält, aber dann hat sich der Vater aufgehängt, weil er das Elend nicht mehr ertragen konnte.

Im Frühjahr 1918 haben wir meinen Onkel im Lazarett besucht. Er mußte einen Hüftschuß auskurieren. Im Hospital, in dem er lag, habe ich die furchtbarsten Gestalten gesehen. Leute, die keine Augen mehr hatten oder keine Nase. Manchen fehlte der Unterkiefer, aber das Schlimmste, was ich gesehen habe, war der Mann im Bett neben meinem Onkel. Der hatte überhaupt kein Gesicht mehr. Da war nur ein großes Loch, und ich habe mich gefragt, wie der so noch leben konnte.“

Immer fühlbarer drückte der Krieg dem Leben der Menschen seinen Stempel auf, und nicht nur an der Front spitzte sich die Situation zu. Durch die Mehrarbeit stiegen zwar vor allem in der Rüstungsindustrie die Nominallöhne, doch die Reallöhne sanken, denn die Preise für Grundnahrungsmittel kletterten unaufhaltsam. Zudem erhielten unzählige Mädchen und Frauen, die zu unmenschlichen Bedingungen die Arbeit der Männer übernehmen mußten, nur die Hälfte des Männerlohns.

Konsumgüter waren rar, ihre Qualität verschlechterte sich zusehends. Die Lebensmittelrationen wurden immer wieder herabgesetzt, Kohlrüben mußten Kartoffeln ersetzen, und weil Heizmaterial fehlte, mußten die meisten Arbeiterfamilien frieren.

Ein satirischer Text, der von Oppositionsgruppen als Flugblatt verteilt wurde, illustriert die Not der arbeitenden Menschen und ihrer Familien: „Man nehme die Fleischkarte, wälze sie in der Eierkarte und brate sie in der Butterkarte schön braun. Die Kartoffelkarte und Gemüsekarte wird gekocht, und die Mehlkarte hinzugesetzt. Um schnell und intensiv zu kochen, lege man die Kohlenkarte und Spirituskarte darunter und zünde sie an. Als Nachtisch brühe man die Kaffeekarte auf und füge die Milchkarte hinzu. Feinschmecker lösen die Zuckerkarte darin auf."

Die katastrophale Lage führte zu chronischer Unterernährung. Tausende starben an Magen- und Darmkrankheiten, an Typhus und Ruhr. Die Kindersterblichkeit lag um fünfzig Prozent höher als 1913. In den Rüstungsfirmen und ihren Zulieferbetrieben kam es aufgrund forcierter Arbeitshetze zu zahllosen Betriebsunfällen mit tödlichem Ausgang.

„Bei uns war Schmalhans Küchenmeister", schildert Gustav Gäde die Situation. „1917 war der Steckrübenwinter, in dem wir morgens, mittags und abends nichts als Steckrüben aßen. Die Wagen, die die Rüben in die Siedlung karrten, waren voll angefaulter und erfrorener Ware, aber du warst froh, daß du überhaupt etwas in den Magen bekamst. Das ewige Hungergefühl wurde man trotzdem nicht los, es war unser ständiger Begleiter."

Die miserable Versorgungslage führte schon nach wenigen Monaten zu Auseinandersetzungen mit der Obrigkeit, so im Februar 1915 in Berlin, als dort tagelang nicht einmal Kartoffeln zu bekommen waren. Am 18.März demonstrierten die Frauen vor dem Reichstag gegen Hunger und Krieg, am 23. November erschollen im Berliner Regierungsviertel die Rufe: „Frieden! Brot! Nieder mit den Lebensmittelwucherern!" Je länger der Krieg dauerte, desto häufiger kam es zu Zusammenstößen mit der Polizei.

Auch an der Front wuchs der Widerstand. „In den Arbeiterfamilien wurde man sich darüber klar, daß die französischen oder russischen Soldaten keine Feinde der deutschen Arbeiterklasse waren. Viele verstanden, daß es der Krieg der Reichen war, in dem sie verbluteten", sagt Gustav Gäde und berichtet, daß sich im letzten Kriegsjahr die spontanen Befehlsverweigerungen häuften. Der Hurrapatriotismus der ersten Kriegswochen war dahin.

„Mein Bruder, der an der Ostfront war, schrieb im Oktober 1917, wenige Tage nach der sozialistischen Revolution der Bolschewiki, nach Hause: ‚Während ich Posten stehe, kriecht plötzlich der Russenposten auf den Wall und steht auf, das Gewehr nach unten. Plötzlich ist auf der anderen Seite der Teufel los: Von überall kommen die Russen aus der Deckung und rufen uns in Deutsch zu: ‚Der Krieg ist aus, der Krieg ist aus!‘ Unsere Offiziere schreien und toben, wir sollen auf sie schießen, aber die ganze Kompanie verweigert den Befehl. Es kam zu einer regelrechten Verbrüderung zwischen den Russen und uns.‘“

Wo war die Kriegsbegeisterung der ersten Kriegswochen geblieben? Gustav Gäde meint: „Die Leute wollten Frieden und Brot. Ihnen ging es darum, dem Massensterben ein Ende zu machen. Diesem Wunsch standen die Generale und die Unternehmer, die Politiker und die Junker im Weg. Wer Frieden wollte, der mußte diese Leute bekämpfen.“

Das Oberkommando der Reichswehr verfolgte besorgt den Stimmungswandel in der Bevölkerung. Am 15. Oktober 1918 meldete der stellvertretende Generalstab der Armee dem Innenminister: „Daß die Zersetzung der heimatlichen und auch der Fronttruppenverbände bedenkliche Fortschritte gemacht hat, ist leider wahr. Die Zentralpolizeistelle Osten hat wiederholt gemeldet, daß Truppenverbände, die in östlichen Garnisonen zusammengestellt worden sind, bei ihrem Abtransport an die Front sich geweigert haben, in die Wagen zu steigen, rote Fahnen entrollt oder rote Schleifen angesteckt haben.“

Eine wesentliche Rolle spielte bei diesen Aktionen die russische Oktoberrevolution, die unter Lenins Führung die herrschende Klasse Rußlands entmachtet hatte. „Diese Revolution hatte große Wirkung auf das Bewußtsein unserer Leute“, verdeutlicht Gustav Gäde. „Was die Russen geschafft haben, das können wir auch, sagte man. Wenn es denen gelungen ist, die Kriegstreiber zum Teufel zu jagen, warum sollen wir es nicht auch schaffen?“

Mitte September 1918 warnte Staatssekretär Admiral von Hintze, „wenn es mit der Verschlechterung unserer politischen und militärischen Lage so weitergeht, könnte die Revolution von unten nur noch durch einen solche von oben vermieden werden“. Er schlug deshalb vor, durch einen „einsichtigen Entschluß der Staatsführung die Bildung einer auf dem Vertrauen der Volksvertretung beruhenden Regierung zu ermöglichen“. Diese Regierung sollte nach seiner Auffassung vor allem Sozialdemokraten umfassen. Der Kaiser müsse „aus freier Initiative“ eine „parlamentarische“ Regierung einberufen, um die Bevölkerung zu beruhigen.

Die Vorschläge des Staatssekretärs wurden von der Reichskanzlei und dem Reichsamt des Innern unterstützt und schließlich auch von Hindenburg und Kaiser Wilhelm II. akzeptiert. Der Kaiser unterzeichnete am 30. September einen Erlaß, der die Ablösung der Regierung und die Parlamentarisierung Deutschlands vorsah. Bauer und Scheidemann sollten mithelfen, „russische Verhältnisse“ im Reich zu verhindern.

Trotz gewaltiger Verluste an Menschen und Material – der Krieg kostete allein 6,5 Millionen Deutschen das Leben – dachte der deutsche Militarismus keinen Moment an Kapitulation. Zwar sah sich General Ludendorff am 29. September 1918 genötigt, die Niederlage Deutschlands einzugestehen und den Abschluß eines sofortigen Waffenstillstandes zu verlangen, doch der Reichskanzler Graf Hertling erklärte unverdrossen: „Die Lage ist ernst, aber wir haben keinen Grund, kleinmütig zu sein.“ Auf die SPD war Verlaß; Scheidemann und Ebert forderten die Mobilisierung der letzten Reserven, um die „ganze Volkskraft in den Dienst der Abwehr“ zu stellen.

Doch Durchhalteappelle halfen nicht mehr. Viele Soldaten und Arbeiter wollten sich nicht länger auf den Friedensschluß vertrösten lassen, sondern beschloßen, selbst zu handeln und dem Völkermord ein Ende zu setzen: Am 3. November 1918 gab der bewaffnete Aufstand der Matrosen in Kiel das Zeichen zur Revolution.

Bereits Ende Januar war die Belegschaft der Kieler Torpedowerkstätten in den Streik getreten, da mehrere ihrer Vertrauensleute zum Heer einberufen werden sollten. Die 7000 Beschäftigten der Germaniawerft schlossen sich dem Ausstand an, und am 29. Januar forderten 30000 Arbeiter, dem Beispiel der russischen Revolution zu folgen und in Kiel Arbeiter- und Soldatenräte zu bilden.

Im Oktober sickerte durch, daß die OHL die in Wilhelmshaven ankernde Kriegsflotte wieder gegen den „Feind“ schicken wollte. Der Chef des Admiralstabs verlangte, „alle Kräfte in einer letzten Anstrengung zusammenzufassen“, doch die Matrosen wollten sich in dem längst verlorenen Krieg nicht mehr verheizen lassen. Sie verweigerten den Befehl und verhinderten das Auslaufen der Flotte.

Am 30. Oktober mußte die Admiralität den Einsatzbefehl aufheben, da es ihr auch mit dem Einsatz von Torpedobooten und Marineinfanterie nicht gelang, den Widerstand zu brechen. Die Seekriegsleitung versuchte, die Matrosen zu beschwichtigen, und gab Befehl, die Kriegsflotte auseinanderzuziehen. Sie wollte die rebellierenden Verbände voneinander trennen, um die Mannschaften der Reihe nach niederwerfen zu können.

Das III. Geschwader erhielt Befehl, Kiel anzulaufen. Auf der „Markgraf" wurden während der Fahrt durch den Nord-Ostsee-Kanal 47 „Rädelsführer" verhaftet und in Gefängnisse gebracht. Doch der Widerstand der Matrosen war nicht mehr zu brechen; am 31. Oktober löschten die Heizer die Kesselfeuer.

Gustav Gädes Cousin war als Matrose in Kiel dabei. „Er hat mir später erzählt, was sich in den ersten Novembertagen in Kiel ereignet hat. Am 1. November berieten die Mannschaften des III. Geschwaders im Gewerkschaftshaus in der Fährstraße, wie man das Auslaufen der Kriegsflotte verhindern könne. Der Kieler Gouverneur Souchon bekam Wind von der Sache und ließ am nächsten Tag das Gewerkschaftshaus sperren. Außerdem alarmierte er eine Kompanie des Ersatz-Seebataillons und befahl ihr, die Meuterer zu verhaften. Doch auch diese Kompanie verweigerte den Gehorsam.

Am nächsten Tag sollte der Zauberer Belladini im Gewerkschaftshaus auftreten, aber daraus wurde nichts, denn im Saal brach der Sturm los: Flugblätter wurden herumgereicht, alles sprang auf und drängte zur Tür. ‚Zur Waldwiese!' war die Parole. Der SPD-Reichstagsabgeordnete Kilian versuchte, die Leute aufzuhalten. ‚Das führt zu nichts, Kollegen! Es kommt jetzt auf Ruhe und Ordnung an', rief er. ‚Was ihr macht, das wird von uns Sozialdemokraten abgelehnt.'

Die Matrosen ließen ihn einfach stehen, formierten sich auf der Straße zum Demonstrationszug. ‚Zur Waldwiese!' riefen die Leute. ‚Worauf wartet ihr noch?'

Die Marschkolonne setzte sich in Bewegung und zog durch die Arbeiterviertel. Türen wurden aufgerissen. ‚Was ist passiert? Wohin geht ihr?' fragten die Arbeiter. Man zog sie in die Kolonne. ‚Die haben wieder welche verhaftet', hieß es. ‚Die hauen wir raus.'

Wenig später erreichte man die Gaststätte „Waldwiese", wo die Militärs einige Matrosen festhielten. Die Wachen wurden entwaffnet und die Gefangenen befreit. Ohne Zwischenfall marschierte man weiter in die Stadt. Patrouillen, die nicht auf die Matrosen schießen wollten, wurden einfach beiseite geschoben. An der Ecke Karlstraße/Brunswicker Straße stellten sich den Demonstranten Truppen entgegen. Es kam zum Kampf, dabei gab es acht Tote und fast dreißig Verletzte."

Am nächsten Tag entwaffnete man die Offiziere, die Arbeiter in den Großbetrieben traten in den Streik. Souchon, der inzwischen die Berliner Regierung um Entsendung eines SPD-Reichstagsabgeordneten gebeten hatte, versuchte, Zeit zu gewinnen, um das Steuer doch noch herumzureißen. Er erklärte sich bereit, eine Abordnung des Soldatenrates zu empfangen, die ihm wenig später die Forderungen der aufständischen Matrosen überbrachte: Abdankung des Hohenzollernhauses, Aufhebung des Belagerungszustandes, Freilassung aller politischen Gefangenen, Einführung des allgemeinen, gleichen und geheimen Wahlrechts für beide Geschlechter.

„Am Abend des 4. November war die Stadt fest in der Hand der Matrosen und Arbeiter", berichtet Gustav Gäde. „Auf allen Schiffen wehte die rote Fahne. Zur gleichen Zeit trafen der SPD-Reichstagsabgeordnete Noske und Staatssekretär Haußmann ein, die im Namen der Reichsregierung ‚Ruhe und Ordnung' wiederherstellen sollten."

Zunächst setzte sich Noske in Kiel an die Spitze des Soldatenrates und sorgte dafür, daß die Streikenden an ihre Arbeitplätze zurückkehrten. Doch allein mit der Parole „Wer Freiheit will, muß Ordnung halten" gelang es ihm nicht, Herr der Lage zu werden. Deshalb telegrafierte er der Reichsregierung, die Amnestieforderung müsse unbedingt angenommen werden, und der deutsche Kaiser müsse unverzüglich abdanken, wenn man „Schlimmeres" verhüten wolle.

Die revolutionäre Stimmung breitete sich wie ein Flächenbrand aus. In Lübeck wurde am 5. November ein Soldatenrat gebildet, am 6. November entstanden Arbeiterräte in Wismar, Rostock, Flensburg, Cuxhaven, Wilhelmshaven und in anderen Orten.

Die Regierung versuchte, Herr der Lage zu werden, indem sie Truppen gegen die Aufständischen schickte. Doch es geschah, was dreieinhalb Jahre zuvor undenkbar gewesen wäre: Die Soldaten weigerten sich, ihre Befehle auszuführen, setzten die Offiziere ab und liefen kompanieweise in das Lager der Revolution über; die „Erziehung vor Verdun" begann sich auszuwirken.

„Ich hasse die Revolution!"

Während der Auflösungsprozeß der deutschen Fronteinheiten weiter zunahm, suchte die OHL immer noch fieberhaft nach einem möglichen Ausweg aus dem sich abzeichnenden militärischen und politischen Desaster. Deshalb forderte General Ludendorff, der Chef des Generalstabs, vor dem Kabinett die Hereinnahme der Sozialdemokraten in die Regierung. Wenn man den Krieg bis zum Frühjahr 1919 fortführen wollte, brauchte man an den Fronten rasch neues Menschenmaterial. Doch wer sollte die kriegsmüde Bevölkerung zum Durchhalten bewegen? Wer, wenn nicht die Sozialdemokratie, der die Arbeiter noch immer Vertrauen schenkten? „Packen Sie das Volk!" beschwor Ludendorff die Minister. „Reißen Sie es hoch. Kann das nicht Herr Ebert tun? Es muß gelingen!"

Den deutschen Militaristen schien Ebert gerade der rechte Mann, um die Monarchie zu retten und die proletarische Revolution zu verhindern. Er hatte die Kritiker in den eigenen Reihen, die die Parteiführung beschworen, den Kredit der Partei nicht in das bankrotte Unternehmen zu investieren, sondern für einen sofortigen Friedensschluß zu plädieren, mit den Worten zum Schweigen gebracht, von einem Frieden um jeden Preis dürfe keine Rede sein, die SPD müsse auch „das letzte daransetzen, das zu verhindern". Ebert war auch maßgeblich an der Abfassung des SPD-Aufrufs vom 17. Oktober beteiligt gewesen, in dem der Parteivorstand vor dem „bolschewistischen Chaos" warnte und den Eintritt von SPD-Mitgliedern in die Regierung als Schritt zum „Volksstaat" feierte.

Die Ereignisse im November führten der SPD-Leitung vor Augen, daß die Arbeiter in den Fabriken und in den Schützengräben sich nicht mehr auf „bessere Zeiten" vertrösten lassen wollten, so daß an die Rettung der Monarchie nicht länger zu denken war. Der Parteivorstand sah sich am 7. November dazu genötigt, die Abdankung des Kaisers zu verlangen. Ebert schrieb an Reichskanzler Max von Baden: „Wenn der Kaiser nicht abdankt, dann ist die soziale Revolution unvermeidlich. Ich will sie aber nicht, ja, ich hasse sie wie die Sünde."

Am gleichen Tag teilte Generalfeldmarschall von Hindenburg dem Reichskanzler einen umfassenden Operationsplan zur Niederschlagung des Aufstandes mit. Ein „Heimatschutz mit allen verfügbaren militärischen und zivilen Kräften" sollte in allen Provinzen, Kreisen, Städten und Dörfern organisiert werden, um „das Entstehen neuer Bolschewistenherde" schon auf örtlicher Ebene unterdrücken zu können und eine „planmäßige Bekämpfung" zu ermöglichen. Hindenburgs Plan sah vor, alle verfügbaren Truppenverbände von den Fronten abzuziehen, um die Revolution unter der Parole „Schutz der Ordnung" im Blut zu ersticken. Das preußische Kriegsministerium erließ umgehend den Befehl, mit den Führern der SPD und der Gewerkschaften „Volkswehren" zu bilden. Zugleich schuf das Kabinett eine Arbeitsgruppe zur Bekämpfung der Revolution, an der führende Industrielle mitwirkten, damit sie „besonders der Industrie großen Nutzen" bringe.

Ebert und Scheidemann überbrachten dem Reichskanzler am Nachmittag des 7. November die Forderung nach dem Rücktritt des Kaisers. Ebert kommentierte das Ultimatum mit den Worten: „Heute abend müssen wir das Ultimatum von jeder Tribüne verkünden, sonst läuft uns die ganze Gesellschaft zu den Unabhängigen."

Im Kabinett entschuldigte sich Eberts Parteifreund Scheidemann für die Rücktrittsforderung: „Wenn die Abdankung jetzt nicht erfolgt, so wird in kurzer Zeit die Frage gestellt sein: Republik oder Monarchie? ... Dankt er ab, so glauben wir die Garantie übernehmen zu können, daß die Entwicklung sich günstig gestalten wird ... Sie müssen doch einsehen, daß wir alles getan haben, was wir tun konnten, um die Massen bei der Stange zu halten."

Auch jetzt dachten die Spitzenpolitiker der SPD also nicht an den Sturz der Monarchie. General Groener, Nachfolger Ludendorffs, erinnert sich an ein vertrauliches Gespräch mit den Führern der Sozialdemokratie: „Von keiner Seite ist ein Wort gefallen, das darauf schließen ließ, daß die Herren etwa auf eine Revolution hinstrebten. Im Gegenteil, von der ersten bis zur letzten Äußerung ist nur davon gesprochen worden, wie man die Monarchie behalten könne, und bezeichnend ist, daß zum Schluß ... Ebert den folgenden Vorschlag machte: Die Abdankung des Kaisers ist unumgänglich geworden, wenn man ... die Revolution ... verhindern wolle. Er schlage deshalb vor, daß der Kaiser noch heute ... freiwillig seine Abdankung erkläre und einen seiner Söhne ... mit der Regentschaft betraue."

Der starrsinnige Kaiser klammerte sich bis zuletzt an seinen Thron. Als die Berliner Arbeiter sich am 9. November der revolutionären Bewegung anschlossen, herrschte deshalb in der Reichskanzlei große Aufregung, denn alle Machtmittel, die man aufgeboten hatte, versagten kläglich. Um zwölf Uhr ließ der Reichskanzler, ohne sich zuvor eine entsprechende Vollmacht des Kaisers besorgt zu haben, über Presseagenturen verbreiten, der Kaiser habe sich freiwillig bereiterklärt, auf den Thron zu verzichten.

Noch in derselben Stunde eilte eine Abordnung des Parteivorstandes der SPD in die Reichskanzlei, um mit Prinz Max von Baden über die Bildung eines neuen Kabinetts zu verhandeln. Die Einigung mit den Sozialdemokraten war eine Formsache: Mit dem Auftrag, baldmöglichst für die Einberufung einer Nationalversammlung zu sorgen, wurde Friedrich Ebert zum Reichskanzler bestellt.

Ebert wußte, was er seinen Gönnern schuldig war: Er bat die Minister, im Amt zu bleiben; sogar Generalleutnant Scheüch, der als Kriegsminister für die Leitung der militärischen Operationen gegen die Aufständischen verantwortlich war, behielt seinen Posten. Im Aufruf des Reichskanzlers vom 7. November wurde jedoch der Eindruck erweckt, mit dem Regierungswechsel habe eine radikale Wende in der deutschen Politik stattgefunden, die neue Staatsleitung werde eine „Volksregierung“ sein.

Am 9. November sprach Karl Liebknecht vor dem Schloß zu einer jubelnden Menschenmenge. Er war erst seit zwei Wochen wieder in Freiheit. In fünf Sitzungen hatte das Kabinett Max von Badens darüber beraten, ob man dem „Druck der Straße“ gehorchen und den populären Kriegsgegner aus dem Zuchthaus freilassen sollte. Erst als Scheidemann erklärte, die SPD werde dem Ansturm nicht gewachsen sein, wenn Liebknecht nicht entlassen würde, setzte der Reichskanzler gegen den Widerstand des Kriegsministers und der Militärjustiz die Freilassung Liebknechts durch.

„Die Revolution ist gekommen!“ rief Liebknecht vor dem Kaiserpalast. „Wir haben den Frieden erzwungen ... Das Alte ist nicht mehr. Die Herrschaft der Hohenzollern, die in diesem Schloß jahrhundertelang gewohnt haben, ist vorüber.“

Immer mehr Menschen drängten auf den Platz, und Liebknecht mußte sich auf den Balkon begeben, damit alle seine Stimme hören konnten. „Die Herrschaft des Kapitalismus, der Europa in ein Leichenfeld verwandelt hat, ist gebrochen!“ rief er den dicht gedrängt stehenden Menschen zu. „Wir müssen alle Kräfte anspannen, um die Regierung der Arbeiter und Soldaten aufzubauen ..., eine Ordnung des Friedens, des Glücks und der Freiheit.“ Während am

Fahnenmast die Kaiserstandarte eingeholt und die rote Fahne aufgezogen wurde, folgte die Versammlung Liebknechts Aufforderung, die Hand zum Schwur auf die „freie sozialistische Republik Deutschland“ zu erheben. Zur gleichen Stunde rief Scheidemann vom Reichstagsgebäude die bürgerliche Republik aus.

Am Nachmittag des 9. November tagten im Fraktionszimmer der USPD Mitglieder des Vollzugsausschusses der revolutionären Obleute und des Parteivorstandes der USPD, um mit den Führern der Spartakusgruppe die nächsten Schritte auf dem Weg zur vollständigen Umgestaltung der gesellschaftlichen Verhältnisse abzustimmen. Da erschien Philipp Scheidemann und bot ihnen die Bildung einer gemeinsamen Regierung an. Scheidemann wollte retten, was zu retten war, doch Karl Liebknecht durchschaute die neue Taktik der SPD-Führung. Da er sich nicht vor den Karren der „Kaisersozialisten“ spannen lassen und Scheidemann, Noske und Ebert die Steigbügel zur Macht halten wollte, stellte er Bedingungen für seine Teilnahme: Deutschland sollte eine sozialistische Republik werden, gewählte Räte sollten die Regierungsgewalt übernehmen, rechtsgerichtete Politiker müßten von der Regierung ausgeschlossen sein.

Die SPD lehnte Liebknechts Forderungen ab und weigerte sich, die Regierungsgewalt in die Hände der Räte zu legen. Statt dessen forderte sie Wahlen zu einer konstituierenden Versammlung, die über die weitere Zukunft des Deutschen Reiches entscheiden sollte. Wie wenig die Parteileitung daran dachte, die Schuldigen des Weltkrieges abzusetzen und ihre Posten mit Kriegsgegnern zu besetzen, zeigt die Tatsache, daß die SPD selbst die Entlassung kaiserlicher Staatssekretäre verweigerte.

Während Liebknecht daraufhin jede Beteiligung an einer SPD-geführten Regierung ablehnte, erklärte sich der USPD-Vorstand zur Kabinettsbildung bereit, „um die revolutionären sozialistischen Errungenschaften zu festigen“. Auch in der USPD hielten Reformisten die Schlüsselpositionen besetzt. Während die Mitglieder der USPD die sozialistische Republik schaffen wollten – wenn auch zusammen mit der SPD –, bejahten diese Funktionäre die von der Führung der SPD aufgestellte Forderung nach der Wahl einer verfassunggebenden Nationalversammlung. Zwar waren sie durch den Druck der Parteibasis dazu gezwungen, offiziell an der Losung „Rätemacht“ festzuhalten, doch suchten sie zugleich die Koalition mit den Rechtskräften innerhalb der SPD, die der Novemberrevolution den Kampf angesagt hatten.

Die Leitungen der SPD und der Unabhängigen einigten sich schnell auf eine provisorische Regierung, den Rat der Volksbeauftragten. Drei Mitglieder der SPD – Ebert, Landsberg und Scheidemann – sowie drei USPD-Vertreter – Barth, Dittmann und Haase – sollten sich am nächsten Tag im Zirkus Busch der Vollversammlung der Arbeiter- und Soldatenräte zur Wahl stellen.

„Wir sozialdemokratischen Parteimitglieder haben ernsthaft daran geglaubt: Wenn erst unsere Leute in der Regierung sitzen, dann haben wir bald die sozialistische Gesellschaft“, kommentiert Gustav Gäde. „Wir haben nicht geahnt, daß uns unsere eigenen Führer, die Leute, die wir gewählt haben, so betrügen würden. Wir haben das alles nicht so richtig verstanden, was da um uns herum vor sich ging. Wir meinten, jetzt geht es den Kriegstreibern und dem Schieberpack an die Gurgel, jetzt ist Schluß mit der Lohnsklaverei, jetzt bestimmen wir unser Schicksal selbst. Wir wären in diesem Augenblick in der Lage gewesen, das ganze Gesindel zum Teufel zu jagen, aber wir haben uns mit ein paar Reformen abspeisen lassen.“

Der Münchener Schriftsteller Ernst Toller, der an der Bayerischen Räterepublik beteiligt war, schätzt die Novemberrevolution ähnlich ein. In seiner Autobiographie *Eine Jugend in Deutschland* schreibt er: „Die deutsche Revolution fand ein unwissendes Volk, eine Führerschicht bürokratischer Biedermänner. Das Volk rief nach dem Sozialismus, doch nie in den vergangenen Jahren hatte es klare Vorstellungen vom Sozialismus gewonnen, es wehrte sich gegen seine Bedrücker, es wußte, was es nicht wollte, aber es wußte nicht, was es wollte.“

Der SPD-Führung fiel es leicht, das Vertrauen der unerfahrenen Arbeiter zu gewinnen. Unter dem stürmischen Beifall der 3000 Delegierten teilte Friedrich Ebert im Zirkus Busch mit, daß zwischen den Arbeiterorganisationen eine Einigung über die Regierungsbildung erreicht worden sei. Karl Liebknecht warnte die Versammlung: „Ich muß Wasser in den Wein eurer Begeisterung schütten. Die Gegenrevolution ist bereits auf dem Marsche, sie ist bereits in Aktion! Sie ist bereits hier unter uns!“

Die gewählten Räte der Arbeiter, Bauern und Soldaten ahnten nicht, wie berechtigt Liebknechts Warnung war. Am gleichen Tag, an dem Ebert die Einheit der werktätigen Klasse beschwor, telefonierte er mit der Obersten Heeresleitung. Über die direkte Leitung, die zwischen der Reichskanzlei und dem Kommando des Militärs bestand, gratulierte Groener ihm zum großen Erfolg der Regierungsbildung und teile ihm im Auftrag der Heeresleitung mit, die Generalität stelle sich der neuen Regierung zur Verfügung, wenn diese dafür sorge, daß die militärische Disziplin der Truppe aufrechterhalten bleibe.

Der Reichswehrgeneral stieß bei Ebert nicht auf Ablehnung, als er ihm vorschlug, ein Bündnis gegen die Revolution zu schließen. In einem Prozeß sagte Groener später darüber aus: „Der Zweck unseres Bündnisses war die restlose Bekämpfung der Revolution, Wiedereinsetzung einer geordneten Regierungsgewalt, Stützung dieser Regierungsgewalt durch die Macht der Truppe und baldigste Einberufung einer Nationalversamlmung.“ Zur Hauptaufgabe wurde die Bekämpfung des „Bolschewismus“ erklärt. Man vereinbarte, zehn zuverlässige Divisionen zusammenzustellen und mit militärischer Ausrüstung nach Berlin in Marsch zu setzen, um mit den Arbeiter- und Soldatenräten kurzen Prozeß zu machen.

Rechte Gewerkschaftsführer unterzeichneten wenige Tage später unter Leitung Carl Legiens ein Abkommen mit den Großindustriellen Carl Friedrich von Siemens und Hugo Stinnes, das von den Unternehmern als Sieg gefeiert wurde, denn es unterhielt zwar einige sozialpolitische Zugeständnisse der Fabrikherren, tastete ihre Macht aber nicht an. Der Elektroindustrielle Hans von Raumer, der zu den Unterzeichnern gehörte, beurteilte den Vertrag später: „Als alle Ordnungen zusammenbrachen: Monarchie, Staat, Militär und Bürokratie, schuf (er) durch den Zusammenschluß der Unternehmer mit den Gewerkschaften eine Macht, die die Wirtschaft und die Betriebe in Ordnung hielt.“

Im Dezember stellte die OHL ausgesuchte militärische Verbände, darunter die Gardetruppen, um Berlin bereit und bildete unter Leitung Generalleutnants Lequis ein besonderes Kommando, das die geplanten Aktionen zur Absetzung der Räte mit Reichskanzler Ebert abstimmte. Während die SPD öffentlich die Legitimität der Räte nicht anzuzweifeln wagte, unterstützte sie im Geheimen die gegenrevolutionären Pläne des Generalstabes, der die Gardetruppen anwies, auch mit den gewählten Vertretern der Arbeiter nicht lange zu fackeln. „Wer sich unberechtigt eine Beamteneigenschaft zulegt, wird erschossen“, hieß es im Einsatzbefehl.

„Unsere führenden Politiker“, bestätigt Gustav Gäde, „sagten uns, die Räte sind die wichtigste Errungenschaft unserer Revolution. Die lassen wir uns von niemandem wegnehmen. In Wirklichkeit verabscheuten sie das Rätesystem jedoch. Die Arbeiter sollten arbeiten und nicht mitregieren wollen. Das sollten sie denen überlassen, die ‚etwas davon verstanden'."

Schon am 18. November hatte sich die OHL mit Ebert verständigt, zuerst die militärische Besetzung Berlins vorzunehmen. Ebert sollte als vorläufiger Reichspräsident mit „diktatorischer Gewalt" eingesetzt, die Arbeiter- und Soldatenräte sollten entmachtet und ihre militärischen Verbände entwaffnet werden. Während Ebert versuchte, die politischen Voraussetzungen zur Wahl einer Nationalversammlung zu schaffen, und den Anschein erweckte, die Revolution habe auf der ganzen Linie gesiegt, man müsse im Reich nun wieder zu „geordneten Verhältnissen" zurückkehren und den „Arbeiterführern" die Sozialisierung überlassen, traf die OHL die letzten Vorbereitungen zum Angriff auf die Reichshauptstadt.

Hindenburg versicherte Ebert am 8. Dezember seiner Wertschätzung: „In Ihre Hände ist das Schicksal des deutschen Volkes gelegt. Von ihrem Entschluß wird es abhängen, ob das deutsche Volk noch einmal zu neuem Aufschwung gelangen wird. Ich bin bereit und mit mir das ganze Heer, Sie hierbei rückhaltlos zu unterstützen." Sechs Jahre später sollte Generalleutnant Groener die Pläne der OHL aufdecken: „Zunächst hat es sich darum gehandelt, ... in Berlin die Gewalt den Arbeiter- und Soldatenräten zu entreißen ... Ebert war durchaus damit einverstanden."

Die Provokation begann am 6. Dezember mit dem Einmarsch konterrevolutionärer Truppen in vier Stadtbezirke Berlins und mit der Besetzung des preußischen Abgeordnetenhauses durch das Gardegrenadierregiment „Kaiser Franz". Der Vollzugsrat, der ge-

Barrikade im Berliner Zeitungsviertel

rade dort tagte, wurde verhaftet. Ebert und Scheidemann rührten keinen Finger, um die gewählten Vertreter der Arbeiterschaft freizubekommen. Die Soldaten, die die Festnahme des Vollzugsrats durchführten, wußten in der Mehrzahl nicht, daß sie für einen Putschversuch des Militärs mißbraucht werden sollten. Die Gespräche mit Angehörigen des Vollzugsrats verunsicherten sie, und deshalb schickten sie einen Soldaten zu Ebert, um den schriftlichen Befehl der Reichsregierung zur Verhaftung des Vollzugsrats einzuholen.

Natürlich wußte Ebert Bescheid, denn die Aktion war von langer Hand vorbereitet. Schriftlich wollte er sich aber nicht festlegen lassen, denn wie hätte es die SPD-Basis aufgenommen, wenn sie erfahren hätte, daß ein namhafter Funktionär der Sozialdemokratie mit der reaktionären Militärführung gemeinsame Sache gegen die Arbeiterschaft machte? Unverrichteter Dinge mußte der Soldat wieder abziehen.

Kurz darauf trafen Soldatenverbände planmäßig vor der Reichskanzlei ein, um Ebert zum Reichspräsidenten auszurufen. Der Kommandant des Gardegrenadierregiments „Kaiser Franz", Spiro, hielt eine Ansprache, in der er Ebert die Präsidentschaft der Republik anbot. Ebert war jedoch inzwischen darüber informiert, daß der Putsch gescheitert war, denn die Berliner Arbeiter waren dem festgesetzten Vollzugsrat spontan zur Hilfe geeilt. Der Reichskanzler mußte also Zeit herausschinden, denn einerseits konnte er Spiros Angebot nicht annehmen, andererseits wollte er die Militärs, deren Unterstützung er für seine weiteren Pläne so dringend benötigte, nicht vor den Kopf stoßen.

„Den Ruf, der an mich ergangen ist", antwortete er deshalb salomonisch, „kann und will ich nicht annehmen, ohne vorher mit meinen Freunden in der Regierung gesprochen zu haben." Die Soldaten verstanden und zogen wieder ab. Am nächsten Tag erreichten Telegramme aus der Provinz die Reichskanzlei, die belegen, daß die Aktion minutiös vorbereitet worden war: Obwohl der Putsch gescheitert war, beglückwünschten zahlreiche kommunale Stellen Ebert zu seiner Ernennung zum Reichspräsidenten.

Nach dem gescheiterten Putschversuch gab sich die Reaktion keineswegs geschlagen. Schon am 20. Dezember trafen Groener und sein politischer Berater, Major von Schleicher, erneut mit Ebert zusammen, um das weitere Vorgehen gegen das Schreckgespenst der Räterepublik abzustimmen. Die OHL überzeugte sich in diesem Gespräch von der Entschlossenheit des Reichskanzlers, die Generalität bei der Entmachtung der Räte tatkräftig zu unterstützen.

Nach dem Treffen in der Reichskanzlei verbreitete man folgende Presseerklärung: „Der General Groener, der vom Großen Hauptquartier zu den sechs Volksbeauftragten geschickt worden ist, hat diese wissen lassen, daß der Marschall Hindenburg und der Generalstab die Wiederaufnahme des Wirtschaftslebens für notwendig halten ... Man schätzt die Armee, die augenblicklich bei Berlin und Potsdam vereinigt ist, auf mehr als 100000 Mann. Sie hat den Befehlen der Regierung Ebert-Scheidemann zu gehorchen und sie zu unterstützen, aber nur unter der Bedingung, daß diese Regierung selbst fest entschlossen ist, gegen die Unordnung anzukämpfen."

Zur selben Zeit erhielt die Regierung Kenntnis von den Plänen der Alliierten, „auf Rußland Hand zu legen". In einer Zusammenkunft waren Woodrow Wilson (USA), Georges Clemenceau (Frankreich) und David Lloyd George (Großbritannien) am 1.Dezember zu der Überzeugung gelangt, die Vernichtung des „Bolschewismus" in der UdSSR könne „nur mit Deutschlands Hilfe geschehen". Deshalb solle Deutschland „eingeladen werden, an der Befreiung Osteuropas mitzuhelfen". Im Dezember knüpften die Westmächte erste Kontakte zur Reichsregierung, um die bewaffnete Intervention gegen die Bolschewiki vorzubereiten.

Matthias Erzberger, Leiter der deutschen Waffenstillstandskommission, versprach, Deutschland werde „alle möglichen Maßnahmen" treffen, „um das Vordringen des Bolschewismus" zu verhindern. Auf ihren Konferenzen mit führenden deutschen Großindustriellen und Bankiers ließen sich die amerikanischen Unterhändler davon überzeugen, daß die sozialdemokratischen Führer gegenwärtig die besten Garanten des kapitalistischen Wirtschaftssystems seien, doch ließen sie Ebert wissen, seine „Abneigung, vor den Wahlen Blut zu vergießen, (sei) ein Element der Schwäche".

Die deutsche Führung, die hoffte, durch ihr Einschwenken in die aggressive Antisowjetfront möglichst ungeschoren aus der Kriegsniederlage herauszukommen, muß sich den kameradschaftlichen Rat der amerikanischen Scharfmacher sehr zu Herzen genommen haben, denn schon am 24. Dezember gab Ebert nach Rücksprache mit Scheidemann den Befehl zum Angriff.

Seit langem war die im Schloß einquartierte Volksmarinedivision den reaktionären Militärs in der OHL ein Dorn im Auge, denn sie gehörte zu den am besten ausgerüsteten Einheiten, die den Schutz der Rätemacht garantierten. Deshalb sollte sich der erste Stoß gegen diese Verbände richten, die man in der Presse seit Wochen als „Bolschewisten, Räuber und Verbrecherbande" verleumdete.

Ohne Vorwand wollte jedoch selbst die OHL nicht marschieren lassen. Deshalb beauftragte Ebert den sozialdemokratischen Stadtkommandanten Otto Wels, die Entlassung von 2400 Matrosen sowie die Räumung des Schlosses zu verlangen und die fälligen Löhne nur dann auszuzahlen, wenn diese Forderungen erfüllt seien. Die Volksmarinedivision wollte sich zwar nicht selbst auflösen, willigte aber ein, das Schloß zu räumen. Die Soldaten packten ihre Sachen zusammen und lieferten die Schlüssel zu den Eingangstüren wie verlangt in der Kommandatur ab.

Sozialdemokraten, die die Angelegenheit auf unblutige Weise lösen wollten, drängten Wels, die Gelder auszuzahlen, die den Matrosen zustanden. Wels wollte zuerst Eberts Befehl hören. Die Matrosen suchten also in der Reichskanzlei nach dem Kanzler, fanden ihn jedoch nirgendwo. Heinrich Dorrenbach, einer der Führer der Matrosen, der spürte, daß nicht alles mit rechten Dingen zuging, verfügte daraufhin die Absperrung der Reichskanzlei und der Telefonleitungen, denn er wollte verhindern, daß die Truppen Lequis alarmiert würden.

Der verschwundene Ebert war indes plötzlich wieder im Haus: Über die direkte Leitung zur OHL verständigte er sich mit Groener, Truppen gegen die „meuternden" Matrosen in Marsch zu setzen. Wenige Stunden später fielen die ersten Schüsse, mehrere Marinesoldaten wurden bei diesen Kampfhandlungen getötet. Die empörten Soldaten verhafteten daraufhin Wels und seine Mitarbeiter und verlangten die Bestrafung der Mörder ihrer Kameraden.

Als die Matrosen Verstärkung erhielten, zeigte Ebert sich verhandlungsbereit. Er versicherte, die Matrosen könnten in ihre Quartiere zurückkehren, die Streitigkeiten würden in der für den nächsten Tag angesetzten Kabinettssitzung beigelegt.

Groener konnte seinen Ärger über Eberts Kleinmütigkeit nicht zügeln; zornig rief er dem Reichskanzler das Bündnis ins Gedächtnis, das beide gegen die Revolution geschlossen hatten. Natürlich habe die Armee „alle Lust" gehabt, „diese Matrosen abzumurksen", donnerte er. Die Drohung, das Abkommen mit Ebert platzen zu lassen, wenn der Reichskanzler weiter solche Schwäche zeige, verfehlte ihre Wirkung nicht: Ebert gab Befehl, am Morgen des 24.

Dezember die Volksmarinedivision anzugreifen. Doch die „Weihnachtsüberraschung", die die Regierung den Berliner Arbeitern servieren wollte, entpuppte sich als Rohrkrepierer, denn Arbeiter und Soldaten schlugen die fronterfahrenen Streitkräfte der Gegenrevolution zurück.

Nachdem der zweite Versuch, die Berliner Räte zu entmachten, an der Gegenwehr der revolutionären Verbände gescheitert war, begann die OHL, in großer Eile Freiwilligentrupps zusammenzustellen, die sogenannten „Freikorps", die sich in der Hauptsache aus Offizieren der monarchistischen Armee und reaktionären Studenten zusammensetzten. Um sie zum Eintritt in die Freikorps zu veranlassen, versprach man ihnen Siedlungsland im Osten, wenn sie sich bedingungslos zur Verfügung stellten. Noch im Dezember formierten sich die Freikorps „Lichtschlag" und „Roßbach", die dem Oberbefehl des Sozialdemokraten Gustav Noske unterstellt wurden. Groener plauderte später aus: „Am 29. (Dezember) hat dann Ebert Noske herangerufen, um die Truppen gegen die Spartakisten zu führen. Am 29. sammelten sich die Freiwilligenverbände, und nun konnte der Kampf vor sich gehen." Noske selbst kommentierte seine Ernennung zum Oberbefehlshaber zynisch mit den Worten, einer müsse schließlich den „Bluthund" machen.

Bevor man jedoch die Freikorps marschieren lassen konnte, mußte man sich im Rat der Volksbeauftragten erst von den Unabhängigen trennen, denn die OHL verlangte unmißverständlich das Ausscheiden der USPD-Politiker aus der provisorischen Staatsführung. Anfang Dezember hatte die Militärführung Ebert mitgeteilt, die OHL halte einen „Kabinettzwist, der zum Ausscheiden Dittmann-Barth führte" für „zweckmäßig". Jetzt bot sich die Gelegenheit. Weisungsgemäß verschärften die rechten Führer der SPD die Gangart gegenüber den Unabhängigen und zwangen die Mitglieder der USPD zum Austritt aus der Regierung, indem sie die militärische Operation öffentlich guthießen. Am gleichen Tag, an dem Noske die Leitung über die Kampftruppen übertragen wurde, fielen die letzten Fesseln für die Organisation der Konterrevolution: Im Rat der Volksbeauftragten waren die sozialdemokratischen Führer endlich unter sich.

In dieser Situation, in der die sozialdemokratische Führung offen ins konterrevolutionäre Lager überlief und die USPD sich unfähig zeigte, dem Kampf der Arbeiter Programm und Organisation zu geben, trafen sich die Delegierten des Spartakusbundes im preußischen Landtag, um über die künftige Politik der Spartakisten zu beraten. Karl Liebknecht, der seit dem Putsch vom 6. Dezember für den endgültigen Bruch mit der USPD eintrat, kritisierte die Prinzipienlosigkeit der USPD-Führung und machte deutlich, daß die Unabhängigen „nach ihrer ganzen Zusammensetzung einfach unfähig (seien), ein Programm zu schaffen und eine wirkliche Aktion zu führen“. Liebknecht forderte die Gründung einer Partei neuen Typs, die „entschlossen und rücksichtslos die Interessen des Proletariats vertritt“.

Die Reichskonferenz des Spartakusbundes schloß sich Liebknechts Meinung an und entschied nach kurzer Debatte gegen drei Stimmen, die Kommunistische Partei Deutschlands (KPD) ins Leben zu rufen. Am nächsten Tag fand im Festsaal des preußischen Abgeordnetenhauses die Gründungsversammlung der KPD statt.

Am 30. Dezember tauchten die ersten Artikel in Zeitungen auf, in denen von der SPD energische Maßnahmen gegen die kommunistischen „Unruhestifter“ verlangt wurden. Am 1. Januar schrieb der Stab der Gardekavallerieschützendivision an Ebert: „Solange Spartakus sich der Förderung des Polizeipräsidenten Eichhorn und ähnlicher Leute erfreut, wird es unmöglich sein“, Ruhe zu schaffen.

Emil Eichhorn, der seit dem 9. November das Berliner Polizeipräsidium leitete, wurde von den konterrevolutionären Militärs von Anfang an gehaßt, denn er hatte sich bei den mißlungenen Putschversuchen auf die Seite der Arbeiter- und Soldatenräte gestellt und bei der Abwehr der Putschversuche geholfen. Wer die Revolution in Berlin zerschlagen wollte, mußte erst ihn aus dem Weg räumen. Deshalb stempelte man ihn in der Öffentlichkeit flugs zum Kriminellen, dichtete ihm Unterschlagungen und Rüstung zum Bürgerkrieg an, und der *Vorwärts* trommelte: „Jeder Tag, den Eichhorn länger in seinem ... Amt bleibt, bedeutet eine Gefahr für die öffentliche Sicherheit.“ Im trauten Kreis äußerte Noske: „Die Regierung bereitet jetzt alles vor, so daß sie einen Schlag führen kann.“

Die von der Regierung verfügte Absetzung Eichhorns löste in der Arbeiterschaft heftige Empörung aus; noch am 4. Januar bildete sich ein Streikkomitee, das einen Generalstreik vorbereiten sollte. Darauf hatte die Staatsführung, die am gleichen Tag im Feldlager der „Weißen“ Heerschau hielt, nur gewartet: Am 8. Januar erhielten die 80000 Mann Freikorpstruppen den Befehl zum Sturm.

Revolutionäre Arbeiter versuchen, Berlin vor den Noske-Truppen zu schützen.

KPD und USPD hatten den Werktätigen schon am 5. Januar in einem gemeinsamen Flugblatt mitgeteilt: „Es handelt sich ... nicht um die Person Eichhorns. Ihr selbst sollt vielmehr durch den Gewaltstreich um den letzten Rest der revolutionären Errungenschaften gebracht werden.“

In bundesdeutschen Schullesebüchern hält sich bis auf den heutigen Tag die Darstellung, die Spartakisten hätten den Berliner Aufstand provoziert. Tatsache ist jedoch, daß Sozialdemokraten im spontan gebildeten Streikkomitee die Mehrheit stellten. Als einzige Kommunisten nahmen die Parteivorstandsmitglieder Karl Liebknecht und Wilhelm Pieck an der konstituierenden Sitzung des fast hundertköpfigen Revolutionsausschusses teil. Die Kommunisten hielten den bewaffneten Aufstand zur Durchsetzung einer sozialistischen Republik für verfrüht. Sie erkannten, daß die Arbeiterschaft noch nicht genügend organisiert war, um der militärischen Übermacht standhalten zu können. Noch fehlte es in der Arbeiterklasse an der notwendigen Einheit, noch hatte die Mehrheit keine klaren Vorstellungen über die politischen Ziele und den Weg dorthin, und so war eine bewaffnete Erhebung von vornherein zum Scheitern verurteilt.

Als die Kämpfe in der Stadt begannen und die Freikorpssoldaten mit äußerster Brutalität gegen die Aufständischen vorgingen, schlossen sich auch die Kommunisten dem Widerstand an und organisierten gemeinsam mit Unabhängigen und Sozialdemokraten, die den Kurs Eberts ablehnten, die Verteidigung.

Zur gleichen Zeit machte man sich im preußischen Kabinett Gedanken, wie man mit den Spartakisten verfahren solle, wenn man sie erst in der Hand hätte. Der SPD-Abgeordnete Südekum empfahl den zwangsweisen Abtransport, Otto Braun (SPD) forderte den Einsatz der Spartakisten in Moorkolonien.

Vom 10. Januar an regierte in Berlin der Noske-Terror. Den mit großkalibrigen Geschützen angreifenden Truppen waren die schlecht bewaffneten Arbeiter nicht gewachsen. Am Mittag des 11. Januar zog Noske an der Spitze der Freikorps zur Reichskanzlei; der Kampf um das revolutionäre Berlin war entschieden.

Gustav Gäde erinnert sich, daß die Bergarbeiter des Ruhrgebiets in den Streik traten, um die Sozialisierung der Zechen durchzusetzen: „Da stand ich zum ersten Mal als Streikposten vor dem Tor", sagte er. „Die Zechenleitung versuchte zuerst, unseren Streik durch Streikbrecher zu unterlaufen. Es kam zu handgreiflichen Auseinandersetzungen vor den Werkstoren. Wir haben aber standgehalten, und die Streikbrecher mußten wieder abziehen. Später rief man dann die Freikorps zu Hilfe, die sollten bei uns für ‚Ruhe und Ordnung' sorgen." Unter dem Oberbefehl General Watters wütete im Januar 1919 auch im Ruhrrevier der weiße Terror der Freikorps.

„Als unser Streik niedergeschlagen war, wurde ich zum Werksleiter befohlen. Er fragte mich, ob ich bei den Auseinandersetzungen einen Mann niedergeschlagen hätte. Ich antwortete: ‚Das kann wohl sein. Ich bin angegriffen worden, als ich auf Streikposten stand. Da habe ich mich gewehrt.' Der Zechenchef sagte mir, daß ich gehen könne, man wolle mich nicht mehr auf dem Zechengelände sehen. Das heißt, ich war entlassen. Ich habe mich später überall auf den Ruhrzechen nach Arbeit umgeschaut, aber man wollte mich nicht einstellen, denn ich stand auf der schwarzen Liste."

Hat sich durch die Novemberrevolution im Deutschen Reich etwas geändert? Gustav Gäde denkt lange nach, bevor er antwortet: „Geändert hat sich nicht viel. Der Kaiser floh nach Holland, aber die Leute, die vor dem November das Sagen hatten, die gaben auch nachher den Ton an. Die Herrschenden blieben am Ruder. Wir

Arbeiter haben aber in diesen Monaten viel gelernt. Ich habe begriffen, daß man selbst den Führern der Arbeiterbewegung nicht blind vertrauen darf. Man muß wachsam sein, auch in den eigenen Reihen. Man muß die Leute an ihren Taten messen, nicht nur an den schönen Reden, die sie von sich geben. Wenn wir unseren Funktionären nicht so großes Vertrauen entgegengebracht hätten, wer weiß – vielleicht wäre es nicht zum Faschismus gekommen, und wir hätten heute eine sozialistische Republik.“

„Hängt die Kommunisten auf!“

„Nicht nur ich, sondern auch viele andere sozialdemokratische Arbeiter,“ erzählt Gustav Gäde, „waren tief betroffen, als die Ermordung Karl Liebknechts und Rosa Luxemburgs bekannt wurde. Was wir am Tag von Liebknechts Beerdigung, als Zehntausende seinem Sarg folgten, noch nicht wußten, war, daß diese Morde seit langem vorbereitet waren.“

Lange zuvor hatte sich die Reaktion zur „Antibolschewistischen Liga“ zusammengefunden, um mit den Führern des Spartakusbundes blutig abzurechnen. Die Industrie versorgte die von Eduard Stadtler organisierte Liga mit ausreichenden Finanzmitteln, die es ihr ermöglichten, ihren Plan, politisch unliebsame Persönlichkeiten unschädlich zu machen, mit tödlicher Perfektion in die Tat umzusetzen. Stadtler hatte vor deutschen Industriekapitänen eine Rede zum Thema „Bolschewismus als Weltgefahr“ gehalten. Der „König der Ruhr“, Hugo Stinnes, hörte sich den Vortrag ruhig an und ergriff dann das Wort: „Ich bin der Meinung, daß nach diesem Vortrag jede Diskussion überflüssig ist“, sagte er zu den versammelten Wirtschaftsführern. „Ich teile in jedem Punkte die Ansicht des Referenten. Wenn die deutsche Industrie-, Handels- und Bankwelt nicht willens und in der Lage sind, gegen die hier aufgezeigte Gefahr eine Versicherungsprämie von 500 Millionen Mark aufzubringen, dann sind sie es nicht wert, deutsche Wirtschaft genannt zu werden.“

Noch am selben Tag wurde die „Versicherungsprämie“ bewilligt, und am 12. Januar traf Stadtler mit Reichswehrhauptmann Pabst im Hotel „Eden“ zu einer Geheimbesprechung zusammen. „Ich setzte ihm auseinander“, erinnert sich Stadtler, „daß die militärische Einmarschaktion etwas Halbes sei..., wenn auf unserer Seite vorerst keine Führer zu sehen seien, dann dürfte... die Gegenseite auch keine haben... Rosa Luxemburg sei im höchsten Maße gefährlich, ... und mit jedem Tag wachse ihre Popularität.“

Pabst und Stadtler kamen rasch überein, Karl Liebknecht, Wilhelm Pieck und Rosa Luxemburg aus dem Weg räumen zu lassen. „Ein Befehl, Liebknecht zu ermorden, bestand“, bestätigte der Leiter der Spitzelorganisation des Regiments „Reichstag“, Hesel: „Auch die Belohnung war zugesagt. Schriftlich war nichts vorhanden. Es wurde gesagt: Wer Liebknecht und Luxemburg tot oder lebendig bringt, erhält 100000 Mark. Das Geld hatten wir im

Reichstag zur Verfügung. Auf meine Unterschrift konnte ich Geld bekommen, so viel ich brauchte... Auch aus dem Edenhotel waren unabhängig von uns 100000 Mark ausgesetzt."

Diese Aussage Hesels wurde im Prozeß gegen die Mörder Luxemburgs und Liebknechts vom Zahlmeister des Regiments bestätigt. Er sagte aus, daß er im Januar 1919 den mündlichen Auftrag erhalten habe, denjenigen Personen, die sich als Mörder von Karl Liebknecht und Rosa Luxemburg auswiesen, je 50000 Mark auszuzahlen. Weil ihm dieser Befehl bedenklich erschienen sei, habe er rückgefragt und eine Bestätigung der Anordnung erhalten.

Das Kopfgeld wollte sich mancher Freikorpssöldner verdienen, und so wurden die zwei Gesuchten und Wilhelm Pieck am Abend des 15. Januar 1919 ins Hotel „Eden" verschleppt, wo sich der Stab der Gardekavallerieschützendivision einquartiert hatte. Hauptmann Pabst ordnete nach kurzem Verhör an, sie einzeln ins Moabiter Gefängnis zu bringen.

Karl Liebknecht wurde als erster auf die Straße geführt. Er wollte gerade das bereitstehende Fahrzeug besteigen, als sich der Wachposten Otto Runge auf ihn stürzte und ihm mehrere Schläge mit dem Gewehrkolben versetzte.

Arbeiter, Bürger!

Das Vaterland ist dem Untergang nahe.

Rettet es!

Es wird nicht bedroht von außen, sondern von innen:

Von der Spartakusgruppe.

Schlagt ihre Führer tot!

Tötet Liebknecht!

Dann werdet ihr Frieden, Arbeit und Brot haben!

Die Frontsoldaten

Liebknecht wurde in den Wagen gezerrt, in dem Pabsts Adjutant Heinz von Pflugk-Hartung, Oberleutnant Ritgen, Leutnant Liepmann und zwei andere Offiziere saßen. Im Tiergarten hielt der Wagen wegen angeblicher Motorpanne; wenige Minuten später war Karl Liebknecht tot. Drei Schüsse hatten ihn in den Rücken getroffen. Seine Leiche wurde in die Unfallstation eines Krankenhauses als die eines Unbekannten ausgeliefert.

Um Mitternacht wurde Rosa Luxemburg auf die Straße geführt. Wieder sprang Runge hinzu, der Gewehrkolben traf Rosa Luxemburg mehrmals am Schädel. Sie wurde halbtot in den Wagen geschleppt, der mit Oberleutnant Vogel, Vizefeldwebel Krull und zwei Soldaten besetzt war. Man erschoß sie während der Fahrt, ihre mit Draht umwickelte Leiche versenkten die Mörder nahe der Lichtensteinbrücke im Landwehrkanal. Nur Wilhelm Pieck konnte einen günstigen Augenblick zur Flucht benutzen.

Am nächsten Morgen triumphierte die Rechtspresse: „Liebknecht auf der Flucht erschossen! Rosa Luxemburg von der Menge getötet!" Die Untersuchung der Verbrechen vom 15. Januar wurde später von der sozialdemokratisch geführten Regierung ausgerechnet dem Militärgericht der Division übergeben, deren Offiziere die Morde begangen hatten.

„Wir Kommunisten sind alle Tote auf Urlaub, dessen bin ich mir bewußt. Ich weiß nicht, ob Sie mir meinen Urlaubsschein noch verlängern werden oder ob ich einrücken muß zu Karl Liebknecht und Rosa Luxemburg. Ich sehe auf jeden Fall Ihrem Spruch mit Gefaßtheit und mit innerer Heiterkeit entgegen." Eugen Leviné nahm in diesem Schlußwort vor Gericht vorweg, was nach der Niederlage der Novemberrevolution folgen sollte: Nachdem die Arbeiter-, Bauern- und Soldatenräte von einer überlegenen Militärmacht zerschlagen worden waren, nahm die herrschende Klasse blutig Rache. Viele Arbeiter wurden von Weißgardisten während der Kämpfe ermordet, viele andere sollten von ehemals kaiserlichen und nun republikanischen Richtern zu langjährigen Zuchthausstrafen oder zum Tode verurteilt werden. Das Todesurteil gegen Eugen Leviné, den die Zentrale der KPD nach München geschickt hatte, um dort die Partei aufzubauen, wurde am 3. Juni 1919 vollstreckt.

Auch in München hatte sich im November 1918 unter der Führung der USPD die Räterepublik etabliert. Kurt Eisner, der zu dieser Zeit an der Spitze der Münchner USPD stand, war zum Ministerpräsidenten der Bayerischen Räterepublik ausgerufen worden. Im Februar 1919 spitzten sich die Klassenauseinandersetzungen in Bayern erneut zu. Die sozialdemokratischen Minister der bayerischen Regierung, allen voran Innenminister Auer, versuchten, den Einfluß der Räte zurückzudrängen und Eisner zum Rücktritt zu veranlassen. Zur Unterstützung ihrer „Argumente" baten sie um die Hilfe konterrevolutionärer Truppen, denn Eisner zeigte sich nicht bereit, der Gegenrevolution Tür und Tor zu öffnen, und widersetzte sich dem Versuch, die Räte wegzureformieren.

Für den 21. Februar war die erste Sitzung des Landtags geplant, auf der Kurt Eisner den Rücktritt der Regierung bekanntgeben wollte, um die Bildung einer Räteregierung zu ermöglichen. Auf dem Weg zum Landtagsgebäude wurde der Ministerpräsident von dem Offizier Graf Arco-Valley ermordet. Aus Protest gegen das Attentat traten Münchens Arbeiter in den Generalstreik. In der Nacht zum 22. Februar wurde unter dem Vorsitz von Ernst Niekisch (SPD) ein Zentralrat gebildet, der sich aus je drei Vertretern der Arbeiter-, Bauern- und Soldatenräte, je zwei Vertretern des revolutionären Münchener Arbeiterrates und der KPD sowie je einem Vertreter der SPD und der Gewerkschaften zusammensetzte.

Doch dem Zentralrat, in dem USPD und Anarchisten den entscheidenden Einfluß hatten, fehlte die Macht, seine Beschlüsse durchzusetzen. Daraufhin traten einige Vertreter des linken Flügels der USPD und der Kommunist Max Levien aus dem Zentralrat aus. Unter dem Sozialdemokraten Johannes Hoffmann wurde eine neue Landesregierung gebildet, der zwar die in Mißkredit geratenen Minister der alten Regierung nicht mehr angehörten, die jedoch auch nicht das Vertrauen der Arbeiter gewinnen konnte.

Am 3. April forderte eine Versammlung der Münchener Räte die Ausrufung der Räterepublik. Doch während sich die SPD-Führung beeilte, sich an die Spitze der Bewegung zu stellen, um nicht weiter an Einfluß zu verlieren, zögerten die Kommunisten, denn sie hielten den Zeitpunkt für verfrüht. Eugen Leviné erklärte vor einer Räteversammlung, warum die KPD die Ausrufung der Republik ablehnte:

„Wir Kommunisten hegen das größte Mißtrauen gegen eine Räterepublik, deren Täger die sozialdemokratischen Minister Schneppenhorst und Dürr sind, die die ganze Zeit den Rätegedanken mit allen Mitteln bekämpfen. Wir können es nur als einen Versuch bankrotter Führer, durch eine scheinbare revolutionäre Aktion den Anschluß an die Massen zu gewinnen, oder als eine bewußte Provokation erklären. Wir wissen aus Beispielen in Norddeutschland, daß die Mehrheitssozialisten häufig bestrebt waren, verfrühte Aktionen ins Leben zu rufen, um sie desto erfolgreicher abwürgen zu können... Nach dem ersten Rausch würde folgendes eintreten: Die Mehrheitssozialisten würden sich unter dem ersten Vorwand zurückziehen und das Proletariat bewußt verraten. Die USPD würde mitmachen, dann umfallen, anfangen zu schwanken, zu verhandeln und dadurch zum unbewußten Verräter werden. Wir Kommunisten würden mit dem Blut unserer Besten eure Taten bezahlen. Wir setzen uns nicht an einen Tisch mit Schneppenhorst, dem Nürnberger Noske und Dürr, der Gasbomben für streikende Arbeiter verlangte."

Sozialdemokratische Führer sollten sich später damit brüsten, daß sie die Räterepublik verhinderten, indem sie die Arbeiter zu vorschnellem Losschlagen bewegten.

Trotz dieser Warnung wurde am 7. April 1919 die Bayerische Räterepublik ausgerufen. Münchens Einwohner erfuhren von Plakaten, in Bayern habe die Arbeiterklasse über die Herrschenden gesiegt. „Doch wenn die Arbeiter aus der Zeitung erfahren müssen, daß sie gesiegt haben", gibt Gustav Gäde zu bedenken, „dann ist etwas faul an einem solchen ‚Sieg'."

Die KPD-Zeitung *Rote Fahne* beschrieb die Situation nach Ausrufung der Republik: „Alles wie sonst. In den Betrieben schuften und fronen die Proletarier nach wie vor zugunsten des Kapitals. In den Ämtern sitzen nach wie vor die früheren königlichen Wittelsbacher Beamten. Auf den Straßen die alten Hüter der kapitalistischen Wirtschaftsordnung mit dem Schutzmannsäbel. Noch liegen die Kapitale in den Safes der Banken. Noch klappern die Kuponscheren der Kriegsgewinnler und Dividendenjäger. Noch üben in den Gerichten die königlichen Landgerichtsräte Klassenjustiz... Noch rattern die Rotationsmaschinen der kapitalistischen Presse und speien ihr Gift und ihre Galle, ihre Lügen und ihre Verdrehungen in die nach revolutionären Kampfworten begierigen Menschen. Alles wie sonst."

Die bürgerliche Regierung Hoffmann war inzwischen vor der Räteregierung nach Bamberg geflohen und organisierte von dort aus die Gegenrevolution. Schneppenhorst zog reaktionäre Truppenverbände zusammen, um die Räterepublik, die keine war, gewaltsam niederzuwerfen.

In dieser Situation, in der die weißen Garden von Bamberg heranrückten, stellte sich die KPD dem Zentralrat als Berater zur Verfügung. Leviné erklärte das Umdenken der KPD: „Es gilt nicht, die jetzige Räterepublik verteidigen zu wollen, sondern das Proletariat ist in Gefahr, und da stehen wir zu euch... Wo der Proletarier steht, da stehen auch wir, und wo er fällt, da fallen wir zuerst."

„Ohne Kenntnis der geschichtlichen Situation mag Levinés Erklärung heute pathetisch klingen, so, als wollten sich die Kommunisten der Bevölkerung als Märtyrer verkaufen", greift Gustav Gäde die Rede Levinés auf. Er erinnert an die Morde, die auf das Konto der Freikorps gehen: „Jeder klar sehende Mensch mußte wissen, was ihn erwartete, wenn er sich dieser Soldateska entgegenstellte. Die Münchener Kommunisten wußten, daß die Rätemacht in Bayern auf Dauer nicht zu halten sein würde, wo alle anderen Räte im Reich von den Freikorps blutig abgesetzt worden waren. Sie waren nicht lebensmüde, aber ihnen blieb nur eine Wahl: entweder den Widerstand organisieren oder den Schwanz einziehen und tatenlos zusehen, wie die Weißen die Arbeiter mit den Gewehrkolben traktierten."

Die Kommunisten ahnten, daß der Revolution nur wenig Zeit blieb, um Abwehrmaßnahmen gegen die heranrückenden Freikorps einzuleiten. Sie forderten deshalb die Entfernung rechtssozialdemokratischer Führer aus Leitungsfunktionen, die sofortige Freilassung der politischen Gefangenen, die Einsetzung von Revolutionstribunalen sowie den Aufbau einer Arbeiterwehr und die Verstaatlichung der Großkonzerne.

Nur mühsam setzte sich Levinés Position in der KPD durch, denn ultralinke Kräfte, die auf den Aufbau eigener, kommunistischer Gewerkschaften orientierten, statt konsequent in schon bestehenden Organisationen zu arbeiten, hatten auf dem Gründungsparteitag die Mehrheit erhalten. Viele KPD-Funktionäre drängten ungeduldig auf schnelle revolutionäre Aktion und ließen sich von Wunschvorstellungen leiten, statt die Situation nüchtern zu analysieren.

Die Lage verschärfte sich dramatisch, als Münchener Truppen nach Absprache mit der in Bamberg wartenden Regierung Hoffmann und mit Unterstützung von Einheiten, die Schneppenhorst um München bereitgestellt hatte, einen Putschversuch unternahmen. Die Truppen stürmten das Wittelsbacher Palais, in dem der Zentralrat arbeitete.

Der Angriff auf das Rätesystem zwang zu schnellem Handeln, die Bewaffnung der Arbeiter wurde zur vordringlichen Aufgabe.

Unter Leitung Eugen Levinés und Rudolf Egelhofers übernahm die KPD die Organisation des Abwehrkampfes. Die Aufständischen konnten zum Hauptbahnhof zurückgedrängt werden. Dort verschanzten sie sich. Drei Parlamentäre mit weißer Fahne wurden in den Bahnhof geschickt, um die Putschisten zur Aufgabe zu bewegen. Auf Befehl des sozialdemokratischen Kommandanten der Bahnhofswache, Aschenbrenner, wurden die Unterhändler ermordet. Doch der Putschversuch konnte niedergeschlagen werden, die konterrevolutionären Truppen mußten die Waffen strecken.

Noch während in der Stadt gekämpft wurde, erklärten die Betriebs- und Kasernenräte den Revolutionären Zentralrat für abgesetzt und wählten einen fünfzehnköpfigen Aktionsausschuß aus Kommunisten, Unabhängigen und Sozialdemokraten unter Eugen Leviné. Der Ausschuß veranlaßte sofort die Absetzung der Staatsbeamten. Arbeiter aus den Betrieben wurden mit der Verwaltung betraut, die KPD rief zur Bewaffnung des Proletariats und zum Generalstreik auf, um die Konterrevolution unmöglich zu machen.

Innerhalb weniger Tage organisierte Rudolf Egelhofer den Aufbau der Roten Armee, doch konnten die revolutionären Milizen weder mit modernen Waffen ausgerüstet werden, noch war es möglich, ihnen die erforderliche Ausbildung zu geben. Kurz darauf standen sie den trainierten und bestens ausgerüsteten Freikorps gegenüber.

Es kam zu handfesten Auseinandersetzungen mit dem Münchener Bürgertum, das Lebensmittel und Kohle hamsterte und nichts zur Ernährung und Pflege der Patienten in den Münchener Krankenhäusern beitragen wollte. Auch die in den Banksafes eingelagerten Gelder des Münchener Großbürgertums wurden beschlagnahmt, die Banken selbst scharfer Kontrolle unterstellt, erste Maßnahmen zur Verstaatlichung der Großkonzerne getroffen.

In ihrer Agitation gegen die Räterepublik war der abgesetzten Regierung Hoffmann jedes Mittel recht, um das Gespenst der „Bolschewisierung“ an die Plakatwände zu malen. Beim psychologischen Krieg gegen die Räte blieb die Wahrheit über die Lage in München auf der Strecke. Unverdrossen verkündeten Hoffmanns Agitatoren, die Räterepublik werde die „Frauen verstaatlichen“ und das Land mit „blutigem Terror“ übersäen. „Plünderung und Vergewaltigung sind in der Räterepublik München an der Tagesordnung“, trommelten die Scharfmacher aus Bamberg. „Mit diesen Mitteln arbeiten dort die in Bayern meist landes- und wesensfremden Literaten und politischen Hochstapler.“

Gustav Gäde erzählt davon, daß an der Räterepublik auch Schriftsteller teilgenommen haben; in München zum Beispiel Ernst Toller, Erich Mühsam, Oskar Maria Graf und der als B. Traven bekanntgewordene Ret Marut, in Augsburg Bertolt Brecht und in Hamburg Willi Bredel. „Aber das war keine intellektuelle Angelegenheit", erläutert er. „Die Gegner der Revolution versuchten, das Ganze als das Werk linker Spinner abzutun. Und das ist eine glatte Lüge, denn den Widerstandskampf führten die Kollegen aus den Großbetrieben und die ehemaligen Frontsoldaten."

Bei der Werbung für die Freikorps stützte sich die Hoffmann-Regierung auf militante nationalistische Gruppen, wie auf die Verbände „Escherich" und „Reichsflagge", denen damals schon Rudolf Heß und Heinrich Himmler angehörten und aus denen sich in den kommenden Jahren die nationalsozialistischen Terrororganisationen rekrutieren sollten.

Selbst die militärische Übermacht, die Hoffmann zur Verfügung stand, konnte die Räteregierung nicht zur Kapitulation zwingen, im Gegenteil: Am 15. April vertrieb die Rote Armee die konterrevolutionären Einheiten aus Allach und Karlsfeld, am 16. April wurden Rosenheim und Dachau befreit. Hoffmann rief deshalb die sozialdemokratische Reichsregierung zu Hilfe. Noske, den Gustav Gäde noch heute „Arbeitermörder" nennt, setzte Freikorps auf München in Marsch. Der Einsatz der brutalsten Mittel der Kriegführung wurde angeordnet. Im Korpsbefehl verfügte Generalleutnant von Oven: „Milde wird als Schlappheit, Gutmütigkeit als Unzuverlässigkeit der Truppe gedeutet."

Gegen die 30000 Mann, die der Roten Armee zur Verfügung standen, marschierten 60000 bis an die Zähne bewaffnete Soldaten, die Flugzeuge, Panzerwagen und Flammenwerfer bedenkenlos einsetzten. Am 1. Mai erreichten die konterrevolutionären Truppen die Münchener Vororte, jeder Verdächtige wurde arretiert, gefoltert oder erschossen. Auch Rudolf Egelhofer überlebte den Angriff nicht; er wurde von Weißgardisten totgeschlagen.

Während die Noske-Truppen in München die Räte liquidierten, tauchten in der Stadt Flugschriften auf, die deutlich machen, daß der Antikommunismus in dieser Zeit eine neue Qualität erreichte. „Im Innern des Landes erhält jetzt das deutsche Volk einen viel gefährlicheren Feind, der das Fundament des deutschen Reiches, die deutsche Volkswirtschaft, zertrümmert", verkündeten die Pamphlete. „Das ist der Bolschewismus! Erst hat er Rußland ins Elend

FREICORPS
LOESCHEBRAND
DER GARDE KAVALLERIE SCHÜTZEN DIVISION
OFFIZIERE UNTEROFFIZIERE und MANNSCHAFTEN ALLER WAFFEN
MELDET EUCH KANTSTR.
MOBILES GEHALT FÜR ALLE DIENSTGRADE 5 MARK TÄGL. ZULAGE, FREIE VERPFLEGUNG
UNTERKUNFT. BEI BEDÜRFTIGKEIT FAMILIENUNTERSTÜTZUNG

gestürzt, nun bringen ihn uns blinde Fanatiker, törichte Schwärmer in unser Land. Die Freiheit im Munde, den Terror im Herzen, Granaten in der Hand, sucht eine kleine Minderheit ihre Schreckensherrschaft über Deutschland zu verhängen... Schon stellen verhetzte Arbeiter die wildesten Lohnforderungen."

Die Angst vor den Russen war schon im Wilhelminischen Kaiserreich geschürt worden, als in Moskau noch der Zar regierte. Daran knüpften reaktionäre Kräfte nach dem Sieg der Oktoberrevolution an und verbreiteten nun die Mär vom „Terrorregime der Bolschewiki".

Gustav Gäde zeigt mir einen Zeitungsausschnit aus der *Recklinghäuser Zeitung* jener Tage, in der ein „Augenzeuge" die Verhältnisse im revolutionären Rußland beschreibt: „Was jetzt in Rußland zu beobachten wäre, sei schlimmer, als es je in der düstersten Zeit des Zarismus gewesen ist, sei brutale Gewalt und der blutigste Terror der Weltgeschichte... Es würde mit demselben blutigen Terror ... gearbeitet wie zur Zeit Iwan des Schrecklichen."

Damit erhielt der Antikommunismus eine neue Variante: Zwar blieb er besonders auf die im eigenen Land stehenden „Vaterlandsverräter" gerichtet, denn das Hauptinteresse des Großbürgertums zielte darauf, den „inneren Frieden", das heißt die Grundlagen seiner Herrschaft, zu erhalten. Daneben entwickelte sich der sowohl nach innen als nach außen wirkende Antisowjetismus. Die verzerrte Darstellung der Ziele der Oktoberrevolution und der Verhältnisse im revolutionären Rußland vermittelte den Eindruck, der Sozialismus sei nichts als Utopie, höre sich in der Theorie nicht schlecht an, entarte aber in der Praxis zum Terrorregime. Indem man zugleich verbreitete, Moskau verfolge die Absicht, die Revolution in andere Staaten zu exportieren und mit Gewalt das Rätesystem in der Welt zu errichten, malte man die sowjetische Bedrohung an die Wand und lieferte den propagandistischen Vorwand zur bewaffneten Intervention.

Gustav Gäde nennt diese Darstellung ein Ammenmärchen. „Man muß sich doch vor Augen führen", kommentiert er, „daß ausgerechnet jene Kreise, die von der sowjetischen Bedrohung sprachen, zugleich Vorbereitungen zur Intervention trafen. Die Sowjets hatten im eigenen Land genug Probleme; sie haben nie daran gedacht, die Revolution zu exportieren, denn Revolutionen entstehen nicht in der Verschwörerretorte des Moskauer Kreml. Die Novemberrevolution war in Deutschland selbst herangereift, denn das kapitalistische System hatte bewiesen, daß es die elementarsten Interessen von uns arbeitenden Menschen nicht befriedigen konnte.“

Auch die Kirchen bedienten sich der Bedrohungslüge, wie eine Stellungnahme der katholischen Jungmännervereine deutlich macht: „Als in den Monaten und Jahren nach der Revolution eine Umwertung aller Werte einsetzte, da schien das Reich des Fürsten der Hölle in unserem deutschen Vaterlande sich eine besondere Pflegestätte eingerichtet zu haben ... Eine volksfremde Kunst- und Literaturrichtung, deren Gedankengänge von Moskau gespeist wurden, hatte, begünstigt von den Verhältnissen, zu Hunderten Lehrstühle ... einer neuen Moral ohne Gott und ohne Christus errichtet ... In der immer stärker anwachsenden Kirchenaustrittsbewegung zeigten sich die verheerenden Folgen des Generalansturms der vereinigten Höllenmächte.“

Auch die sozialdemokratische Parteiführung propagierte antikommunistische Positionen. Als die Truppen der entmachteten russischen Fabrik- und Großgrundbesitzer mit blutigem Terror die Regierung der Sowjets stürzen wollten, schrieb der *Vorwärts*: „Für bolschewistische Revolutionsmethoden ist in Deutschland nun einmal kein Boden. Es muß aber auch offen ausgesprochen werden, daß wir als Sozialdemokraten diese Gewaltmethoden der Bolschewiki auf das schärfste verurteilen.“

„Die Konsequenz daraus“, meint Gustav Gäde, „wäre gewesen, der russischen Bevölkerung zu sagen: Arbeiter der Sowjetunion, laßt euch ohne Widerstand umbringen, wehrt euch nicht gegen die Mordkommandos der ‚Weißen‘, die die Herrschaft der Bourgeoisie wiederherstellen wollen. Für uns deutsche Arbeiter hätte das bedeutet: Erhebt euch nicht gegen die Obrigkeit, laßt euch weiter in den Krieg hetzen, wartet ab, bis die Verhältnisse reif für Reformen sind.“

Die Mächtigen erkannten, daß sich der Antikommunismus der SPD-Führung und ihre legalistische Haltung leicht für eigene Interessen ausnutzen ließen. So meinte die *Kreuz-Zeitung,* ein Organ des deutschen Junkertums, die rechten Führer der SPD seien immerhin ein „Damm, wenn auch kein starker, gegen die rote Flut“.

Anfang 1919 verstärkten die reaktionären Kreise in Deutschland ihre Bemühungen, die Regierung der Bolschewiki von außen durch militärische Intervention zu stürzen. Man richtete Anwerbestellen für Freiwillige ein, die im Baltikum eingesetzt werden sollten. Wieder waren Sozialdemokraten zur Stelle: Der Generalbevollmächtigte des deutschen Reiches für die baltischen Lande, August Winnig (SPD), errichtete eine Anwerbestelle Baltenland, die über zahlreiche Zweigstellen in den deutschen Städten verfügte. Kurz darauf marschierten die Truppen gegen die Sowjets. Wennig hat in seinem 1921 erschienenen Buch eingestanden, daß sich Deutschland den Kampf gegen die Arbeiterregierung in Lettland „einige 100 Millionen Mark" kosten ließ.

Über die Morde, die Weißgardisten bei der Niederschlagung der Bayerischen Räterepublik begangen, berichteten die *Münchener Neuesten Nachrichten* am 10. Juni lapidar: „Dabei fielen kämpfend 38 Mann der Regierungstruppen und 107 Angehörige der Roten Armee. Standrechtlich erschossen wurden 42 Angehörige der Roten Armee und 144 Zivilpersonen. Bei 42 Toten konnte weder der Name noch die Art des Todes festgestellt werden. Tödlich verunglückt sind 184 Zivilpersonen."

Allein im Stadtbezirk München wurden an einem einzigen Tag 412 Menschen Opfer des Freikorpsterrors. Irreführend ist dabei die Zahl „tödlich Verunglückter", wie Emil J. Gumbel in seinem Buch *Vom Fememord zur Reichskanzlei* an einem Beispiel veranschaulicht: „Der Fall der 21 am 6. Mai 1919 ‚tödlich Verunglückten' verdient eine kurze Darstellung. Der katholische Gesellenverein St. Joseph hielt an diesem Tag eine Versammlung wegen einer Theateraufführung ab. Sie wurde als ‚spartakistisch' denunziert. Betrunkene Soldaten drangen unter Führung eines Offiziersstellvertreters Priebe ein, brachten 26 Gesellen in den Hof des Prinz-Georg-Palais und ermordeten 21 in viehischer Weise durch Kolbenschläge. Zwei Soldaten, die sich umfaßt hielten, führten neben den Leichen einen Indianertanz auf. Die Soldaten glaubten, ein Recht zum Mord zu haben, da ihnen von ihrem Hauptmann erklärt worden sei, wenn sie einen Spartakisten sähen, sollten sie gleich von der Waffe Gebrauch machen."

Weichenstellung in Weimar und Versailles

Der 18. und 19. Januar 1919 markieren zwei bedeutsame Ereignisse der Nachkriegszeit: Im Schloß von Versailles begannen am 18. Januar die Friedensverhandlungen. Am 19. Januar wurde in Deutschland die verfassunggebende Nationalversammlung gewählt. Während in Berlin die Noske-Truppen die „Säuberung" (Noske) der Reichshauptstadt in Angriff nahmen und zirka 1400 Berliner Bürger „standrechtlich" ermordeten, wählte man 423 Abgeordnete. Die KPD kandidierte nicht, weil die Nationalversammlung die Entmachtung der Räte vorbereiten sollte.

	Stimmen in Mio.	Prozent	Abgeordnete
SPD	11,5	37,9	163
Zentrum	6	19,7	91
DDP	5,6	18,5	75
DNVP	3,1	10,3	44
USPD	2,3	7,6	22
DVP	1,35	4,4	19
Sonstige	0,5	1,6	7

Schon 1915 hatte die SPD-Führung ein Bündnis mit dem katholischen Zentrum und den Liberalen angestrebt. Im Oktober 1918 war man für einen kurzen Zeitraum am Ziel aller Wünsche angelangt. Allein die von Ebert, Noske und Scheidemann verabscheute Revolution hatte die Pläne vorerst zunichte gemacht. Lange suchte man nach Möglichkeiten, zu einer Mitte-Links-Koalition zurückzukehren. Die Wahlen zur Nationalversammlung, bei denen die beiden Linksparteien SPD und USPD zusammen nur knapp 46 Prozent der Stimmen erhielten, brachten ein Ergebnis nach dem Geschmack der rechten Parteiführer, denn sie ermöglichten eine Koalition der SPD mit den bürgerlichen Parteien. Linken Kritikern in der eigenen Partei konnte man mit „Sachzwängen" begegnen.

Als die Nationalversammlung am 6. Februar 1919 zusammentrat, herrschte in Berlin noch immer nicht die Ruhe, die man sich für den Neubeginn wünschte. Deshalb fanden es die Abgeordneten ratsam, die Tagung nach Weimar zu verlegen; in der Öffentlichkeit versuchte man jedoch den Eindruck zu erwecken, die Einberufung der Nationalversammlung in das großherzogliche Residenzstädtchen deute den vollständigen Bruch mit dem Wilhelminischen Kaiserreich an. Nicht mehr der Geist von Potsdam, sondern der Geist von Weimar sollte den neuen Staat prägen.

Die Nationalversammlung betraute die Führer der SPD wunschgemäß mit der Regierungsgewalt: Ebert wurde zum Reichspräsidenten gewählt, Scheidemann erhielt den Posten des Reichskanzlers und holte sich seine Getreuen ins Kabinett: Noske als Reichswehrminister, Bauer für das Arbeitsministerium, und der parteilose Graf Brockdorff-Rantzau wurde Außenminister. Um die Arbeiterschaft über die wirklichen Ziele der neuen Regierung hinwegzutäuschen, erklärte der Graf jovial, die Regierung stehe „unter der Führung der deutschen Arbeiterschaft".

Die Väter der Weimarer Republik wollten die Interessen aller Klassen befriedigen. „Es sollte wie im Paradies sein", sagt Gustav Gäde. „Man wollte die Spaltung zwischen Bürgertum und Arbeiterklasse überwinden und einen ‚Volksstaat' bilden, in dem sich alle gleichermaßen zu Hause fühlen sollten. Uns Arbeitern versprach man das Ende der Ausbeutung und dafür Mitbestimmung in allen gesellschaftlichen Fragen. Den Großbürgern wollte man zugleich alle ihre Privilegien erhalten und Schutz vor Enteignung garantieren."

Wie es in jedem Paradies einen verbotenen Baum gibt, so auch in der Weimarer Republik: Von den Früchten des privaten Eigentums sollte der Arbeiter gefälligst die Finger lassen, obwohl man nicht von vornherein ausschließen wollte, daß das Proletariat eines Tages auch von diesen süßen Früchten würde kosten dürfen. Es solle nur die Hoffnung nicht fahren lassen, dann werde der Tag kommen, an dem sich die Frage des Besitzes an Bodenschätzen und Produktionsmitteln im Selbstlauf lösen lasse.

Von solchem Zuschnitt war auch die Verfassung, die die Nationalversammlung der Bevölkerung am 11. August präsentierte: für den Arbeiter die politischen Grundrechte, für den Bürger Sicherheit vor den Forderungen der Werktätigen. Keine Rede mehr von sozialistischer Gesellschaftsform, von der Entmachtung der bürgerlichen Klasse, von der Vergesellschaftung des Eigentums. Nicht die von der Bevölkerung geforderte sozialistische deutsche Republik wurde mit der Weimarer Verfassung etabliert, sondern die parlamentarische Demokratie bürgerlicher Prägung unter der schwarz-rot-goldenen Reichsflagge.

Der Ruf „Alle Staatsgewalt geht vom Volke aus" machte Eindruck und kostete doch nichts, denn der Volkswille wurde zu einer

Frage allein der parlamentarischen Mehrheitsverhältnisse gemacht. Der Klassenkampf wurde für beendet erklärt und sollte in Zukunft allein mit dem Stimmzettel ausgetragen werden. Wenn der Arbeiter nur „richtig" von seinem Wahlrecht Gebrauch mache, könne er von der Republik alles Gewünschte erhalten, selbst den Sozialismus.

Sogar die preußischen Beamten, bislang erklärte Feinde jeder Demokratisierung, konnten im öffentlichen Dienst bleiben. Man hoffte, die Beamten, die dem Kaiser eifrig gedient hatten, würden sich der neuen Regierung ebenso treu zur Verfügung stellen. Die Antidemokraten in den Verwaltungen, in den Gerichten, in der Armee und im Polizeidienst wurden zu „Schutzengeln" der Republik bestellt.

„Uns Arbeitern versprach man, selbst der ärmste Prolet solle von nun an Anspruch auf Schutz vor Behördenwillkür genießen", berichtet Gustav Gäde. „Das war wirklich ein großer Fortschritt, denn unter dem Kaiser hatte es das nicht gegeben." Tatsächlich wurde mit der Anerkennung der Grundrechte jedoch nur nachgeholt, was in der bürgerlichen Revolution von 1848 nicht gelungen war.

Das Wesen Weimars charakterisiert am besten die Empfehlung der Verfassung, die Arbeiter sollten „gleichberechtigt in Gemeinschaft mit den Unternehmern an der Regelung der Lohn- und Arbeitsbedingungen sowie an der gesamten wirtschaftlichen Entwicklung der produktiven Kräfte" mitwirken. Damit war der Grundstein zur Politik der Sozialpartnerschaft gelegt, nach der Unternehmer und Arbeiter im gleichen Boot sitzen.

Der Bourgeoisie kam die Atempause, die die Weimarer Verfassung ihr verschaffte, gerade recht, denn die Novemberrevolution hatte sie schwer angeschlagen. Sie brauchte Zeit, um wieder zu Kräften zu kommen. Während Scheidemann öffentlich plakatieren ließ: „Die Sozialisierung marschiert", begann das Großbürgertum die Weichen in Richtung Diktatur zu stellen. Das nahm seinen Anfang mit der Aufrüstung konterrevolutionärer Truppen, die den Weg zur Rückkehr der Monarchie notfalls freischießen sollten. „Dem Arbeiter hat man die Waffen abgenommen", berichtet Gustav Gäde, „aber die Freikorps und Einwohnerwehren, das Rückgrat der Konterrevolution, konnten ungestört Bürgerkriegsübungen abhalten. Das Geld aus den Kassen der Unternehmer floß reichlich."

Die Hoffnungen, die die Herrschenden an die Weimarer Republik knüpften, werden aus einem Kommentar deutlich, der in den *Deutschen Führerbriefen* erschien. Die *Führerbriefe* waren eine interne Korrespondenz, die nur den 200 reichsten und mächtigsten Familien Deutschlands zugänglich war. Dort konnten die Unternehmer unbekümmert ihre Ziele offenlegen, denn sie mußten nicht fürchten, daß davon etwas an die Öffentlichkeit drang.

Den Wert der sozialdemokratischen „Ummünzung der Revolution in Sozialpolitik“ sah dieses klarsehende Organ des Großbürgertums in der „Verlegung des Kampfes aus den Betrieben und von der Straße in das Parlament, die Ministerien und Kanzleien“ und bemerkte dazu, daß durch „Verwandlung des Kampfes von ‚unten‘ in die Sicherung von ‚oben‘ ... fortan Sozialdemokratie und Gewerkschaftsbürokratie, aber auch der gesamte von ihnen geführte Teil der Arbeiterschaft mit Haut und Haaren an den bürgerlichen Staat ... gekettet (sind), und zwar so lange, als erstens auch nur noch das geringste von jenen (sozialen) Errungenschaften auf diesem Wege zu verteidigen übrigbleibt und als zweitens die Arbeiterschaft ihrer Führung folgt.“

Um „die Seele des deutschen Arbeiters“ zu erobern, denn „die ganze Zukunft der deutschen Industrie (hängt) von dem richtigen Verhältnis zwischen Arbeiter und Unternehmer“ ab, müsse man den „staatsbejahenden Flügel der Sozialdemokratie von den Radikalen abtrennen“. Als die „notwendige Bedingung“ zur Erhaltung bürgerlicher Herrschaft wurde die Spaltung der Arbeiterschaft erkannt, denn: „Jede geschlossene, von unten hervorwachsende Arbeiterbewegung müßte revolutionär sein, und gegen sie wäre diese Herrschaft dauernd nicht zu halten, auch nicht mit den Mitteln der militärischen Gewalt.“

Diese Quelle kannte Gustav Gäde nicht. Er studiert sie aufmerksam und nickt dann, wie jemand, dem man bestätigt, was er seit langem weiß. „Die Spaltung ist das raffinierteste Mittel der Kapitalisten“, meint er. „Sie versuchen das immer wieder, denn sie wissen, nur auf diese Weise können sie am Ruder bleiben. Wenn die Arbeiter einig sind, dann sind sie am Ende. Die Weimarer Republik schuf beste Voraussetzungen für sie, denn das ständige Gefasel von der Einheit des Volkes verschaffte den Unternehmern Zeit. Da konnten sie in aller Ruhe den Generalangriff vorbereiten.“

Während die Weimarer Verfassung im Innern die Restauration des Kapitalismus einleitete, legte der Friedensvertrag von Versailles die internationalen Bedingungen der Nachkriegszeit fest.

Erstaunlichstes Ergebnis der Versailler Verhandlungen war der Beschluß der Alliierten, Deutschland, von einigen Grenzkorrekturen abgesehen, als staatliches Ganzes bestehen zu lassen. Nichts war weniger selbstverständlich als diese Entscheidung, denn einerseits bestand der deutsche Nationalstaat seit kaum 50 Jahren, andererseits hatten die Westmächte mehrfach für die Teilung Deutschlands plädiert. Bei den Verhandlungen in Versailles konnte sich jedoch der US-Präsident durchsetzen, der Deutschland als eine Nation erhalten wollte, weil ihm nur die Einheit Deutschlands die Eintreibung der geforderten Reparationen zu garantieren schien und weil er Deutschland als Prellbock gegen die junge Sowjetunion zu benutzen gedachte. Dankbar ging US-Präsident Wilson auf eine Anregung Eberts ein und erklärte, die Vereinigten Staaten seien bereit, Lebensmittel an das hungernde deutsche Volk zu liefern, wenn dort eine nichtkommunistische Regierung das Heft in der Hand halte.

Die Ergebnisse der alliierten Verhandlungen zwischen Woodrow Wilson (USA), Lloyd George (Großbritannien) und Georges Clemenceau (Frankreich) setzten dennoch im Deutschen Reich eine Welle der Empörung frei. Für nationalistische Kreise waren die von den Siegermächten diktierten Bedingungen „Versklavung des deutschen Volkes", war der Vertrag ein „Schandfrieden", der die „Wurzel allen Unglücks" darstellte.

Scheidemann, der im Namen des deutschen Volkes die Friedensbedingungen der Alliierten entgegennahm, sagte am 12. Mai vor der Nationalversammlung: „Welche Hand müßte nicht verdorren, die sich und uns in solche Fesseln legt? Dieser Vertrag ist nach Auffassung der Reichsregierung unannehmbar." Scheidemann zog die Konsequenzen und – trat zurück.

Gustav Gäde schmunzelt: „Die Suppe des verlorenen Krieges sollten gefälligst andere auslöffeln. Damit wollte Scheidemann sich seinen Ruf bei den Bürgerlichen nicht ruinieren."

Bei Reichswehrminister Noske tagte am 19. Juni eine Versammlung hoher Truppenführer, um noch einmal einen militärischen Ausweg aus dem Desaster zu finden. Hindenburg erstattete der Reichregierung einen Tag später Bericht: „Wir sind bei der Wiederaufnahme der Feindseligkeiten militärisch in der Lage, im Osten die Provinz Posen zurückzuerobern und unsere Grenzen zu halten. Im Westen können wir bei ernstlichem Angriff unserer Gegner angesichts der numerischen Überlegenheit der Entente und deren Möglichkeiten, uns auf beiden Flügeln zu fassen, kaum auf Erfolg rechnen. Ein günstiger Ausgang der Gesamtoperation ist daher sehr fraglich, aber ich muß als Soldat den ehrenvollen Untergang einem schmählichen Frieden vorziehen."

Hätte der deutsche Militarismus eine Chance gesehen, den Alliierten militärisch Paroli bieten zu können, wären weitere Millionen Menschen auf den europäischen Schlachtfeldern für die „Ehre des Vaterlandes" verblutet. Durch die aussichtslose Situation und die kriegsfeindliche Stimmung der Bevölkerung sah sich die deutsche Regierung jedoch gezwungen, den Versailler Vertrag vorerst anzunehmen. Groener empfahl dem Reichspräsidenten: „Die Wiederaufnahme des Kampfes ist nach vorübergehendem Erfolg im Osten im Endergebnis aussichtslos. Der Frieden muß daher unter den vom Feinde gestellten Bedingungen abgeschlossen werden."

Gegen die Stimmen der Deutschnationalen Volkspartei (DNVP), des größten Teils der Deutschen Demokratischen Partei (DDP) und einiger Abgeordneter des Zentrums beschloß die Nationalversammlung am 23. Juni 1919, die Realitäten anzuerkennen. Der Vertrag wurde am 28. Juli von Außenminister Müller und vom Reichsverkehrs- und Kolonialminister – ja, auch so etwas hatte die Republik noch – im Spiegelsaal des Versailler Schlosses unterzeichnet.

Die Linke lehnte den Vertrag ebenfalls ab, jedoch mit anderen Motiven als die bürgerlichen und nationalistischen Parteien und Verbände. Für die KPD war der Vertrag keine „nationale Schande", sie sah in ihm vielmehr einen „imperialistischen Raubfrieden", der die deutschen Werktätigen der zusätzlichen Ausbeutung durch die Entente auslieferte und die Souveränität Deutschlands einschränkte. Da in Deutschland die Macht der Monopole ungebrochen war, würden die Kriegslasten auf die Arbeiterklasse abgewälzt werden, prophezeiten die Kommunisten.

Als Ausweg empfahl die „Partei Marx'" den Sturz der herrschenden Klasse in Deutschland und die Errichtung einer proletarischen Räterepublik, die sich auf ein enges Bündnis mit der Sowjetunion stützen und neue Friedensbedingungen aushandeln sollte. Die KPD ging dabei jedoch von der Fehleinschätzung aus, die Revolution stünde vor der Tür. Statt nach Möglichkeiten für ein breites demokratisches Bündnis zu suchen, mit dessen Hilfe ein gerechter Friedensschluß durchzusetzen gewesen wäre, bereitete sie sich auf die Übernahme der Macht durch gewählte Arbeiter-, Bauern- und Soldatenräte vor.

Zentraler Punkt des Versailler Friedens war die Anerkennung

der alleinigen Kriegsschuld durch Deutschland und seine Verbündeten und die daraus hervorgehende Verpflichtung, den alliierten und assoziierten Staaten Reparationen zu zahlen. In dieser Frage ereiferten sich nationalistische Kräfte, die die Schuld des deutschen Imperialismus nicht anerkennen wollten. Die Kritik der Linken konzentrierte sich auf die Reparationsverpflichtungen. Der Krieg war zwar von den deutschen Imperialisten begonnen worden, die Lasten des Krieges sollten aber wieder einmal die arbeitenden Menschen und ihre Familien tragen.

Deutschland sollte für die Dauer von zehn Jahren jährlich sieben Millionen Tonnen Kohle an Frankreich und acht Millionen Tonnen an Belgien sowie 20 Milliarden Goldmark an die Alliierten bezahlen, um die angerichteten Kriegsschäden zu tilgen. Die Reparationen zahlten die deutschen Werktätigen mit zunehmender Arbeitshetze, mit der Verteuerung und Verknappung der Güter des täglichen Bedarfs.

War die Empörung über den Vertrag in der Reparationsfrage berechtigt, so gab es für die Aufregung über Gebietsverluste, insgesamt etwas mehr als 73000 Quadratkilometer, kaum Anlaß. Elsaß-Lothringen, als Kriegsbeute 1871 an Deutschland gefallen, sollte an Frankreich zurückgegeben werden; Eupen und Malmedy, von französisch sprechenden Wallonen besiedelte Landkreise in der Eifel, wurden Belgien zugeteilt – kaum Grund zur nationalen Empörung angesichts der Tatsache, daß Belgien trotz seiner Neutralität überfallen und ausgeplündert worden war.

Nicht einmal die auf 15 Jahre befristete Angliederung des Saarlandes war unbillig zu nennen, wenn man sich die Kriegsforderungen des deutschen Imperialismus von 1915 in Erinnerung ruft. Damals hatte die Regierung Bethmann Hollweg das Erzbecken von Briey, Luxemburg und ganz Belgien für das Deutsche Reich beansprucht.

Und im Osten? „Nach dem Versailler Vertrag sollten Teile Ostpreußens, Hinterpommerns, Schlesiens, außerdem ganz Posen und Westpreußen an Polen abgetreten werden", faßt Gustav Gäde zusammen. „Das konnte niemanden überraschen, der die Geschichte Polens kannte. Schon im 18. Jahrhundert hatte man sich diese Gebiete einverleibt und den polnischen Staat aufgelöst. Natürlich schmerzte das Großbürgertum der Verlust der gewinnbringenden Kohlengruben Oberschlesiens, aber es war doch nur gerecht, den Polen endlich wieder einen Staat zuzubilligen."

Der Kriegsplan der deutschen Großindustrie hatte viel umfangreichere Gebietsansprüche im Osten vorgesehen. Bethmann Hollweg schrieb am 19. November 1914 an einen Unterstaatssekretär des Auswärtigen Amtes: „Übrigens habe ich mir von Herrn Stinnes eine von Professor Schumacher in Bonn auf Grund eingehender Beratungen mit Kirdorf, August Thyssen, Hugenberg und Stinnes selbst verfaßte Denkschrift geben lassen, die über die Friedensbedingungen dieser Herren Aufschluß gibt. Stinnes behauptete, daß die Bedingungen die übereinstimmende Forderung der gesamten Industrie und Landwirtschaft, der Konservativen und Liberalen seien." Nachdem er die Gebietsansprüche der Industrieführer im Westen aufgezählt hat, geht Bethmann Hollweg auf die Ostgebiete ein, die das Militär den deutschen Großkonzernen erobern sollte: „... das Land westlich der Linie Narwa, Wilna, Drodno, Petrikow" – Gebietsansprüche, die die heutigen Sowjetrepubliken Litauen, Lettland und Estland umfaßten.

Wenn die Gebietsabtretungen, die der Versailler Vertrag im Osten vorsah, Grund zur Empörung gewesen wären, welche Reaktion hätte dann erst der Frieden von Brest-Litowsk auslösen müssen, den man der sowjetischen Regierung aufgezwungen hatte? Dieser „Friede" sah Gebietsabtretungen in Höhe von einer Million Quadratkilometern mit etwa 46 Millionen Menschen vor, 26 Prozent des gesamten russischen Territoriums, darunter die wertvollsten Getreidegebiete, fast alle Ölquellen, 90 Prozent der Kohlegruben und 54 Prozent der gesamten russischen Industrie.

Bleibt noch der Verlust der überseeischen Besitzungen Deutschlands, aus denen die Großindustrie in den vergangenen Jahrzehnten billige Rohstoffe importiert hatte. Diese Einbuße schmerzte das Großkapital in der Tat sehr, denn es verlor damit nicht allein 2,5 Millionen Quadratkilometer Besitz. In den 35 Jahren deutscher Kolonialherrschaft hatten die deutschen Steuerzahler tief in die Tasche greifen müssen, denn das Reich ließ sich seine überseeischen Besitzungen mehr als 50 Millionen Pfund Sterling kosten. Gierig hatte die Industrie weitere Kolonien gefordert; noch im Sommer 1918 verlangte sie die Angliederung Senegals, Guineas, Obervoltas, Dahomeys, Nigerias, der Elfenbeinküste, Ugandas, Kenias, Nordrhodesiens und Angolas an das Deutsche Reich, dazu die Azoren, die Kanarischen Inseln, Sansibar, die Komoren und Madagaskar sowie die Häfen am Roten Meer. Nun zerplatzte in Versailles der Traum der deutschen Großindustrie von einem „Platz an der Sonne" und dicken Extraprofiten.

Schmerzhaft – nicht für die arbeitenden Menschen, wohl aber für den deutschen Militarismus – waren die Bedingungen über die Entwaffnung der deutschen Streitkräfte. Die Reichswehr wurde auf ein Landheer von 100000 Mann beschränkt, einschließlich der Offiziere und Unteroffiziere. Kriegsschiffe, Flugzeuge, Panzer und schwere Waffen wurden verboten. Festungen mußten geschleift werden.

„Für die Sicherung des ‚inneren Friedens'", kommentiert Gustav Gäde, „hätte diese Streitmacht allemal ausgereicht, auch für den Schutz der Reichsgrenzen. Aber damit wollten sich Militärs und Kapitalisten nicht abfinden, denn sie träumten noch immer von der Weltmacht Deutschland, eben von der Unterdrückung anderer Völker."

Selbst aus der militärischen Niederlage schlugen die Kriegsverbrecher an der Spitze der deutschen Industrie und des Militärs Kapital, denn sie verstanden es in den folgenden Jahren, das angeblich von der Revolution verschuldete „Diktat von Versailles" als Ursache des wirtschaftlichen Niedergangs im Innern zu verkaufen, obwohl es ihre Profitgier selbst gewesen war, die das deutsche Volk in Not und Elend stürzte. Indem sie der deutschen Bevölkerung die angebliche Bedrohung durch äußere Feinde in wahren Schrekkensbildern ausmalten, lenkten sie breite Teile des Kleinbürgertums und der Bauernschaft gegen die „Novemberverbrecher", die für alle Übel der Nachkriegszeit herhalten mußten. Damit bereiteten sie ideologisch den Boden für den Mordterror der Rechtsextremisten gegen führende Politiker der Republik, der sich nicht zuletzt durch die Engelsgeduld der Sozialdemokraten gegenüber den rechtsgerichteten Feinden der Weimarer Republik ermutigt fühlen konnte.

Generalstreik gegen Generale

Gustav Gäde hat miterlebt, wie sich die Feinde der Republik auf einen Putsch vorbereiteten, der Deutschland die Monarchie zurückbringen sollte. „Die Todfeinde der Republik konnten ungestört Vorbereitungen für den Sturz des Systems treffen", sagt er.

Dann macht er eine lange Pause. In seinem Gesicht arbeitet es. Es dauert Minuten, bis er sich erinnert, daß ich ihm gegenübersitze und auf seine Antwort warte. Er zieht einige Male an seiner Pfeife, die ihm ausgegangen ist. Während er sie wieder anzündet, erzählt er: „Die Zechenbarone waren alle gegen die Republik, alle Geldsäcke waren dagegen. Sie warteten nur auf die Gelegenheit, mit den ‚Novemberverbrechern' abzurechnen.

Einmal bin ich abends an der Zeche vorbeigekommen. Ich war auf dem Weg zu einer Sitzung meiner SPD-Gruppe, wenn ich mich recht entsinne. Wie ich an dem Zaun vorbeikomme, höre ich merkwürdige Geräusche. Da bin ich natürlich neugierig geworden und habe mich angeschlichen. Ich wollte doch sehen, was da los ist. Na, es hat eine ganze Zeit gedauert, bis ich etwas zu sehen bekam, denn es war ja dunkel, und ich wollte mich nicht erwischen lassen. Sonst hätte man doch geglaubt, daß ich was vom Zechengelände stehlen wollte."

Hinter dem Werkszaun konnte Gustav Gäde etwa zwanzig Männer beobachten, die mit Waffen hantierten, ganz so, als befänden sie sich im Manöver. „Ich habe meinen Augen nicht trauen wollen", meint er. „Das war schon eine Überraschung, daß da Leute auf dem Zechengelände mit Gewehren rumliefen. Das Betreten der Schachtanlage war für Unbefugte verboten. Erst viel später habe ich mir zusammenreimen können, daß die Werksleitung den Freikorps das Gelände zur Verfügung stellte, damit die sich auf einen Putsch vorbereiten konnten."

Jahre später sollte die Öffentlichkeit erfahren, wieviel Geld die Unternehmer sich den geplanten Umsturz kosten ließen. Die paramilitärischen Gruppen, zum Teil als Geheimbünde organisiert, brauchten sich um ihre Finanzmittel nicht zu sorgen: Bei der Organisation „Brüder vom Stein" konnte man 700000 Mark beschlagnahmen, auch die Verbände „Orgesch" und „Agos", die Morde auf Bestellung lieferten, erfreuten sich der Förderung führender Industriekreise. In einem Bettelbrief dieser Organisationen heißt es: „Um unsere Dienststelle weiterhin ausbauen zu können, wir unseren Etat aber größtenteils durch die Industrie decken müssen, bitten wir die geschätzten Herren um gütigste weitere Unterstützung."

Auch die Mörderzentrale „Oberland", die mit oberschlesischen Organisationen kooperierte, stützte sich auf die finanziellen Zuwendungen der Großindustrie. Der *Vorwärts* enthüllte: „Die Großindustriellen, die die Mörderzentrale damals unterstützt haben, erklärten sich bereit, für politische Verbrechen jeden gewünschten Betrag zur Verfügung zu stellen."

Das wichtigste Rekrutierungsfeld der Geheimbünde und paramilitärischen Organisationen war das Militär, das unter kaisertreuen Offizieren fortbestand und sich selbst zaghaften Versuchen einer zivilen Kontrolle mit Erfolg widersetzte. Die Reichswehr lehnte die sozialen und liberalen Ziele der Republik kategorisch ab; monarchistische Gesinnung galt als Beweis der Eignung zum Offizier. Die Politik der militärischen Führung richtete sich dabei auf drei wesentliche Ziele: Erstens sollte mit den „Novemberverbrechern", die für die militärische Niederlage Deutschlands verantwortlich gemacht wurden, abgerechnet werden; zweitens unterstützte man die Pläne reaktionärer Gruppierungen, die verjagten Monarchen wieder an die Macht zu bringen; drittens versuchte man mit allen zur Verfügung stehenden Mitteln, die Rüstungsbeschränkungen des Versailler Vertrages zu umgehen.

Gleichzeitig liefen die Vorbereitungen für einen Staatsstreich weiter. Schon im September 1919 hatte Reichswehrgeneral Lüttwitz, von Ebert zum Oberbefehlshaber der Reichstruppen ernannt, Noske geschrieben: „Zwei Dinge tun uns not: Arbeit und Ordnung! Beide können wir haben, aber nicht mit Worten. Die Versuche, das Volk durch Milde und Zureden zur Annahme von Arbeit zu bringen, sind vergeblich gewesen. Nur Zwang wird das Volk zur Arbeit bringen. Daraus ergeben sich folgende Notwendigkeiten:
1. Vernünftiger Abbau der Arbeitslosenunterstützung. Der Grundsatz ‚Wer nicht arbeitet, soll auch nicht essen' muß wieder wie früher zur Geltung kommen ...
2. Unbedingtes Verbot aller politischen und wirtschaftlichen Streiks ... Schädlinge müssen rücksichtslos vernichtet werden. Kampf bis aufs Messer gilt diesen staatsfeindlichen Elementen gegenüber. Rigorose Unterdrückung ihrer Presse und ihrer führenden Persönlichkeiten ist das einzige wirksame Mittel."

Die Verhältnisse spitzten sich zu, die SPD, die der Arbeiterklasse tiefgreifenden Wandel, gar die sozialistische Republik versprochen hatte, wollte durch die Verkündung eines Betriebsrätegesetzes zumindest das Gesicht wahren. Der Reichsverband der Deutschen Industrie teilte der Regierung im September 1919 unmißverständlich mit, „daß der Entwurf in dieser Form keineswegs Gesetz werden darf“.

Nach Verhandlungen mit den Unternehmern legte die Regierung einen neuen Gesetzentwurf vor, der die Rechte der Betriebsräte weitgehend einschränkte. Die Betriebsräte sollten „für möglichste Wirtschaftlichkeit der Betriebsleistungen“, also für den Profit der Unternehmer, sorgen. Sie sollten Betriebe vor Erschütterungen wie Streiks bewahren und den Gedanken der Arbeitsgemeinschaft propagieren helfen. Ausdrücklich wurde ihnen die Leitung von Kampfmaßnahmen verboten, denn sie sollten für „Ruhe an der Arbeitsfront“ Sorge tragen. Mit dem vorgelegten Gesetz sollten die durch die Novemberrevolution erkämpften Rechte der Betriebsräte zurückgenommen werden.

Zehntausende Berliner Arbeiter demonstrierten gegen die Annahme des Betriebsrätegesetzes vor dem Reichstagsgebäude, in dem das Gesetz zu dieser Zeit in zweiter Lesung beraten wurde. Die „Marinebrigade Ehrhardt“, die seit Monaten zum Zeichen ihrer „vaterländischen Gesinnung“ Hakenkreuze auf den Helmen trug, marschierte auf. General Lüttwitz ließ mit Maschinengewehren das Feuer auf die Demonstranten eröffnen.

Der Großindustrielle Hugo Stinnes kommentierte die 42 Toten und 105 Verletzten, die auf der Straße liegen blieben, die von der Regierung verfügte Verhängung des Ausnahmezustandes und das Verbot politischer Kundgebungen zynisch: „Es ist das Zeichen einer wahren Demokratie, daß sie in Zeiten der Todesgefahr ihren Diktator findet.“

Die Alliierten hatten die Auflösung der „Marinebrigade Ehrhardt“ zwar schon seit langem angeordnet, doch die Regierung zögerte bis Ende Januar, diesem Befehl Folge zu leisten. Als Noske General Lüttwitz endlich Weisung gab, die Soldaten nach Hause zu schicken, rebellierte der Oberbefehlshaber: „Ich werde nicht dulden, daß mir eine solche Kerntruppe in einer so gewitterschwülen Zeit zerschlagen wird.“ Ultimativ verlangte er am 10. März 1920 die Auflösung der Nationalversammlung und die Annullierung des Versailler Vertrages in der Frage der Truppenreduzierungen. Als Ebert und Noske das Ultimatum ablehnten, befahl Lüttwitz Korvettenkapitän Ehrhardt, mit seiner Brigade auf Berlin zuzumarschieren.

Der Aktionsplan der Putschisten sah vor, in der Nacht vor der Regierungsübernahme Reichskanzler und Kabinett zu verhaften, Funkstationen zu besetzen und Telefonleitungen zu sperren. Auch Ebert und Noske sollten festgenommen werden, doch hielten die Putschgenerale ihre Wiedereinsetzung für möglich, wenn sie sich kooperationsbereit zeigten. Noch in den ersten Stunden des Putsches sollten Verhaftungen gemäß schwarzer Liste vorgenommen werden. Kapp, ostpreußischer Landschaftsdirektor und Anführer einer mit Lüttwitz in Verbindung stehenden Verschwörergruppe, sollte als Ministerpräsident und Reichskanzler den verschärften Belagerungszustand über das Reichsgebiet verhängen.

Neben Lüttwitz und Kapp hielten sich für die Regierungsübernahme bereit: der ehemalige OHL-Chef Ludendorff, dem die Worte „Mit ruhigem Gewissen würde ich Ebert, Scheidemann und Genossen baumeln sehen" zugeschrieben werden; Oberst Bauer, Kommandeur der Gardekavallerie-Schützendivision; Hauptmann Waldemar Pabst, der für die Morde an Karl Liebknecht und Rosa Luxemburg verantwortlich war; Traugott von Jagow, ehemaliger kaiserlicher Polizeipräsident in Berlin; sowie der frühere Oberbefehlshaber der Kolonialarmee, General von Lettow-Vorbeck.

Als sich die Gerüchte vom bevorstehenden Putsch verdichteten, ordnete Noske die Abschirmung des Regierungsviertels durch Sicherheitspolizei und Reichswehr an, doch die Befehlshaber der angeforderten Truppen hatten sich längst untereinander verständigt, nichts zum Schutz der Regierung zu unternehmen.

Am Morgen des 13. März 1920 um 6.15 Uhr floh die SPD-Regierung nach Dresden. Keinen Augenblick zu früh, denn zehn Minuten später rückte die „Marinebrigade Ehrhardt" im Regierungsviertel ein, ohne auf Widerstand zu stoßen. Zu ihrem Empfang hatten sich zwanzig Minuten zuvor Ludendorff und Jagow „ganz zufällig" am Brandenburger Tor eingefunden.

Den Arbeitern in den Betrieben, die von Noskes Freikorps wenige Monate zuvor entwaffnet worden waren, hinterließ die Regierung den Aufruf, in den Generalstreik zu treten, um die Republik vor den putschenden Generalen zu retten. Die Regierung versuchte derweil in Dresden, ihre Haut zu retten. Sie bemühte sich bei General Maercker, den Noske für loyal hielt, um einen Unterschlupf. Maercker teilte den Sozialdemokraten jedoch mit, er werde sie, einem Befehl der Lüttwitz-Putschisten gehorchend, in „Schutzhaft" nehmen, weil sie den Aufruf zum Generalstreik abgefaßt hätten.

Die sozialdemokratischen Politiker beeilten sich, dem General zu versichern, sie seien an der Abfassung des Aufrufs gänzlich unschuldig, Maercker solle sie nicht in Haft nehmen, denn sie allein könnten eine Konfrontation zwischen den Arbeitern und dem Militär verhindern. Bevor der General es sich noch einmal überlegen konnte, suchte die Regierung ihr Heil in der Flucht; sie fand Unterschlupf in Stuttgart, wo sich das Militär einstweilen abwartend verhielt und nichts gegen sie unternahm.

KPD und USPD unterstützten den Generalstreik gegen die Militärdiktatur, doch wollten sie mit ihrer Beteiligung an den Aktionen nicht ein zweites Mal einem Reichspräsidenten Ebert die Steigbügel zur Macht halten.

„Die Kommunisten", erzählt Gustav Gäde, „haben uns Sozialdemokraten gesagt, daß sie keinen großen Unterschied sehen zwischen Kapp und Noske. Von beiden konnte die Arbeiterklasse nichts erwarten, das war richtig. Trotzdem war die Haltung der Kommunisten falsch, denn es mußte doch zuerst einmal darum gehen, die Errichtung einer Militärdiktatur zu verhindern. Deshalb konnte ich diese Position nicht verstehen. Aber die KPD hat schnell eingesehen, daß sie schieflag."

Die Partei revidierte ihren Kurs: Während sie am Tag des Putsches noch betont hatte, sie verhandle „mit einer Regierung Kapp-Lüttwitz ebensowenig wie ... mit der Regierung Ebert und Noske", rief sie schon am nächsten Tag zum „gemeinsamen Kampf der Arbeiter gegen die Militärdiktatur".

Die hitzigen Debatten, die in der Berliner Parteizentrale in diesen beiden Tagen geführt wurden, kann Gustav Gäde sich gut vorstellen: „Die Partei war noch sehr unerfahren. Sie glaubte, die Revolution des Proletariats sei nur eine Frage der Zeit. Von einen auf den anderen Tag wurde sie vor die Entscheidung gestellt, ob sie diese Republik gegen die Kapp-Generale verteidigen sollte. Es ist leicht zu verstehen, daß sie für kurze Zeit ins Schlingern kam, aber im Endeffekt setzte sich doch die Meinung durch, man müsse die Diktatur der Generale verhindern." Am 14. März fanden Kommunisten, Unabhängige und Sozialdemokraten zusammen: Der Generalstreik hatte begonnen.

Wenn es Kapp und Lüttwitz nicht gelang, die Macht im Staat überfallartig an sich zu reißen, wenn die Diktatur zusammenbrach, noch ehe sie sich etablieren konnte, wenn Carl von Ossietzky bemerken konnte: „Noch nie ist eine Bande von Usurpatoren so schnell fortgelegt worden“ – dann war dies nicht das Verdienst der Regierung, sondern Ergebnis des gemeinsamen Widerstands der Arbeiterklasse. Für einen historischen Augenblick waren alle Meinungsverschiedenheiten zwischen den politischen Lagern überwunden, eine Entwicklung, mit der die Putschgenerale angesichts der tiefgreifenden Kontroversen zwischen KPD und SPD nicht hatten rechnen können.

Diejenigen, die später behaupteten, der Kapp-Lüttwitz-Putsch sei in erster Linie am „passiven Widerstand“ der Bürokratie und der Reichswehrführung gescheitert, logen bewußt. Mit dieser Zwecklüge wollte man die Arbeiterklasse vergessen machen, welch wirksame Waffe der Generalstreik war. Die Bürokratie verhielt sich zwar einige Tage lang regierungstreu, das heißt, sie unterstützte den Putschversuch des Militärs nicht. Aber jene Beamte, die in zwanzig Jahren drei Eide schworen – auf den Kaiser, auf die Republik und dann 1933 auf den „Führer“ –, wie lange hätten sie ihre Regierungstreue bewahrt, hätten sich die Putschisten länger an der Macht halten können?

„In den Ämtern und beim Militär“, sagt Gustav Gäde, „da saßen die alten Kaiserleute. Die wollten mit der Weimarer Republik nicht warm werden.“ Die Beamten verhielten sich loyal, doch Verfassungstreue hieß für sie nichts weiter als die Bereitschaft, den Staat in seiner augenblicklichen Form zu respektieren.

Wie verfassungstreu die Beamten wirklich waren, verdeutlichte später die Aburteilung der Putschoffiziere durch die Gerichte: Gegen 705 angeklagte Putschisten verhängten sie insgesamt fünf Jahre Festungshaft, während sie zwei Jahre zuvor gegen 52 Mitglieder der Bayerischen Räterepbulik ein Todesurteil und insgesamt 135 Jahre Festungshaft ausgesprochen hatten.

Ernst Niekisch, ehemals Präsident des Münchener Zentralrates, schreibt in seinem Buch *Die Legende von der Weimarer Republik:* „Der Generalstreik bewährte sich als eine Waffe, der gegenüber das Bürgertum wehrlos war. Es war ihm peinlich, daß der Arbeiterschaft ein Anlaß gegeben worden war, sich der unheimlichen Durchschlagskraft dieser Waffe bewußt werden zu können. Der Kapp-Putsch war eine Bürgerkriegserklärung an die Arbeiterschaft gewesen; als das Bürgertum sah, mit welchen Machtmitteln die Arbeiterklasse im Felde erschien, beeilte es sich, den offenen Ausbruch der Feindseligkeiten abzustoppen.“

Die Arbeiterbewegung zeigte sich entschlossen, sich den Sieg über die Reaktion nicht gleich wieder aus den Händen nehmen zu lassen. Sie stand der Führung der SPD und der Regierung skeptisch gegenüber. Deshalb brach sie den Generalstreik und den bewaffneten Kampf nicht ab, als die Putschgenerale das Weite gesucht hatten.

Kommunisten und linke Unabhängige wollten die von der SPD-Führung abgewürgte Revolution von 1918 vollenden, das Bürgertum entmachten und eine sozialistische Republik aufbauen. Die den Sozialdemokraten nahestehenden Kräfte verlangten Garantien dafür, daß sich ein Rechtsputsch nicht wiederholen würde. Für die Beendigung des Generalstreiks forderten sie die Erfüllung eines von den Gewerkschaften vorgelegten Neun-Punkte-Programms, das u.a. die Umgestaltung der Regierung, die Entwaffnung und Bestrafung der Putschisten, den Rücktritt Noskes und die Reinigung der Verwaltung von reaktionären Kräften vorsah. Zudem sollten Umstrukturierungsprogramme in der Privatwirtschaft eingeleitet werden, die Mitsprachemöglichkeit der Arbeiter in den Betrieben sollte ausgebaut, einige Monopol- und Schlüsselindustrien verstaatlicht werden.

Die Rote Armee, die den militärischen Einheiten der Putschisten bewaffnet Widerstand leistete, hatte sich in den ersten Tagen des Generalstreiks gebildet. Neben dem Generalstreik, an dem zwölf Millionen Arbeiter und Angestellte teilnahmen, wurde sie zum schlagkräftigsten Instrument der proletarischen Notwehr, obwohl ihr am Anfang nur die Waffen und Ausrüstungsgegenstände zur Verfügung standen, die einzelne Arbeiter versteckt und über die verschiedenen Razzien hinweggerettet hatten. Sie vervollständigte ihre Ausrüstung, indem sie die Einwohnerwehren und Teile der Freikorps und der Reichswehrtruppen entwaffnete. Schon wenige Tage, nachdem Kapp und Lüttwitz die Regierung in die Flucht geschlagen hatten, standen der Roten Armee allein im Ruhrgebiet 100000 Arbeiter zur Verfügung. Sie befreite die Ruhrgebietsstädte von den Putschisten und trieb die Kapp Lüttwitz-Armee bis hinter Wesel zurück.

„Als die Arbeiter zeigten, daß sie es ernst meinten", berichtet Gustav Gäde, „da fanden sie plötzlich alle wieder zusammen, Putschisten und Reichswehr, Bürgertum und Beamte, Großindustrie und Finanzwelt, die Junker und die Führung unserer Partei. Da war der Kapp-Putsch plötzlich wieder vergessen, und die Devise hieß: ‚Kampf gegen den Bolschewismus'."

Die „Marinebrigade Ehrhardt", gerade noch die Vorhut des Putsches, wurde als Speerspitze gegen die Arbeiter eingesetzt.

Kapp und Lüttwitz hatten den Marinesoldaten für ihre „Treue“ eine Löhnungszulage versprochen. Die bekamen sie auch – von der nach Berlin zurückgekehrten Reichsregierung, 16000 Goldmark bar auf die Hand und Strafverschonung. Damit die Truppe auch nach ihrer Auflösung zusammenbleiben konnte, verhandelte man mit dem Münchener Polizeipräsidenten wegen der Unterbringung der Ehrhardt-Leute als Arbeitsgemeinschaft auf einigen großen bayerischen Gütern.

Obwohl der Korvettenkapitän, der später eine Zeit lang steckbrieflich gesucht wurde, der Polizei direkt in die Arme lief, wurde er vom Polizeipräsidenten mit einem falschen Paß ausgestattet und wieder auf freien Fuß gesetzt. Er konnte bald in aller Ruhe den Rest seiner Brigade zur Organisation „Consul“ formieren, die wenig später durch terroristische Aktionen bekannt wurde und sich an der Ermordung der bürgerlichen Politiker Erzberger, Rathenau und Garei sowie an Attentaten auf Scheidemann, Harden und Auer beteiligte.

Nach der Verkündung des Neun-Punkte-Programms der Gewerkschaften erklärten sich die Regierungsparteien bereit, sich für die Erfüllung der Arbeiterforderung stark zu machen. In Wirklichkeit ging es jedoch nur darum, erst einmal Ruhe zu schaffen und die Beendigung des Generalstreiks durchzusetzen; danach wollte man weitersehen und in bewärter Manier die Zugeständnisse Punkt für Punkt rückgängig machen.

Der Plan ging auf, denn kaum wurde die Bereitschaft der Regierung bekannt, die neun Punkte der Gewerkschaften zu akzeptieren, riefen die Führer des Allgemeinen Deutschen Gewerkschaftsbundes (ADGB) auch schon zum Abbruch des Ausstandes auf. Am 22. März folgte die USPD-Leitung mit einem Appell, den Streik zu beenden. Die Regierung hatte nicht einmal eine Garantie für die Einhaltung ihrer Versprechen geben müssen.

Die Zentralleitung der KPD verlangte die Fortsetzung des Streiks, bis die Reaktion die Waffen gestreckt habe. „Sie wollten den Sieg über Kapp und Lüttwitz zu einem Sieg über den Militarismus ausbauen“, kommentiert Gustav Gäde. „Zumindest eine Regierung, in der Gewerkschaftsvertreter den Ton angaben, sollte herausspringen. Die SPD-Leitung sollte dazu gezwungen werden, ihre Burgfriedenspolitik aufzugeben.“

Die Spitzen der Arbeiterorganisationen führten zwar Verhandlungen über die Bildung einer neuen Regierung, doch ein neues Kabinett kam nicht zustande, denn die Linken in der USPD weigerten sich. Artur Crispien, Mitglied des USPD-Vorstandes erklärte: „Niemals werde ich mich mit Arbeitermördern an einen Tisch setzen."

Auch in der KPD gab es keine einheitliche Meinung zu dieser Frage. Eine Gruppe der Zentralleitung erkannte nicht, daß es unter den gegebenen Umständen unmöglich war, eine sozialistische Umwälzung des Staates zu erzwingen, daß es vielmehr darum gehen mußte, die Rechte der Lohnabhängigen auszubauen und die unternehmerfreundliche Regierung durch ein Arbeiterkabinett zu ersetzen, das sich auf ein möglichst breites Bündnis stützen konnte. Nur mühsam setzte sich in der KPD-Leitung die Überzeugung durch, daß die sozialistische Revolution unter diesen Bedingungen nicht zu verwirklichen war.

Die Regierung Ebert/Bauer ergriff zur gleichen Zeit Maßnahmen, um die Werktätigen erneut zur Aufgabe ihrer Position zu veranlassen. Mit dem Auftrag, die Streikenden für ein Abkommen zu gewinnen, reiste Reichs- und Staatskommissar Carl Severing ins Ruhrgebiet. Zu diesem Zweck lud er die Vollzugsausschüsse und Stadtverwaltungen der wichtigsten Ruhrgebietsstädte für den 23. März nach Bielefeld. Da die Regierung die Gewerkschaftsforderungen zu erfüllen versprach, einigte man sich dort auf einen sofortigen Waffenstillstand. Am 24. März legte die Mehrheit der Arbeiter die Waffen nieder; ein Teil der Roten Armee weigerte sich jedoch, den Kampf einzustellen und verlangte Garantien für die Regierungszusage. Die alte Uneinigkeit der politischen Führung der Arbeiterbewegung war wiederhergestellt, die Basis gemeinsamer Aktion zerfiel.

Der Zentralrat empfahl den Arbeitern, die sich noch unter Waffen befanden, den Kampf einzustellen und weiteres Blutvergießen zu vermeiden. Da erreichte ein Ultimatum General Watters die Rote Ruhrarmee: Es verlangte die sofortige Entwaffung der Arbeiterwehren und drohte mit der militärischen Besetzung des Ruhrgebiets.

Watters Forderungen waren praktisch nicht zu erfüllen, und der General hatte auch keine Minute geglaubt, daß die Rote Ruhrarmee seiner Provokation Folge leisten würde. Er benötigte nur einen Vorwand, um die Reichswehr gegen die Arbeiter in Marsch setzen zu können.

Gegen den drohenden Einmarsch der Reichswehr rief der Essener Zentralrat erneut zum Generalstreik auf, dem sich im Ruhrgebiet spontan viele Arbeiter anschlossen. Der Kampf stand jedoch auf verlorenem Posten, als es der rechten SPD-Führung und reaktionären Führern der Gewerkschaften gelang, die sich abzeichnende Ausdehnung des Streiks auf das Reichsgebiet zu verhindern. Das Ende der Roten Ruhrarmee war besiegelt.

Hämisch kommentierte die bürgerliche Presse das Vorrücken der Regierungstruppen, so etwa die *Recklinghäuser Zeitung:* „Schon am Gründonnerstag in aller Frühe begann von der Lippe her das große Ausreißen. Auf der Straße sah man größere und kleinere Trupps mit Waffen ... eilig abziehen."

Gustav Gäde wird jedesmal zornig, wenn er auf die Berichterstattung der bürgerlichen Presse zu sprechen kommt. Er zeigt mir einen anderen Zeitungsabschnitt aus der *Recklinghäuser,* der belegt, wie man in diesen Kreisen die Arbeiterschaft verachtete: „Zuerst trafen aus der Gegend Bochum bewaffnete Arbeiter auf Lastwagen ein", schreibt das Blatt am 8. April 1920, „ihnen folgten solche aus Gelsenkirchen und anderen Industrieorten. Zu diesen, meist recht minderwertig aussehenden Menschen gesellte sich eine Anzahl Bergleute der Zeche Brassert."

„Diese ‚recht minderwertig aussehenden Menschen'", sagt Gustav Gäde ärgerlich, „das waren Arbeiter, die seit Tagen nichts gegessen hatten, weil sie ja in der Zeit, in der sie streikten, keine Löhnung bekamen. Wir hatten buchstäblich nichts zu fressen, aber wir haben die Kapp-Leute davongejagt. Und dann schrieben die, die zu Hause im Warmen gesessen hatten, das seien minderwertige Leute."

Während die bürgerliche Presse nach dem Ruhrkampf minutiös nachrechnete, was die bewaffneten Truppen für ihre Verpflegung und für die Einrichtung von Notlazaretten requiriert hatten, erwähnte man den blutigen Terror der Reichswehr und Freikorps mit keiner Silbe.

Gustav Gäde hat nichts vergessen: „Als die Freikorps in unser Gebiet eindrangen, mußten sie am Kanal übersetzen. Zu diesem Zeitpunkt waren dort Arbeiter mit Kanalarbeiten beschäftigt. Die Freikorpsleute haben die Arbeiter mit Gewehrkolben erschlagen und im Wald verscharrt. Man kann sich nicht vorstellen, wie sie gehaust haben. Die Rote Armee hatte ja auch Krankenschwestern; auf die haben sie regelrecht Jagd gemacht; wo sie eine erwischen konnten, da haben sie sie erst vergewaltigt und dann erschlagen."

Die Reichswehr, die den Putsch gegen die Republik mit Waffengewalt unterstützt oder sich zumindest passiv verhalten hatte, ging aus den Kämpfen im März 1920 gestärkt hervor und entwickelte sich zu einem mächtigen Staat im Staat, der sich erfolgreich jeder parlamentarischen Kontrolle entzog. Beihilfe zu dieser Entwicklung leistete die Regierung selbst, indem sie jene mit Befehlsgewalt ausstattete, die nur auf die Gelegenheit warteten, die Republik zu stürzen und durch eine Diktatur zu ersetzen.

„Wer soll diesen Herrschaften glauben, daß sie jemals entschlossen sein könnten, gegen die Reaktion zu kämpfen?" fragte der von der USPD zur KPD gewechselte Reichstagsabgeordnete Wilhelm Koenen die Regierung. „Hat man doch alle die Leute, die im Kapp-Putsch von den Arbeitern davongejagt wurden, ... wieder herangeholt und in der Reichswehr, den Freikorps und sonstigen Selbstschutzorganisationen Funktionen gegeben ... Die Arbeiter hatten sich dieser Banditen schon einmal entledigt, aber Herr Gessler, Gerr Gradnauer, Herr Severing, die sozialdemokratischen Minister, setzen diese Generale wieder ein."

Die Reichswehr unterhöhlte die Republik durch zivile Verbände, die sie finanzierte, ausrüstete, ausbildete und beherrschte – Freikorps, Grenzschutz, Bürger- und Einwohnerwehren, vaterländische Verbände, paramilitärische Jugendorganisationen oder den Bund der Frontsoldaten „Stahlhelm". Sie entwickelten sich zur geheimen Organisationszentrale der Gegenrevolution, die die Regierung nicht länger als weisungsbefugte Instanz, sondern als notwendiges Übel betrachtete.

Nach dem Kapp-Putsch sollte endlich die Bestimmung des versailler Vertrages ausgeführt werden, nach der die deutsche Landstreitmacht auf 100000 Soldaten zu beschränken war. Bei den Entlassungen, die nun vorgenommen werden mußten, achteten die monarchistisch gesinnten Offiziere peinlich genau darauf, daß auch der letzte Republikaner aus der Armee verschwand. Die „treuen" Offiziere, die auch entlassen werden mußten, um auf die geforderte Mannstärke zu kommen, übernahmen den Aufbau illegal arbeitender militärischer Ersatzorganisationen. Die Zeiten waren vorbei, in denen sich die Reichswehrführung etwas diktieren ließ.

Aus den Geheimverbänden rekrutierte sich eine rechtsgerichtete Reservearmee, die „Schwarze Reichswehr", die Gustav Gäde treffend „Stinnes-Armee" nennt. Unter Schwarzer Reichswehr sind zunächst jene Organisationen zu verstehen, die ähnlich wie die Schweizer Miliz ihre Waffen zu Hause oder in geheimen Waffenlagern aufbewahrten. Dazu kamen militärisch organisierte, reichswehrmäßig uniformierte und kasernierte Truppen, die mit ihren

Fuhrparks und Waffenarsenalen der legalen Reichswehr in nichts nachstanden. Diese Truppen waren in erster Linie für den Bürgerkrieg gedacht.

Rassenwahn und Großmachtpläne

Anton Drexler unterhielt in München seit Jahren enge Kontakte zur rechtsradikalen „Thule-Gesellschaft", die von ihren Mitgliedern nicht allein „rein-arische Abstammung" verlangte, sondern mit Vorliebe rassenhetzerische Parolen an Hauswände schmierte und am 3. April 1919 einen Putschversuch gegen die Räterepublik unternommen hatte. Als Erkennungszeichen führte die Geheimorganisation, die an der Vorbereitung und Durchführung mehrerer Attentate auf Regierungsmitglieder beteiligt war, das Hakenkreuz. Mit dem *Münchener Beobachter* verfügte sie über eine eigene Zeitung; im Nobelhotel „Vier Jahreszeiten" traf sie sich zu regelmäßigen Geheimsitzungen.

Das „Vier Jahreszeiten" war für Anton Drexler denn auch der geeignete Rahmen, um am 5. Januar 1919 mit 25 Angestellten seines Betriebes die Deutsche Arbeiterpartei (DAP) aus der Taufe zu heben. Die DAP verstand sich als „klassenlose Organisation, die nur von deutschen Führern geleitet werden" dürfe. Sie wollte nationales und sozialistisches Gedankengut vereinen und eine harmonische Gesellschaft ohne Klassenkampf verwirklichen.

Politischen Einfluß erreichte Drexlers Hinterzimmerpartei, deren „Reichsvorsitzender" Karl Harrer war, in den ersten Jahren nicht, denn ihr Programm konnte weder die Arbeiter begeistern noch finanzkräftige Mäzene zu Spenden verleiten. Großindustrie und Hochfinanz setzten seit Jahrzehnten auf die christlichen und deutschnationalen Parteien, die im Reichstag über zahlreiche Sitze verfügten.

Hitler selbst hielt die DAP für spießig und langweilig und wäre kaum auf die Idee gekommen, ihr Mitglied zu werden, hätte man ihm nicht wenige Tage nach seiner Teilnahme an einer ihrer Sitzungen unaufgefordert eine Mitgliedskarte geschickt und ihn zur Ausschußsitzung gebeten. Über diese Sitzung berichtete er später, der Ausschuß habe sich „wie die Vorstandschaft eines kleinen Skatclubs" Sitzungsprotokolle vorgelesen, die 7 Mark 50 Vereinsvermögen nachgezählt und Brief an Gesinnungsgenossen in Norddeutschland aufgesetzt; es war „eine Vereinsmeierei allerärgster Art und Weise."

Zu diesem Zeitpunkt hatte Hitler sich schon monarchistisch gesinnten Offizieren, unter denen er als Gefreiter im Weltkrieg gedient hatte, durch den Eifer empfohlen, mit dem er als Mitglied einer Untersuchungskommission zur Säuberung der Truppe von „radikalen Elementen“ zu Werk ging. Er war zum Bildungsverantwortlichen für nationalistische Schulung aufgestiegen und widmete sich begeistert der Bespitzelung seiner Kameraden. Zur DAP nahm er ersten Kontakt auf, weil ihn seine Vorgesetzten beauftragten, die Beziehungen der Reichswehr zu rechtsgerichteten Gruppierungen in die Hand zu nehmen.

Hitler schloß sich Drexlers Partei an und erhielt sogleich einen Posten im siebenköpfigen Vorstand. Da man sein Redetalent rasch erkannte, beauftragte ihn der Vorstand, Werbung und Propaganda der Partei zu organisieren. Zwischen Harrer und ihm kam es bald zum Bruch, denn der „Reichsvorsitzende“ wollte die DAP als politisierenden, geheimbündlerischen Männerzirkel fortführen, während Hitler sich vorgenommen hatte, die DAP zur Massenpartei zu entwickeln. Unter seinem Einfluß vollzog sich die Wandlung der DAP zu einer militanten, publikumswirksam auftretenden Kampfpartei – die noch vor Ende 1919 in einem düsteren Kellerraum des „Sterneckerbräus“ die erste Geschäftsstelle einrichtete und bezog. Zugleich setzte Hitler die Erweiterung des Vorstandes auf zehn, später zwölf Mitglieder durch und besetzte die Schlüsselpositionen in der Partei mit Leuten, die ihm schon in der Kaserne ergeben waren. Harrer zog die Konsequenz und verließ die Partei.

Das von Anton Drexler und Adolf Hitler entworfene Parteiprogramm nahm die DAP im Februar 1920 an; wenige Tage später änderte sie ihren Namen in Nationalsozialistische Deutsche Arbeiterpartei (NSDAP). Schon der Name der Partei war Schwindel. Hinter der Maske scheinbar sozialistischer Vorstellungen verbarg sich das reaktionärste Gedankengut.

Anders als die Parteien der Arbeiterklasse, die ihre Ziele beim Namen nannten, verzichtete die NSDAP darauf, ein Endziel anzugeben und hielt die Frage der von ihr befürworteten Staats- und Gesellschaftsform bewußt offen. Während sie einerseits dem Großbürgertum zu verstehen gab, sie habe für den Fall, daß die Nahziele erreicht würden, noch einiges in der Hinterhand, versuchte sie andererseits den Eindruck zu erwecken, sie werde sich dem bürgerlich-demokratischen Parlamentarismus verpflichtet fühlen und nicht den Versuch unternehmen, eine zweite „Diktatur Kapp“ zu etablieren.

„Diese Verschleierungstaktik“, kommentiert Gustav Gäde, „sollte sehr wirksam sein, denn bis zur Machtübernahme 1933 hielt sich selbst in der SPD die Illusion, die Nazis würden auf dem legalen Weg bleiben. Dabei haben die Nazis tausendmal verkündet, daß sie sich um die Republik einen Dreck scherten.“ So schrieb Joseph Goebbels, der spätere Propagandaleiter der NSDAP, Jahre vor dem 30. Januar 1933: „Wir gieren nach der Macht, und wir nehmen sie, wo wir sie bekommen können... Wer uns einmal an den Rockschößen hängen hat, der wird uns nicht mehr los.“

In ihrem 25-Punkte-Programm forderte die NSDAP den „Zusammenschluß aller Deutschen auf Grund des Selbstbestimmungsrechtes der Völker.“ Damit sollte der militärische Überfall, der imperiale Raubkrieg zur rechtmäßigen Handlung erklärt werden.

Mit der Forderung, die „deutsche Frage“ offenzuhalten, wandte sich die NSDAP gegen den „Schandvertrag von Versailles“. Die im Parteiprogramm aufgestellte Forderung nach Revision des Versailler Vertrages zielte besonders auf national gesinnte Wählerschichten. Die nationale Presse schürte das Gefühl, durch diesen Vertrag zu Unrecht an den Pranger gestellt und der staatlichen Souveränität beraubt worden zu sein.

Die geforderte Gleichheit der Nationen, Voraussetzung jeder internationalen Zusammenarbeit und politischen Verständigung, hatte für die NSDAP nicht mehr als propagandistischen Zweck. Sie zielte darauf, die Beziehungen der Staaten Europas und der Welt so zu verändern, daß die übrigen Nationen zu Vasallen eines künftigen Großdeutschen Reiches gerieten. Als die Truppen Nazideutschlands die Grenze Polens überschritten, als sie in den Niederlanden, in Frankreich, Dänemark, in der UdSSR einfielen, da war vom Selbstbestimmungsrecht der Völker, von der beschworenen Gleichberechtigung der Staaten Europas keine Rede mehr.

Schon in ihrem 25-Punkte-Programm offenbarte die Hitlerpartei, wie wenig sie sich für die Lebensinteressen anderer Völker interessierte: „Wir fordern Land und Boden zur Ernährung unseres Volkes und Ansiedlung unseres Bevölkerungs-Überschusses.“ Sie machte sich mit der Forderung nach Kolonien eines der Hauptziele der deutschen Großindustrie zu eigen. Die Parole „Lebensraum für das deutsche Volk“ trug ihr auch die Sympathien der stark verschuldeten Kleinbauern ein, die sich als Ausweg aus ihrer wirtschaftlichen Misere Siedlungsraum vor allem im Osten Europas erhofften.

Die NSDAP postulierte, „Staatsbürger (könne) nur sein, wer Volksgenosse ist“, und verlangte Maßnahmen gegen das Judentum. Der Antisemitismus tarnte sich als „nationale Sorge vor

Überfremdung". Die mörderischen Absichten der Judenverfolgung versteckten sich hinter der Beteuerung, es gehe um nationale, „rasse-hygienische" Interessen, man befinde sich im Abwehrkampf gegen eine feindliche, auf die Zerstörung der „Volksgemeinschaft" gerichtete gesellschaftliche Gruppe. Dabei machte man sich geschickt jene Ängste nutzbar, die vor allem in kleinbürgerlichen Schichten seit Jahrzehnten vorhanden waren.

Nicht immer trat der Charakter des Rassenwahns so deutlich zu Tage. Um intellektuelle Kreise zu erreichen, bedienten sich Rassenfanatiker, Ausländer- und Fremdenhasser gern scheinwissenschaftlicher Theorien, die die Absicht des „Weltjudentums" bloßlegen sollten.

Die nach Deutschland eingewanderten Juden führten seit Jahrhunderten ein Leben in der Isolation. Teils war diese Absonderung selbstgewählt, da die Juden nicht ihre nationale Identität, ihre religiösen Anschauungen und ihre hochentwickelte Kultur aufgeben, also nicht als angepaßte „Deutsche jüdischer Abstammung", sondern als Juden in Deutschland leben wollten. Teils war ihre Isolation auch vom Staat verfügt, indem man die Juden von wesentlichen Staatsbürgerrechten ausschloß; man verbot ihnen den Erwerb von Grund- und Hausbesitz und die Mitgliedschaft in Gewerkvereinen und Zünften, schränkte ihre Reisefreiheit in Deutschland ein, schloß sie von Staatsämtern aus und überließ ihnen allein das Bank- und Finanzwesen, ein aufgrund der christlichen Lehre anrüchiger Erwerbszweig, in dem sich ein „Christenmensch" nicht betätigen durfte.

Die Berufstätigkeit der Juden beschränkte sich deshalb auf die wenigen freien Berufe, auf Presse, Advokatur und Bankwesen, Kunst und Wissenschaft. Aufgrund ihrer Spezialisierung erreichten sie bald erstaunliche Erfolge in den genannten Berufszweigen, was dem Bürgertum erneut Anlaß zu judenfeindlichem Verhalten bot. Wer Erfolg hatte, führte dies auf eigene Tüchtigkeit zurück; wer Pech hatte, der machte das „jüdische Kapital" oder die „jüdische Weltverschwörung" für sein Scheitern verantwortlich.

Christliche Parteien wie das Zentrum und nationalistische wie die DNVP nahmen den Rassismus in ihre Programme auf. „Nur ein starkes deutsches Volkstum, das Art und Wesen bewußt bewahrt und sich von fremdem Einfluß frei hält, kann die zuverlässige Grundlage eines starken, deutschen Staates sein. Deshalb kämpfen wir gegen jeden zersetzenden, undeutschen Geist, mag er von jüdischen oder anderen Kreisen ausgehen. Wir wenden uns nachdrücklich gegen die seit der Revolution immer verhängnisvoller hervorgetretene Vorherrschaft des Judentums", hieß es in den Grundsätzen der DNVP aus dem Jahre 1920.

Seit der Revolution in Rußland trat der Antisemitismus immer häufiger zusammen mit militantem Antikommunismus auf, wie ein Flugblatt aus der Rätezeit belegt: „Der Bolschewismus ist der neueste Trumpf der Juden. Spartakus ist nichts weiter als der Judaskuß, den die als Schnorrer zu uns gekommenen Hebräer dem christlichen deutschen Volk um fremdes Geld aufdrückten!" Die Juden hätten sich mit der „holden Zunft des Marodeure, Zuhälter und des Berliner Pöbels" verbündet, um „ihre brutale, staat- und kirchenfeindliche jüdische Gewaltherrschaft auf den Trümmern friedlicher deutscher Heimstätten aufzubauen."

Doch der Rassismus des Kleinbürgertums, von der nationalen Presse bewußt geschürt, richtete sich nicht allein gegen das jüdische Volk. Der Franzose, der Russe und der Brite, die Nationalisten als „Erbfeinde" Deutschlands ansahen, waren ebenso betroffen. „Diese Gruppen waren gegen alles Fremde", bestätigt Gustav Gäde. „Ob es sich nun um die Homosexuellen handelte oder um die Sinti oder Roma. Das waren alles ‚minderwertige' Leute, die man am liebsten aus dem Land gejagt hätte."

Auch der Zuzug der Polen, die als Arbeitskräfte in die deutschen Schwerindustriezentren kamen und die man als „Polacken" beschimpfte, brachte „aufrechte" deutsche Bürger in Rage, wie Leserbriefe aus dem Jahr 1922 verdeutlichen, die mir Gustav Gäde kommentarlos auf den Tisch legt. „Den Polen 10000 Mark für Kulturzwecke zu bewilligen, war zwecklos. Die Polen wollen auch gar keine Kultur haben, die kennen nur polnische Habgier. Schon die Schulkinder werden zum Stehlen erzogen... Wann wird endlich die Zeit kommen, daß auf den Zechen wieder deutsch gesprochen wird, damit man sich wieder als Deutscher fühlt?"

Es war nur folgerichtig, wenn die NSDAP in ihrem Programm die Forderung aufstellte, „wer nicht Staatsbürger (sei, solle) nur als Gast in Deutschland leben können und (müsse) unter Fremdengesetzgebung stehen." Damit entlarvte sie selbst ihren antiproletarischen Charakter, denn keine wirkliche Arbeiterpartei wäre auf den Gedanken gekommen, ein Volk aufgrund seiner anderen kulturellen Entwicklung, Lebenszusammenhänge und Verhaltensweisen zum „inneren Feind" aufzubauen und unter Ausnahmerecht stellen zu wollen.

Die NSDAP forderte allerdings noch mehr: Der Staat solle sich verpflichten, „in erster Linie für die Erwerbs- und Lebensmöglichkeit der Staatsbürger zu sorgen". Falls es aufgrund einer wirtschaftlichen Krise nicht möglich sei, die gesamte Bevölkerung zu versorgen, solle man „die Angehörigen fremder Nationen aus dem Reiche ausweisen". Zugleich sollte der Staat „jede weitere Einwanderung Nicht-Deutscher" verhindern und alle seit dem 2. August 1914 eingewanderten Ausländer zum sofortigen „Verlassen des Reiches" zwingen.

Indem die NSDAP versuchte, dem Proletariat innere Feinde – Ausländer, Kommunisten und Juden – zu weisen, entsprach sie dem Interesse des Großkapitals an der Spaltung der Arbeiterklasse. „Da tauchten dann irgendwelche Gruppen auf, die schrien, die Ausländer sind an allem schuld oder die Kommunisten", kommentiert Gustav Gäde. „Damit versuchte man, die Werktätigen von den wirklich Schuldigen abzulenken. Die Arbeiter sollten sich untereinander bekämpfen, damit es der Industrie nicht an den Kragen ging."

Statt die Ursachen der Krise zu beseitigen, präsentierte man der Bevölkerung Sündenböcke, auf die sich lohnabhängig Beschäftigte und Kleinbürgertum ‚einschießen' sollten. Die Arbeiter sollten sich nicht gegen die Unternehmer stellen, der deutsche und ausländische Arbeiter gleichermaßen ausbeutete, sondern untereinander um die verbleibenden Arbeitsplätze kämpfen.

Die Nazi-Ideologen verstanden es, noch so reaktionäre Vorstellungen in wohlklingende Worte zu packen. Hinter ihrer Forderung nach einer Arbeitspflicht für alle „Arbeiter der Stirn" (Intellektuelle) und „Arbeiter der Faust" (Arbeiter und Angestellte) steckte die Ankündigung, die NSDAP werde der Arbeiterklasse beim Machtantritt Hitlers das Streikrecht nehmen, also die wirksamste politische Waffe, über die die organisierte Arbeiterschaft verfügt. Die Nazipartei machte sich für die Einführung der Zwangsarbeit stark; mit der Schafffung des Reichsarbeitsdienstes noch vor der Machtübernahme der NSDAP sollte wenige Jahre später jenes Instrument geschaffen werden, mit dem sich die deutsche Industrie billige und politisch rechtlose Arbeitskräfte organisieren konnte.

Um den Lohnabhängigen Sand über die wirklichen politischen Absichten in die Augen zu streuen und die antiproletarische Haltung der Partei zu verschleiern, forderte die NSDAP die Abschaffung des „arbeits- und mühelosen Einkommens" und die „Brechung der Zinsknechtschaft". Dabei blieben auch diese Forderungen in ihrer politischen Richtung völlig unklar. Wer in der NSDAP eine Arbeiterpartei sehen wollte, der konnte herauslesen, die Nazis wollten den reichen Unternehmern, die ihre Einkünfte „arbeits- und mühelos“ erhielten, an den Kragen. Doch es konnte damit auch die Abschaffung der Arbeitslosen- oder Wohlfahrtsunterstützung gemeint sein.

Um jene Teile der Arbeiterklasse, die bislang nicht in den drei großen Arbeiterparteien organisiert waren und die die reaktionären Inhalte der nationalsozialistischen Ideologie nicht erkannten, zu sich herüberzuziehen, stellte die NSDAP einige sozialistisch anmutende Forderungen auf, die in der Arbeiterbewegung seit Jahrzehnten erhoben wurden: „Im Hinblick auf die ungeheuren Opfer an Gut und Blut, die jeder Krieg vom Volke fordert, muß die persönliche Bereicherung durch den Krieg als Verbrechen am Volke bezeichnet werden. Wir fordern daher restloses Einziehen aller Kriegsgewinne.“

Weder Ursachen noch Verursacher des Krieges wurden genannt, der Krieg erschien im NSDAP-Programm als ein Naturereignis, das vom Menschen nicht beeinflußt werden kann. Dieser Abschnitt schloß Kriege unter einer nationalsozialistischen Regierung keineswegs aus, sondern erklärte nur, persönliche Bereicherung des einzelnen verfolgen und unter Strafe stellen zu wollen. Nicht der von Militaristen und Imperialisten entfesselte Krieg galt der Nazipartei als verbrecherisch, nicht Großunternehmer und Großgrundbesitzer, die das Volk in Kriege gehetzt hatten, wurden als Verbrecher bezeichnet, sondern nur einige wenige, die ihre Bereicherung besonders dreist getrieben hatten.

Selbst die Forderungen nach Verstaatlichung „aller bereits vergesellschafteten Betriebe“, nach „Gewinnbeteiligung an Großbetrieben“, nach einer „unseren nationalen Bedürfnissen angepaßten Bodenreform“ und das Versprechen, beim Machtantritt der NSDAP ein „Gesetz zur unentgeltlichen Enteignung von Boden für gemeinnützige Zwecke“ durchzusetzen, waren nichts als Demagogie, die die Arbeiterklasse über die wirklichen Ziele der NS-Ideologie hinwegtäuschen sollte. Man wollte nicht die kapitalistische Gesellschaft überwinden, sondern stellte lediglich einige Zugeständnisse an die umworbene Arbeiterschaft in Aussicht.

Dennoch erschwerten die sozialpolitischen Forderungen der NSDAP, so unscharf sie auch formuliert waren, die Fühlungnahme der Partei mit Großindustrie und Bankkapital. Sie verbauten der Nazipartei für Jahre den Weg zum Geld der Unternehmer, das sie als Rechtspartei dringend brauchte, wenn sie an die Macht gelangen wollte. Die Wirtschafts- und Finanzwelt stand der NSDAP anfangs skeptisch gegenüber, denn die militante Partei, die mit ihren Schlägertrupps die Straßen unsicher machte und – was das Schlimmste war – Verstaatlichungen nicht kategorisch ablehnte, wollte in die „feine Gesellschaft" der Kohle- und Stahlbarone nicht recht passen. Es bedurfte schon der ganzen Überzeugungskraft der Nazipropagandisten, um bei den Krupps, Flicks und Kirdorfs Millionen locker zu machen.

Wie wenig die Nazipartei von Programmpunkten hielt, die Vergesellschaftungen von Unternehmen oder eine Agrarreform in Aussicht stellten, verdeutlicht eine Erklärung Adolf Hitlers, in der er über die geplante „Bodenreform" Auskunft gab: „Da die N.S.D.A.P. auf dem Boden des Privateigentums steht", beruhigte er die Großgrundbesitzer, „ergibt sich von selbst, daß der Passus ‚Unentgeltliche Enteignung' nur auf die Schaffung gesetzlicher Möglichkeiten Bezug hat, Boden, der auf unrechtmäßige Weise erworben wurde oder nicht nach den Gesichtspunkten des Volkswohls verwaltet wird, wenn nötig, zu enteignen. Dies richtet sich demgemäß in erster Linie gegen die jüdischen Grundspekulationsgesellschaften."

Die Erklärung macht deutlich, was Gustav Gäde meint, wenn er sagt: „Die NSDAP ging mit sozialistischen Parolen bei den Arbeitern hausieren, aber die Brüder dachten gar nicht daran, das Privateigentum der Unternehmer und Großgrundbesitzer anzutasten. Das ganze ‚sozialistische' Gewand der Partei war eine einzige große Maskerade, um den Kollegen Sand in die Augen zu streuen."

Wenn die deutsche Industrie nach einiger Zeit ihre Skepsis gegenüber der NSDAP aufgab, so vor allem deshalb, weil der Kapp-Lüttwitz-Putsch der Reaktion vor Augen geführt hatte, daß die von Militär, Kirche und Industrie gewünschte Diktatur beziehungsweise Wiedereinführung der Monarchie unmöglich war, wenn es nicht gelang, Teile der Arbeiterklasse einzubeziehen und durch Versprechungen und Täuschungsmanöver im nationalistischen Lager zu integrieren, zumindest aber einen großen Teil der arbeitenden Menschen und ihrer Familien so weit zu lähmen, daß er sich ruhig verhalten würde, wenn man an den Sturz des Weimarer Systems gehen wollte. Denn gegen eine einmütig handelnde und den Generalstreik als Waffe benutzende Arbeiterschaft hätte sich kein diktatorisches Regime länger als wenige Tage an der Macht halten können.

Die fünfte Kolonne Moskaus?

Die Reichtagswahlen vom 6. Juni 1920 dokumentierten, wie sehr die SPD-Anhänger von der Politik ihrer Partei seit der Novemberrevolution enttäuscht waren: Mehr als die Hälfte der sozialdemokratischen Wähler kehrte der Partei den Rücken und stimmte für die Unabhängigen oder die erstmals kandidierende KPD. Tief saß der Schock in der Arbeiterschaft, daß SPD-Funktionäre dazu beigetragen hatten, die Umgestaltung des Kaiserreichs in eine sozialistische Republik zu verhindern.

Die Fehler der Arbeiterbewegung in der Weimarer Republik werden von bundesdeutschen Historikern genüßlich aufgelistet. Die Spaltung der Arbeiterbewegung wird von ihnen gern den „Radikalen", Kommunisten und Unabhängigen in die Schuhe geschoben, während sie die führenden Politiker der SPD zu „Rettern der Demokratie" vor der Gefahr der „Bolschewisierung" stilisieren.

In Wirklichkeit hatte die Arbeitsgemeinschaft der SPD- und Gewerkschaftsführung mit dem Großkapital die Einheit der traditionsreichen deutschen Arbeiterbewegung verspielt. Als sich der revolutionäre Teil der SPD von der Mutterpartei löste, legte er damit einen wichtigen Grundstein für die Reorganisation der Linkskräfte. Da die Gründung der KPD erst spät erfolgte, stand der Arbeiterklasse in der Novemberrevolution keine entwickelte und erfahrene revolutionäre Partei zur Verfügung. Zu lange hatte die Linke in der SPD an der Einheit der Sozialdemokratie festgehalten, hatte sie das Verbindende gesucht, wo es längst keine Gemeinsamkeiten mehr gab.

„Die Gründung der KPD", erläutert Gustav Gäde, „war auch deshalb wichtig, weil sich in der deutschen Arbeiterschaft Klassenbewußtsein nur bei einer kleinen Gruppe gebildet hatte. Der Großteil unserer Leute hatte sich bisher nicht mit der marxistischen Wissenschaft auseinandergesetzt. Da war die KPD gefordert, sie mußte hier Zeichen setzen."

Vor allem galt es, die Spaltung der Arbeiterbewegung zu überwinden und alle Kräfte zusammenzufassen, die ernsthaft an der Überwindung der kapitalistischen Gesellschaft interessiert waren. Voraussetzung, um ein möglichst breites Bündnis zu erreichen, war eine zielklare, aber wendige Politik.

„Gerade hier tat sich die KPD anfangs schwer", meint Gustav Gäde. „Der Weg zur proletarischen Einheitsfront, die das Gebot der Stunde war, verlief nicht in geraden Bahnen. Da machte die KPD manchen ideologischen Bocksprung, und das erleichterte es uns linken Sozialdemokraten nicht, mit ihr eine gemeinsame Basis zu finden.

Viele Kommunisten meinten, die Revolution der Arbeiterklasse stünde vor der Tür, es sei nur noch eine Frage nach Monaten, bis die Macht des Bürgertums zusammenfallen würde wie ein Kartenhaus. Diese Strömung verkannte die Lage und sah nicht, daß die Rechtskräfte in Deutschland wieder fest im Sattel saßen. Sie waren in Gedanken schon im Revolutionshimmel und kümmerten sich um so etwas Nebensächliches wie die Einheitsfront nicht. Sie schmiedeten schon fleißig Pläne für eine sozialistische Republik."

Die realistische Einschätzung der Verhältnisse setzte sich in der KPD nur mühsam durch. Dazu trugen vor allem zwei kommunistische Politiker bei: Paul Levi, der die Partei nach der Ermordung Liebknechts und Luxemburgs leitete, und Karl Radek, den die Kommunistische Partei Rußlands beauftragt hatte, der jungen KPD bei der Organisation unter die Arme zu greifen. Beide traten für die Zusammenarbeit zwischen Sozialdemokraten und Kommunisten ein und forderten die Vereinigung der KPD mit dem linken Flügel der Unabhängigen.

Auf dem 3. Parteitag der KPD im Februar 1920 konnte sich ihre Position zwar mehrheitlich durchsetzen, doch lehnten die Linksradikalen in der Partei auch weiterhin jede Zusammenarbeit mit der USPD ab und verteidigten die „Alleinberechtigung des Kommunismus, die soziale Revolution zu leiten". Erst nach dem Kapp-Lüttwitz-Putsch rückten viele KPD-Mitglieder von dieser falschen Auffassung ab und erkannten, daß die sozialen und politischen Rechte des Proletariats nur durch ein Bündnis der Arbeiterorganisationen erkämpft werden konnten.

„Eine wichtige Wendemarke war die Bewegung ‚Hände weg von Sowjetrußland',“ erinnert sich Gustav Gäde, der die Entwicklung der Kommunisten in Deutschland damals aufmerksam verfolgte. „Die Reaktion wollte die bewaffnete Intervention gegen Sowjetrußland verhindern, und hier rückten Kommunisten und Unabhängige näher zusammen."

Auf dem USPD-Parteitag im Oktober 1920 stimmte die Mehrheit der Delegierten für den Zusammenschluß ihrer Partei mit der KPD. Die rechte Minderheit verließ daraufhin die USPD und kehrte in den Schoß der Mehrheitssozialdemokratie zurück. Der Vereinigungsparteitag von Kommunisten und Unabhängigen verdeutlichte die Meinungsverschiedenheiten in der revolutionären Linken. So fehlten im vom Parteitag verabschiedeten Agrarprogramm, mit dem die Enteignung der Großgrundbesitzer und die Aufhebung aller gutsherrschaftlichen Rechte gefordert wurden, konkrete Vorstellungen über die nächsten politischen und ökonomischen Forderungen der Vereinigten Kommunistischen Partei Deutschlands (VKPD).

Eine starke Gruppe trat dafür ein, das Proletariat zur Revolution zu zwingen, wenn es die Notwendigkeit gesellschaftlicher Veränderungen noch nicht selbst begreife. Die Mehrheit vertrat jedoch die Ansicht, daß die Revolution weder importiert noch aufgezwungen werden könne, wenn sie erfolgreich sein wolle.

Ein großer Erfolg war die Verabschiedung von Leitsätzen für die Gewerkschaftsarbeit, mit denen die Mitglieder der KPD zur Arbeit in den bestehenden Gewerkschaften verpflichtet wurden. Damit erhielt die von den Ultralinken geforderte Politik eigener, kommunistischer Gewerkschaftsorganisationen eine deutliche Absage. Der Parteitag verabschiedete ein Manifest, in dem die Kommunisten ihren Willen bekundeten, „jede Bewegung, die auf die Linderung der Not abzielt, mit aller Kraft" zu unterstützen. Mit dem Vereinigungsparteitag, der zu einer Zusammenfassung von beinahe 300000 Mitgliedern führte, gelang es der revolutionären Linken, das Auseinanderbrechen der proletarischen Massenbewegung wenigstens teilweise zu verhindern.

Unternehmerkreise forderten ab Mitte 1920, die sozialen Zugeständnisse, die man während der Novemberrevolution hatte machen müssen, wieder zurückzunehmen. Sie wollten den Achtstundentag abschaffen, Akkord- und Fließbandarbeit einführen und auch die Stellung der Gewerkschaften und der Betriebsräte „neu überdenken".

Gegen diese Offensive rief die KPD in einem offenen Brief alle Arbeiterorganisationen zu gemeinsamer Aktion auf. Der Angriff der Industrieführung auf den Lebensstandard und die politischen Rechte der arbeitenden Menschen müsse von der „proletarischen Klasse als Gesamtheit" abgewiesen werden. Um die Existenz der Arbeiter und ihrer Familien zu verteidigen, sollten gemeinsame Lohnkämpfe organisiert werden. Die KPD forderte die Abgabe verbilligter Lebensmittel an Lohnempfänger, die zwangsweise Einquartierung von Werktätigen in große Wohnungen und leerstehende Häuser sowie die Kontrolle der Produktion und der Verteilung der Lebensmittel durch die gewählten Betriebsräte. Konterrevolutionäre Verbände sollten aufgelöst und proletarische Selbstschutzorganisationen gebildet werden.

„Das war ein deutliches Zeichen. Die KPD streckte den anderen Arbeiterorganisationen die Hand hin. Bei uns linken Sozialdemokraten wurde dieses Angebot begrüßt, denn wir sahen darin eine Bestätigung unserer Hoffnungen", beschreibt Gustav Gäde die Stimmung an der SPD-Basis. „Wir glaubten, der Parteivorstand könne das Signal nicht übersehen."

Doch die SPD-Führung zeigte dem Angebot der KPD die kalte Schulter. Am 8. Januar 1921 tobte der *Vorwärts* gegen den „taktischen Kniff" der KPD und nannte den offenen Brief einen „Haufen teilweise völlig unsinniger Forderungen". Die *Rote Fahne* reagiert in ihrer Antwort auf den *Vorwärts* äußerst unklug, als sie die Einschätzung des SPD-Organs übereilt als glatte Absage an den offenen Brief bezeichnete.

„Darauf hatten unsere Funktionäre nur gewartet," meint Gustav Gäde. „Da konnten sie sagen: Seht mal, wie ernst die Kommunisten ihr Angebot meinen. Die wollten damit nur neues Material für ihre Propaganda gegen uns." Der Parteivorstand der SPD hatte die Argumente, die er benötigte, um sich um eine sachliche Antwort auf den Brief herumzudrücken. Trotz der ablehnenden Haltung des SPD- und ADGB-Vorstandes erzielte der offene Brief nachhaltige Wirkung. Hunderttausende Arbeiter befürworteten den Schritt der VKPD, und die *Rote Fahne* erhielt zahlreiche Zustimmungserklärungen aus allen politischen Lagern.

In der VKPD wurde der offene Brief lebhaft diskutiert, denn manches Mitglied verstand nicht, warum die Berliner Zentrale den Fehler begangen hatte, den Brief zu veröffentlichen, ohne den Parteiorganisationen zuvor Gelegenheit zur Diskussion gegeben zu haben. Ein großer Teil der Partei lehnte den Brief kategorisch ab, denn viele Mitglieder glaubten, die Partei sei durch die Vereinigung so stark geworden, daß sie die Kämpfe der Arbeiter selbständig führen könne.

Paul Levi fiel in das andere Extrem: Er forderte das Exekutivkomitee der Kommunistischen Internationale (EKKI) auf, die Agitation gegen die SPD-Politik abzuschwächen und die Selbständigkeit der kommunistischen Partei der Einheitsfrontpolitik zu opfern. Als Levis Positionen im EKKI keine Mehrheit fanden, trat er vom Amt des Parteivorsitzenden zurück; Heinrich Brandler und der ehemalige Unabhängige Walter Stoecker wurden zu neuen, gleichberechtigten Vorsitzenden gewählt.

Haben die Kommunisten den offenen Brief ernst gemeint oder diente ihnen das Angebot, das sie ADGB und SPD machten, nur als taktische Finte, um propagandistisches Material gegen die Führung der Sozialdemokratie zu erhalten?

„Sie haben es ernst gemeint,“ antwortet Gustav Gäde nach kurzer Bedenkzeit. „Ich habe oft mit Kommunisten diskutiert. Ich habe nie den Eindruck gehabt, daß sie uns übers Ohr hauen wollten. Unsere Leute waren da sehr mißtrauisch, denn überall hieß es ja, die KPD ist die ‚fünfte Kolonne Moskaus‘. Wir jungen Sozialdemokraten fanden das Verhalten unserer leitenden Genossen falsch, aber unsere Einwände hat man vom Tisch gewischt. Werdet erst mal erwachsen, hat man uns gesagt. Dann könnt ihr auch mitreden. Aber natürlich haben wir mit den Kommunisten gesprochen, und ich muß sagen, mich hat das schon damals beeindruckt, mit welchem Ernst sie bei der Sache waren. Sie hatten ja auch ihre Vorbehalte gegen uns Sozis, aber wenn es darauf ankam, haben sie die zurückgestellt.“

Die Unternehmer beobachteten die Vereinigung von KPD und USPD mit Sorge und beschlossen, durch eine gezielte Provokation die Arbeiterbewegung weiter zu spalten. Die Operation, die die Werksleitungen des Leunawerkes, des Mansfelder Kupferschieferbergbaus und der mitteldeutschen Braunkohlekonzerne zusammen mit der preußischen Regierung in Angriff nahmen, erhielt den Decknamen „Kohlensache“. Mit der Leitung der Aktion wurden der sozialdemokratische Innenminister Preußens, Carl Severing, und der Oberpräsident der Provinz Sachsen, Otto Hörsing, beauftragt.

„Zum 28. Februar (1921) wurde eine Sitzung der in Betracht kommenden Leiter der Industriewerke nebst dem Regierungspräsidenten von Merseburg und den Landräten des Mansfelder See- und Gebirgskreises einberufen“, berichtete Hörsing dem preußischen Innenministerium. „In dieser (Zusammenkunft) entwickelte ich meinen Plan zu einer Polizeiaktion und führte aus, daß diese in Aussicht genommen ist, um die Arbeiter von dem Terror der Kommunisten zu befreien.“

Den Hintergrund der Operation „Kohlensache“ bildete der in Unternehmerkreisen besorgt beobachtete Zuwachs der KPD in den sächsischen Industriebezirken. Der provokative Einmarsch bewaffneter Polizeitruppen wurde offiziell mit dem Argument begründet, die Betriebe gegen Werksdiebstähle schützen zu wollen.

Die Arbeiterschaft reagierte mit der Ausrufung des Generalstreiks, denn sie ahnte, was Regierung und Unternehmer im Schilde führten. Als die Polizei in Eisleben gegen Protestversammlungen der Werktätigen gewaltsam einschritt, antworteten die Arbeiter des Mansfelder Gebiets mit bewaffneten Gegenaktionen. Der Aufstand breitete sich schnell über Mitteldeutschland aus, wurde jedoch von der Polizeitruppe blutig niedergeschlagen; 145 Arbeiter wurden getötet, 6000 fielen in die Hände der Polizei und wurden zum Teil in bestialischer Weise mißhandelt.

Die Polizei konnte sich der Rückendeckung durch die rechtssozialdemokratische Führung sicher sein; Sozialdemokrat Severing hatte sie autorisiert, „mit allen Mitteln rücksichtslos gegen die Aufständischen vorzugehen und jede Nachsicht zu unterlassen." Reichspräsident Ebert erließ seinerseits eine Verordnung, die die schnelle Aburteilung der Aufständischen durch Sondergerichte legitimierte: 4000 Angeklagte erhielten zusammen 3000 Jahre Zuchthaus.

Der Plan der Industrie ging auf: In der KPD begann die Diskussion über die Politik der Einheitsfront von neuem; linksextreme Positionen, die die Bündnispolitik ablehnten, gewannen die Oberhand. Der Parteivorsitzende Heinrich Brandler verkündete Mitte März 1921 erstmals die Offensivtheorie, nach der das Proletariat unter allen Umständen und ohne Berücksichtigung der Lage zum Kampf gegen die Regierung veranlaßt werden sollte.

Die Anhänger der Offensivtheorie sahen die Aufgaben der KPD darin, auf die Offensive der Reaktion mit Waffengewalt zu reagieren; eine kleine Gruppe entschlossener Revolutionäre sollte die Massen mitreißen und die Revolution zu Ende führen. Brandler glaubte, dem Nachkriegskapitalismus werde es nicht gelingen, die zerrüttete Wirtschaft wieder in Gang zu bringen.

„Sie wollten einen linken Putsch," meint Gustav Gäde. „Aber dabei vergaßen sie völlig, daß Revolutionen von den Völkern gemacht werden. Man kann kein Volk zur Revolution zwingen. Ich hatte damals überlegt, ob ich nicht zu den Kommunisten gehen sollte, aber dieser Richtungswechsel hat mich abgeschreckt." Er macht eine Pause, sucht nach den richtigen Worten. „Ich war ja damals hin- und hergerissen, aber eine Partei wie die SPD ist eben nicht nur Führung, die besteht vor allem aus den Mitgliedern in den Gruppen. Wir hatten in unserem Ortsverein ein gutes Verhältnis untereinander. Das gibt man nicht einfach auf, selbst wenn man noch so wütend darüber ist, was die Parteileitung anstellt."

Die Märzkämpfe, die mit der blutigen Niederschlagung des Aufstandes endeten, zeigten, daß die Voraussetzungen für eine erfolgreiche Erhebung der Arbeiterklasse fehlten. Damit hätte die Offensivtheorie eigentlich zu den Akten gelegt werden müssen, doch der Parteivorstand, der die Niederlage nicht einsah, hielt an der Theorie eines linken Putsches fest. Brandler glaubte, die Niederlage in den Märzkämpfen spiele keine größere Rolle, sondern werde sogar zu einer Stärkung der Partei beitragen.

Die Auseinandersetzung um die Offenivtheorie widerlegt die These bürgerlicher Historiker, die Politik der KPD sei in Moskau gemacht worden. Wäre die KPD tatsächlich eine „fünfte Kolonne des Kreml" gewesen, hätte sich eine derartige falsche Politik nicht durchsetzen können, denn die sowjetische Führung lehnte jede Form des Putschismus ab. In der Frage der Offensivtheorie griff das EKKI jedoch nicht einmal beratend ein, da man in der Kommunistischen Internationale und auch in Moskau der Ansicht war, dieses Problem müsse von der KPD selbst gelöst werden.

„Natürlich gab es enge Beziehungen zwischen der KPD und der KPR, wie sie damals noch hieß," sagt Gustav Gäde. „Das war eine ganz normale Sache, denn die deutschen Kommunisten betrachteten die Vorgänge in Sowjetrußland als Modell einer gelungenen sozialistischen Revolution. Es war tatsächlich so: Noch nie in der Geschichte der Menschheit ist ein solches Experiment durchgeführt worden. Da war es selbstverständlich, daß die Kommunisten anderer Staaten die Dinge in der UdSSR sehr aufmerksam verfolgten."

Die alliierten Reparationsforderungen an Deutschland führten Anfang Mai 1921 zu einer schweren Regierungskrise und schließlich zum Rücktritt der Regierung Fehrenbach. Ultimativ forderte die Entente die bedingungslose Annahme der Reparationsforderungen und drohte für den Fall der Weigerung der deutschen Regierung die Besetzung des Ruhrgebictes an. Die neue Regierung unter Zentrumskanzler Josef Wirth und Außenminister Walter Rathenau (DDP) nahm das Ultimatum an. Mit der Anerkennung der politischen Realitäten in Europa trug die Regierung Wirth zwar dem gewandelten Kräfteverhältnis Rechnung und hob sich in der Politik von dem Abenteurertum reaktionärer Kreise ab, doch drohte zugleich die weitere Verschlechterung der Lebensbedingungen der arbeitenden Menschen.

Aus diesem Grund wandte sich die KPD in einem Aufruf an die

Arbeiterparteien und Gewerkschaften, forderte zu gemeinsamem Vorgehen auf und knüpfte erneut an die Einheitsfrontpolitik an. Die Arbeit in den Betrieben und in den Gewerkschaftsgruppen war vernachlässigt worden, und der Einfluß der KPD in den Belegschaften war aufgrund der Offensivtheorie spürbar zurückgegangen.

Die Unternehmer hatten sich die selbstverschuldete Isolation der Kommunisten zielsicher zunutze gemacht: Sie hatten kommunistische Arbeiter und Betriebsräte entlassen. Die Zentrale der KPD mußte im Bericht an den Jenaer Parteitag eingestehen, daß „unser rasch wachsender Einfluß in den Gewerkschaften durch die Märzaktion in empfindlicher Weise gestört worden ist."

Die Partei bewies, daß sie in der Lage war, schnell aus ihren Fehlern zu lernen: Am 29. April 1921 wandte sich die Führung der VKPD an die Leitung des ADGB und unterstützte den Maiaufruf des Gewerkschaftsbundes. Am 21. Mai 1921 folgte ein Appell an die Mitglieder der Gewerkschaften und der SPD, in dem die VKPD die Regierung als Kabinett der Kapitaloffensive gegen die arbeitenden Menschen einschätzte und eine „feste, geschlossene Kampffront des gesamten Proletariats ohne Unterschied der Richtungen" vorschlug.

Der endgültige Bruch der deutschen Kommunisten mit der Offensivtheorie wurde auf dem am 22. Juni 1921 in Moskau eröffneten 3. Weltkongreß der KI vollzogen. Unter der Leitung Lenins, der mit den Linksradikalen in der KI heftig aneinanderprallte, wurde die Grundlage der weiteren Arbeit der kommunistischen Parteien gelegt. Die von Lenin vorgetragenen Argumente überzeugten viele Anhänger der Offensivtheorie.

„Von da an die gingen Kommnisten wieder auf Kurs Einheitsfront", erzählt Gustav Gäde. „Ich war da zuerst skeptisch, denn ich habe richtig darauf gewartet, wann die KPD ihren Kurs wieder ändern würde. Wir haben dann auch immer gewitzelt, wenn wir mit den Kommunisten zusammenkamen: Na, was sagt Moskau heute? haben wir gefragt. Dürft ihr heute mit uns reden oder erst morgen wieder? Wir wollten sie damit aufziehen, weil die Partei so schnell ihre Standpunkte gewechselt hatte. Und die KPDler frotzelten natürlich zurück: Wann holt ihr euch denn euren Kaiser wieder?

Aber das Verhältnis zwischen uns war ziemlich gut. Wir wohnten ja auch Tür an Tür. Da hat man sich oft über den Zaun unterhalten, da interessierte es beide Seiten dann wenig, was die jeweilige Reichsleitung dazu wohl gesagt hätte. Was denen in Berlin so schwergefallen ist, bei uns in der Siedlung hat das gut geklappt, da hatten wir die Einheitsfront. Natürlich, man machte seine Späße, und man geriet auch mal hart aneinander, aber in den wesentlichen Fragen waren wir uns einig, und sowohl wir jungen Sozis als auch die Kommunisten, die ich kannte, wünschten nichts sehnlicher herbei, als daß unsere Oberen endlich miteinander ins reine kamen."

Krise auf Bestellung

Weil die siebenköpfige Familie nicht zu ernähren war und Gustav Gäde auf der schwarzen Liste stand und monatelang keine Arbeit finden konnte, waren die Gädes für kurze Zeit nach Ostpreußen übergesiedelt. „Wir haben geglaubt, wir würden dort wenigstens einen Futtertrog finden", erinnerte sich der Bergmannssohn. Vater Gäde hatte auf einem der großen Güter im Osten Arbeit gefunden. Um das Reisegeld aufbringen zu können, mußte die Familie das gesamte Mobilar verkaufen.

„Als wir da in das Haus kamen, in dem wir wohnen sollten, da stand meine Mutter so gegen den Ofen gelehnt, und sie hat bitterlich geweint. Da habe ich dann zu ihr gesagt: ‚Mama, komm doch in die Stube. Laß uns hier herausgehen! Sie antwortete: ‚Das ist unsere Stube.' Da bin ich vor Schreck fast umgefallen. Da war gestampfter Lehmboden, ein Ziegelofen und an der Decke dicke Balken. Das sollte unsere Wohnung sein."

Viele Familien mußten in unerträglichen Wohnverhältnissen leben, wie der Brief eines Mansfeld-Kumpels belegt, der an seinen Bergwerksdirektor schrieb: „Meine Familie besteht außer mir und meiner Frau noch aus vier Kindern im Alter von sieben bis zu einem Jahr, und April erwartet sie das 5. Kind. Meine Wohnung besteht aus einem ungefähr 12 Quadratmeter großen Zimmer, welches gleichzeitig als Wohn- und Schlafzimmer dient ... Schon der Umstand, daß, durch die Raumnot bedingt, 5 Personen in 2 Betten schlafen müssen, beweist wohl zur Genüge, daß hier Abhilfe dringend not tut."

Deshalb war Gustav Gäde froh, als ihm sein Bruder wieder eine Stelle im Ruhrbergbau verschaffen konnte. Doch in den Ruhrzechen war die Situation für die arbeitenden Menschen nicht viel besser als auf den Landgütern der ostpreußischen Junker. „Die Arbeit war hart", erzählte Gustav. „Die Temperaturen waren sehr hoch unter Tage, die Luft war schlecht, und Maschinen gab es kaum welche. Das ging alles mit der Hacke, manchmal war der Flöz so dünn, daß wir auf den Knien rutschen mußten, den ganzen Tag auf den Knien, immer in der Haltung, und dann alles im Akkord, die Wagen müssen rauf und hinter dir schreien einige, du sollst mehr Leistung bringen."

In den Jahren zwischen 1921 und 1923 verschlechterte sich die Situation der arbeitenden Menschen zusehends, denn der Geld-

Sommer 1923 – Kartoffelverkauf unter Polizeischutz.

wert der Reichsmark fiel ins Bodenlose. Um einen US-Dollar zu kaufen, mußte man am 10. Januar schon 10000 Mark aufbringen, Mitte Februar kostete der Dollar 22750 Reichsmark, und im August 1923 verlangten die Banken mehr als 10 Millionen Mark für einen einzigen Dollar.

Gustav Gäde berichtet von einer Auseinandersetzung mit der Zechenleitung: „Unser Chef war damals ein gewisser Kleimanns. Einmal sind wir nicht mehr eingefahren, weil wir buchstäblich nichts zu essen hatten. Der Kommunist Schimkoviak ist auf einen Tisch gesprungen und hat gerufen: ‚Wir fahren heute nachmittag nicht ein. Wir haben nichts mehr zu essen.' Die Kumpel zeigten ihre Stullen vor, da war nichts drauf.

Da hat der Schimkoviak gerufen: ‚Die Zeche hat sich eine neue Kokerei gekauft. Die Zeche hat sich ein neues Verwaltungsgebäude gekauft. Sie hat sogar eine eigene Notenpresse. Und wir leiden Hunger. Die sollen jetzt mal für uns Geld drucken. Der Kleimanns muß her. Der muß das bewilligen.'

Eine Delegation wurde zum Direktor geschickt. Der hatte eine Villa in der Nähe. Mit sechs Mann haben wir den geholt. Und da sagte der: ‚Was die Belegschaft fordert, das kann ich nicht bewilligen. Es ist kein Geld da.'

Das hättest du sehen müssen: Die wollten auf den los. Die drängten nach vorn. Da hat er es wohl mit der Angst zu tun bekommen, die Zechenpolizei hat ihn regelrecht raushauen müssen. Aber der Lohnzuschlag ist bewilligt worden. Ein paar Tage später wurde Schimkoviak als Rädelsführer verhaftet, und ich bekam Ärger mit der Leitung unserer Parteigruppe, weil ich bei einem ‚wilden Streik' mitgemacht hatte. Aber wir konnten nicht tatenlos zusehen, wie die Kinder der Kumpel verhungerten, weil nichts zu fressen da war."

Die Auswirkungen der Inflation beschreibt auch der österreichische Schriftsteller Stefan Zweig: „Ich habe Tage erlebt, wo ich morgens fünfzigtausend Mark für eine Zeitung zahlen mußte und abends hunderttausend; wer ausländisches Geld wechseln mußte, verteilte die Einwechslung auf Stunden, denn um vier Uhr bekam er das Mehrfache von dem, was er sechzig Minuten vorher bekommen hätte. Ich sandte zum Beispiel meinem Verleger ein Manuskript, an dem ich ein Jahr gearbeitet hatte, und meinte mich zu sichern, indem ich sofortige Vorauszahlung für zehntausend Exemplare verlangte; bis der Scheck überwiesen war, deckte er kaum, was vor einer Woche die Frankierung des Paketes gekostet; man zahlte in der Straßenbahn mit Millionen, Lastwagen karrten das Papiergeld von der Reichsbank zu den Banken, und vierzehn Tage später fand man Hunderttausendmarkscheine in der Gosse: Ein Bettler hatte sie verächtlich weggeworfen. Ein Schuhsenkel kostete mehr als vordem ein Schuh, nein, mehr als ein Luxusgeschäft mit zweitausend Paar Schuhen, ein zerbrochenes Fenster zu reparieren mehr als früher das ganze Haus, ein Buch mehr als vordem eine Druckerei mit ihren hundert Maschinen. Für hundert Dollar konnte man reihenweise Häuser am Kurfürstendamm kaufen, Fabriken kosteten umgerechnet nicht mehr als früher ein Schubkarren."

Die Ursachen der Inflation in Deutschland reichten Jahre zurück: Bereits zu Beginn des Krieges hatte die deutsche Regierung den Zwang zur Golddeckung der Währung aufgehoben und so die Voraussetzung geschaffen, beliebige Mengen Papiergeldes drucken zu können. Die Kriegskosten in Höhe von etwa 164 Milliarden Mark wurden vom Staat finanziert, zum einen durch die Erhöhung der Staatsverschuldung, zum anderen durch Kriegsanleihen, die etwa 60 Prozent der Kriegskosten abdeckten. Gleichzeitig führte man ab 1916 beträchtliche Steuererhöhungen durch, die vor allem die arbeitenden Menschen und ihre Familien belasteten.

Damit hatte der Staat selbst die vollständige Zerrüttung seiner Finanzen eingeleitet. Die umlaufende Geldmenge verfünffachte sich, während sich die zur Verfügung stehende Warenmenge um ein Drittel verminderte. Stark anziehende Preise waren die Folge dieser inflationären Wirtschaftspolitik.

Die deutschen Wirtschaftsexperten hatten den Ausweg aus der kriegsbedingten Finanzmisere griffbereit: Die Finanzschwierigkeiten sollten sich ganz von selbst lösen, wenn Deutschland den Krieg erst gewonnen hätte. Dann wollte man die besiegten Feinde kräftig zur Kasse bitten und den Haushalt wieder flottmachen. Doch die militärische Niederlage hatten die Herren der Wirtschaft und Hochfinanz nicht einkalkuliert. Damit waren alle Sanierungspläne außer Kraft gesetzt; im Gegenteil: nun verlangten die Alliierten ihrerseits Milliardenbeträge, um die von der deutschen Armee verursachten Kriegsschäden zu reparieren. Um die geforderten Gelder aufzubringen, druckten die Notenpressen noch mehr Geld.

Zwar konnte man die Zahlungen an die Siegermächte nicht in Papiermark leisten, denn die Alliierten hatten sich ausdrücklich Bezahlung in Ware und Gold ausbedungen. Doch im Innern brachte der Staat immer größere Geldmengen in Umlauf, um die Kosten für umfangreiche Staatsaufträge, für die verlangte Demobilisierung der Armee und für die Aufstellung der Freikorps begleichen zu können. Daraus resultierte ein stetig anwachsendes Haushaltsdefizit, das über immer schneller arbeitende Notenpressen ausgeglichen werden sollte. Die Zunahme der Neuverschuldung und die fortgesetzte Vermehrung des umlaufenden Geldes ohne entsprechende Deckung beziehungsweise Warenproduktion lösten eine Inflation aus, die sich mit atemberaubender Geschwindigkeit verstärkte.

Lagen die Ursachen der Geldentwertung zunächst in den Folgen des imperialistischen Krieges von 1914/18 begründet, so wurden Dauer und Intensität der Inflation nachhaltig von der Untätigkeit der Regierung beeinflußt. „Die Inflation kam der Regierung sehr gelegen“, berichtet Gustav Gäde. „Sie konnte nicht nur die Kriegsanleihen mit wertlosem Geld zurückzahlen. Sie nutzte die Inflation auch propagandistisch, denn die zerrütteten Finanzen waren ein gutes Argument, um den Alliierten die deutsche Zahlungsunfähigkeit zu veranschaulichen.“

Auch Landwirtschaft und Industrie sanierten sich durch die Inflation, denn die Schulden, die man hier in den vergangenen Jahren gemacht hatte, konnte man nun mit wertlosem Papiergeld begleichen; von einem auf den anderen Tag war man schuldenfrei. Die besten Geschäfte machten die Industriechefs, die sich besonders hoch verschuldet hatten. Otto Wolff, ein namhafter Großindustrieller, gab zu: „Ich bin zwar kein so großer Mann wie Stinnes, allein auch ich bin den Banken mehrere Billionen schuldig."

Hugo Stinnes, der „König der Ruhr", wurde einflußreicher und mächtiger, je länger die Geldentwertung anhielt und je drastischer der Kursverfall der deutschen Mark zunahm. Kein Wunder, daß ihn der britische Botschafter einen „überzeugten Anhänger der Inflation" nannte, beherrschte er doch nicht nur die „Hugo Stinnes GmbH", die allein sechzig Unternehmen kontrollierte, sondern auch noch die „Rhein-Elbe-Siemens-Schuckert-Union", die aus der Fusion der Kohle- und Eisenwerke in Deutsch-Luxemburg, Gelsenkirchen und Bochum mit dem Stinnes-Konzern hervorgegangen war und ihrerseits die Aktienmehrheit in 47 namhaften Unternehmen hielt.

Ohne Hugo Stinnes lief im Deutschen Reich nichts. Als der Wirtschaftssachverständige Professor Bonn Reichskanzler Dr. Wirth nahelegte, die Währung festzulegen, gab der Zentrumspolitiker ihm zur Antwort: „Ich werde es versuchen, aber Sie müssen vorher Hugo Stinnes überreden."

Widerwillig hatten die deutschen Großunternehmer 1918 der Einführung des Achtstundentages zugestimmt. Nachdem es ihnen mit Hilfe sozialdemokratischer Politiker gelungen war, die Arbeiterklasse in verschiedene Lager aufzuspalten und die Gefahr einer Verstaatlichung der Grundstoffindustrie einstweilen abzuwehren, nahmen sie zielsicher die Revision des Achtstundentages in Angriff. Hugo Stinnes startete die Offensive Anfang September 1922, indem er von Reichskanzler Wirth die Umbildung der Regierung verlangte. Der Posten des Außenministers sollte von Gustav Stresemann, der des Wiederaufbauministers von ihm selbst übernommen werden. Erkläre Wirth sich nicht zu dieser Maßnahme bereit, müsse die Regierung eben zurücktreten.

Gleichzeitig führte der „König der Ruhr" geheime Verhandlungen mit dem Bevollmächtigten der zerstörten französischen Gebiete, Marquis de Lubersac. Stinnes schlug dem französischen Unterhändler vor, er werde sich am Wiederaufbau Frankreichs beteiligen; für alle vom Stinnes-Konzern auszuführenden Arbeiten verlangte der Konzernchef eine Provision in Höhe von sechs Prozent. Es gelang ihm, de Lubersac für seinen Plan zu gewinnen. Wenn die französischen Truppen aus dem Rheinland und dem Saargebiet völlig abgezogen würden, so versicherte er dem Franzosen, werde er dafür sorgen, daß das deutsche Volk mehr und härter arbeite, um die Reparationsschulden aufzubringen.

Ziel dieser Verhandlungen mit der fanzösischen Regierung war es, durch außenpolitische Erfolge etwa in der Saar-Frage oder durch die Aufhebung deutschfeindlicher Handelsbeschränkungen die Zustimmung des Reichstages zur Durchbrechung des Achtstundentages zu erhalten. Die vorgesehene Einführung des Zehnstundentages lief faktisch auf Ableistung von zirka 9000 Überstunden pro Kopf der Bevölkerung in einem Zeitraum von 15 Jahren hinaus. Zugleich forderte der Stinnes-Plan ein auf fünf Jahre befristetes allgemeines Streikverbot und die Reprivatisierung der Staatsunternehmen.

Reichskanzler Wirth hatte keine andere Wahl, als Stinnes' Forderungen nachzukommen, denn die Regierung befand sich vollkommen in der Hand des Kohle- und Stahlindustriellen. Wirth bat Stinnes, ihm vier geeignete neue Minister vorzuschlagen, doch der ließ ihn zappeln. Er verhandelte lieber direkt mit Reichspräsident Ebert über die geplante Kabinettsumbildung. Am 22. November 1922 wurde Wilhelm Cuno, Generaldirektor der Hamburg-Amerika-Linie (HAPAG), zum neuen Reichskanzler ernannt.

Das alles bekommen Sie für eine Million!

Die Lasten der Inflation, mit deren Hilfe Konzernschefs wie Stinnes, Thyssen und Krupp ihre ökonomische und politische Macht ausbauten, trugen die arbeitenden Menschen. Die Löhne hinkten den Preisen ständig hinterher, gleichzeitig wurden die eben erst errungenen Rechte und sozialen Verbesserungen Stück für Stück zunichte gemacht. Im Oktober 1923 reichte der Wochenlohn eines qualifizierten Facharbeiters aus, um einen Zentner Kartoffeln zu kaufen. Ein Pfund Margarine kostete den Lohn für neun bis zehn Arbeitsstunden, ein Pfund Butter den für zwei Tage. Für einen Zentner Briketts zahlte man den Lohn von zwölf Arbeitsstunden, für ein Paar Stiefel den von sechs und für einen Anzug den Lohn von zwanzig Wochen.

Unter der Inflation litt besonders der Mittelstand, der seine sämtlichen Rücklagen und Ersparnisse verlor. Sparkonten, Reichsanleihen und alle Arten von Schuldverschreibungen wurden wertlos. Der Historiker Arthur Rosenberg nannte diese Entwicklung eine „der größten Räubereien der Weltgeschichte“: „Die systematische Enteignung des deutschen Mittelstandes, nicht etwa durch eine sozialistische Regierung, sondern in einem bürgerlichen Staat, der den Schutz des Privateigentums auf seinen Banner geschrieben hatte, ist ein beispielloses Ereignis.“

Gustav Gäde bemerkt dazu: „Die Inflation war Umverteilung des Besitzes auf kapitalistische Art. Wir Sozialisten, natürlich auch die Kommunisten, wir wollten umverteilen, den Armen geben und den Reichen nehmen, wenn nicht gleich Verstaatlichung, so doch ein Stück mehr soziale Gerechtigkeit. In der Inflation zeigten uns die Unternehmer, wie sie Umverteilung verstanden: den Armen nehmen, den Reichen geben, damit die Reichen noch reicher werden. Am Ende standen wir mit leeren Händen da.“

Unter der Regierung Cuno spitzten sich nicht nur die innenpolitischen Verhältnisse zu. Auch die Widersprüche zwischen deutschem und französischem Kapital wuchsen an. Die von Stinnes geplante Bildung einer westeuropäischen Montanunion scheiterte, weil die Mehrheit der französischen Schwerindustriellen weniger an den deutschen Reparationen als vielmehr an der Ausschaltung der lästigen deutschen Konkurrenz interessiert war.

Stinnes hatte von den französischen Unternehmern eine fünfzigprozentige Beteiligung des deutschen Monopolkapitals am geplanten Riesenkonzern verlangt. Die französischen Stahlkönige wollten ihren deutschen Rivalen jedoch nur vierzig Prozent zugestehen. Diese Meinungsverschiedenheit führte zum Bruch; der reaktionärste Teil der deutschen Großunternehmen sabotierte daraufhin die Reparationsleistungen und forderte den offenen Konflikt mit Frankreich heraus. Die Besetzung des Ruhrgebietes, die Frankreich daraufhin einleitete, wurde von der deutschen Industrie bewußt in Kauf genommen, obwohl das Deutsche Reich in der Lage gewesen wäre, die verlangten Reparationen weiter zu liefern.

Den Anlaß für den Einmarsch französischer und belgischer Truppen in die Essener Kohle- und Stahlregion lieferten Telegrafenstangen: Das Reich war zur Lieferung einer festgelegten Zahl Telegrafenmasten verpflichtet. Ende 1922 ließen die beteiligten Unternehmen nicht die vereinbarte Menge über die Grenze schaffen. Am 28. Dezember 1922 stellte die alliierte Reparationskommission fest, das Reich habe seine Verpflichtungen vorsätzlich nicht erfüllt.

Als die Kommission im Januar 1923 auch bei den Kohlelieferungen aus Deutschland Unregelmäßigkeiten feststellte, hielt die rechtsgerichtete Regierung Poincaré den Zeitpunkt für gekommen, Truppen in Marsch zu setzen und das Ruhrgebiet unter Besatzungsrecht zu stellen. Das industrielle Herz des Reiches, in dem 72 Prozent der Steinkohle, 54 Prozent des Roheisens und 53 Prozent des Rohstahls produziert wurden, wurde einer Kontrollkommission unterstellt, die die ordnungsgemäße Ablieferung der Reparationen überwachen sollte. Bald trennte eine Zollgrenze das besetzte Gebiet vom übrigen Deutschland.

„Die Franzosen waren kaum angekommen, da begann die Propaganda gegen die Besetzung", erzählt Gustav Gäde. „Die Zechenleitung hatte die Parole ausgegeben: ‚Passiver Widerstand! Keine Kohle unter Besatzungsrecht!' Der Einmarsch der Franzosen kam der bürgerlichen Presse gerade recht, denn jetzt konnte man den Leuten wieder einen äußeren Feind präsentieren. Die Herrschenden wollten uns wegnehmen, was wir uns im November '18 erkämpft hatten. Dazu brauchten sie den äußeren Feind."

Regierung, alle bürgerlichen Parteien und die sozialdemokratische Führung wetteiferten bei der Entfesselung nationalistischer Leidenschaften. Die Regierung Cuno rief zum passiven Widerstand gegen die Ruhrbesetzung auf, der alle Deutschen verpflichtete, sich den Anordnungen der Besatzungsbehörden zu widersetzen. Die verlogene Parole von der „Einheit der Deutschen" zeigte bald erste Wirkung: Vor allem das Kleinbürgertum, aber auch große Teile der Arbeiterschaft wurden von nationalem Taumel ergriffen und stellten sich gegen die fremde Besatzung. Die Kohleförderung sank beträchtlich, der Eisenbahnverkehr in den besetzten Gebieten wurde nahezu lahmgelegt.

In der gleichen Zeit trieben Regierung, Reichswehrführung und Monopolindustrie den geheimen Aufbau der „Schwarzen Reichswehr“ voran. Hinter dem schützenden Schleier des Ruhrkonflikts vollzog sich die Aufrüstung Deutschlands in atemberaubendem Tempo. Einerseits sollten damit die Voraussetzungen zu einem erneuten Waffengang gegen den französischen „Erbfeind“ geschaffen werden, andererseits sollte die „Schwarze Reichswehr“ als Instrument der Großindustrie zur Niederhaltung der Arbeiterklasse dienen. Der passive Widerstand gegen Frankreich, den das Reichskabinett zum „Gebot der Stunde“ erklärte, war für die Reichswehrführung der willkommene Anlaß, um weitere Finanzmittel für die Rüstung zu verlangen.

Die Franzosen zur Besetzung des Ruhrgebiets einzuladen, war ein genialer Schachzug der Industrie, denn damit hatte man nicht nur einen Vorwand geschaffen, den Versailler Vertrag für null und nichtig zu erklären und die Aufrüstung propagandistisch zu rechtfertigen, sondern es gelang auch, die gerade geschaffene Basis der linken Einheitsfrontpolitik zu torpedieren. SPD- und Gewerkschaftsführung erklärten, erst müsse gemeinsam mit der Regierung Cuno und den bürgerlichen Reichstagsparteien der Angriff des französischen Militarismus abgewehrt werden, bevor man zum Sozialismus voranschreiten könne. Im Januar unterzeichnete die Gewerkschaftsführung gemeinsam mit den Klassenorganisationen des Großunternehmertums einen Aufruf, in dem die Schaffung eines Ruhrhilfefonds angekündigt wurde. In der SPD-Spitze debattierte man derweil die Möglichkeiten, eine große Koalition mit der reaktionären Cuno-Regierung einzugehen.

Die verpaßte Diktatur

„Als das Ruhrgebiet besetzt wurde", sagt Gustav Gäde, „da waren die Kriegsstrategen wieder zur Stelle. Sie überlegten, ob es Möglichkeiten gäbe, die französischen Truppen militärisch zum Verlassen des Ruhrgebietes zu bewegen."

Ebert fragte Reichswehrchef Seeckt daraufhin, welche Schritte die OHL ergreifen werde, falls Frankreich Deutschland den Krieg erkläre. Seeckt antwortete, die Reichswehr sei auf alles vorbereitet, Flugabwehrkanonen und Jagdstaffeln warteten schon auf ihren Einsatz. Im übrigen, so hatte der Reichswehrführer bereits zu Beginn der Ruhrbesetzung durchblicken lassen, diene der passive Widerstand nur dazu, so lange durchzuhalten, bis das Militär in der Lage sein werde, die Franzosen mit „Waffengewalt hinauszuschmeißen".

„Die Regierung Cuno", ergänzt Gustav Gäde, „trug sich zur gleichen Zeit mit dem Gedanken, die Macht im Staat an sich zu reißen und eine Diktatur zu errichten." Am 19. Januar 1923, an dem Ebert mit von Seeckt zur Unterredung zusammentraf, notierte dessen Adjutant in sein Tagebuch: „Cuno will nun einen Antrag durchbringen, daß er ohne Reichstag diejenigen gesetzlichen Maßnahmen anordnen dürfe, die sich ... als notwendig erweisen. Das heißt, er will ohne Parlament regieren." Der Adjutant fuhr fort, er schließe aus der Reaktion des Reichswehrchefs, „daß Seeckt auch hier stark mitgesprochen hat. Denn schon öfters ließ er sich mit groben Worten gegen das parlamentarische System aus."

Die „Stützen der Demokratie", die in der Öffentlichkeit nicht müde wurden, Bekenntnisse zum bürgerlichen Parlamentarismus abzulegen, und ihre Bereitschaft, die Republik gegen „rechts und links" zu verteidigen, immer von neuem beteuerten, suchten nach einer „sauberen Lösung", um die Republik von Weimar exekutieren zu können.

Auch die Industrieführung, die der Arbeiterschaft versicherte, ihr läge allein das Wohl der Werktätigen und die Gesundung der deutschen Wirtschaft am Herzen, rief längst nach dem „starken Mann", der außenpolitisch die „Schmach von Versailles" tilgen und innenpolitisch für „Ruhe und Ordnung" sorgen sollte. Der amerikanische Botschafter in Deutschland, Alanson B. Houghton, telegrafierte seiner Regierung über eine Unterredung, die er mit dem „König der Ruhr" geführt hatte: „Sobald die Kommunisten ihre Operationen beginnen, wird Ebert im Namen der Republik einen Mann oder, wenn möglich, ein Komitee von drei Männern als Diktator ernennen und wird die ganze militärische Gewalt unter des Diktators Befehl stellen. Von da ab wird die parlamentarische Regierung zu Ende sein. Die Kommunisten werden rücksichtslos zerschmettert werden, und wenn sie zum Generalstreik aufrufen, wird dieser ebenfalls mit Gewalt unterdrückt. Wenn alles gutgeht, denkt Stinnes, wird die ganze Lage innerhalb drei Wochen nach Beginn geklärt sein. Der Sozialismus wird nach diesen Erwartungen als eine politische Daseinsform in Deutschland für immer beseitigt, und die Gesetze und Verordnungen, die die Produktion hindern und keinem nützlichen Zweck dienen, werden unverzüglich widerrufen werden."

Schon im Februar 1923 nahm General Seeckt offiziellen Kontakt zur Orgesch (Organisation Escherich), dem bayerischen Zusammenschluß der Freikorps, auf. Er empfing Escherich zu einem vertraulichen Gespräch, denn er wollte ihn dazu bewegen, die Politik der geheimen Aufrüstung nicht durch das Vorpreschen nationalistischer Verbände zu stören. Die Verhandlungen mit dem Forstrat erwiesen sich als schwierig; Escherich bestand auf sofortigen militärischen Operationen im Ruhrgebiet. Das Stillhalteabkommen, das Seeckt hatte erreichen wollen, kam nicht zustande.

Am Nachmittag beriet er deshalb mit Stinnes-Direktor Osius und dem Zechenherrn von Löwenstein das weitere Vorgehen und stimmte dem Vorschlag der Industriekapitäne zu, General Ludendorff als Vermittler zwischen Reichswehrführung und Rechtsaktivisten einzusetzen.

Am 20. Februar traf Seeckt zu Geheimgesprächen mit dem Kapp-Putsch-General zusammen. Friedrich Minnoux, Generaldirektor im Stinnes-Konzern, hatte großzügig seine Villa am Wannsee zur Verfügung gestellt, damit das Zusammentreffen der beiden keinen Staub aufwirbelte. Seeckt erklärte sich bereit, Ludendorff die Leitung des neuen deutschen Heeres zu übertragen, wenn es ihm gelänge, mit den rechten Terrorgruppen ein Abkommen zu erreichen. Außerdem verlangte er von Ludendorff das Versprechen, daß der „Feldherr des totalen Krieges" diese Macht nicht zum Sturz der Republik mißbrauchen werde. Den Sturz der Regierung, der, wie 1920 der Kapp-Lüttwitz-Putsch, die Arbeiterschaft auf den Plan gerufen hätte, konnte sich die Reichswehrführung in dieser Situation nicht leisten.

Im März lud Ludendorff, den die Gespräche mit Seeckt sehr befriedigt hatten, den Reichswehrchef zu einem Gegenbesuch nach München ein. Ludendorff nutzte die Gelegenheit und arrangierte ein Zusammentreffen des Reichswehrchefs mit Hitler. Die Nationalsozialisten waren der heikelste Punkt in Seeckts Plan, denn die NSDAP, die in Bayern erste lokale Erfolge feierte, lehnte jede Taktiererei gegenüber der Ruhrbesetzung ab und beharkte in ihrer Presse die „Schlappheit" der Berliner Regierung. Deshalb hatte der Reichswehrchef nichts dagegen einzuwenden, mit Hitler zusammenzukommen; diesen bayerischen „Hitzkopf" wollte er sich einmal aus der Nähe ansehen.

Die Aufzeichnungen, die Seeckt selbst über das Treffen mit dem NSDAP-Chef gemacht hat, sind später aus den Seeckt-Papieren entfernt worden, wahrscheinlich weil sie belegt hätten, wie sehr sich Seeckts und Hitlers Standpunkt und Interessen ähnelten. In Hitlers Buch *Mein Kampf* finden sich jedoch einige Stellen, die indirekt auf das Gespräch zwischen dem Reichswehrchef und Hitler eingehen. Seeckts Adjutant berichtet in seinen Aufzeichnungen, Seeckt sei am Abend nach der Zusammenkunft mit Hitler „tief bewegt" gewesen.

Während die Reichswehrführung versuchte, die militanten rechten Gruppen für die Politik des passiven Widerstands und die schrittweise Revision des Versailler Vertrages zu gewinnen, erreichte die Einheitsfrontpolitik der KPD den ersten durchschlagenden Erfolg: Am 4. März lehnte der außerordentliche Landesparteitag der sächsischen SPD jede Koalition mit bürgerlichen Parteien ab und beschloß, mit der Kommunistischen Partei zusammenzuarbeiten. Zehn Tage später schlossen KPD und SPD in Sachsen ein Abkommen, das die Bildung einer SPD-Minderheitsregierung ermöglichte und energische Maßnahmen gegen die Putschgefahr von rechts vorsah.

Gustav Gäde berichtet, daß die Entscheidung der SPD in Sachsen von der Berliner Parteileitung scharf kritisiert wurde. „Die leitenden Genossen hatten Angst, dieses Bündnis könnte die Partei bei den Bürgerlichen in Mißkredit bringen. ‚Ihr zerstört damit, was wir mühsam aufgebaut haben!' sagte man den sächsischen Genossen. Man versuchte sie zu überreden, lieber in der Opposition zu bleiben als mit den Roten zusammenzugehen. Unsere Funktionäre in Berlin wollten den Burgfrieden nicht stören. Sie konnten solche Experimente wie in Sachsen nicht gebrauchen."

Die Landesregierung war von Anfang an den Angriffen der

sächsischen Großindustrie ausgesetzt. Reichswehrgenerale drängten auf die gewaltsame Beseitigung der Regierung Zeigner, denn das linke Bündnis ließ die Möglichkeiten einer rechten Diktatur zusammenschmelzen. Wenn das sächsische Beispiel Schule machte, konnte man die Putschpläne getrost zu den Akten legen. Im Frühjahr 1923 forderte Seeckt deshalb, in Sachsen einen Reichskommissar mit der Führung der Regierungsgeschäfte zu beauftragen. Seeckt wußte, daß die Arbeiter in den Linksparteien seit langem ein Linksbündnis forderten und bei der ersten Gelegenheit dem sächsischen Beispiel folgen würden. Die Verständigung der Arbeiterparteien mußte mit allen Mitteln verhindert werden, wenn man günstige Voraussetzungen für Industrieführung und Militär schaffen wollte.

Tatsächlich zeigte das Beispiel der sächsischen Einheitsfront schon bald Signalwirkung; auch in anderen Teilen des Landes entwickelten sich praktische Beispiele für die Zusammenarbeit zwischen Sozialdemokraten, Kommunisten und Gewerkschaften. Revolutionäre Betriebsräteorganisationen, Kontroll- und Erwerbslosenausschüsse bildeten sich in zahlreichen Städten.

„In diesen Wochen formierten sich auch die proletarischen Hundertschaften", erinnert sich Gustav Gäde. „Das waren Selbstschutzgruppen der Arbeiter, die vor allem bei Streiks und Demonstrationen auftraten. Sie sollten die Arbeiter vor Übergriffen der Unternehmer und der Polizei schützen. Der SPD-Parteivorstand sah das natürlich nicht gern, daß wir jungen Sozialdemokraten zusammen mit den Kommunisten in den Hundertschaften arbeiteten, aber wir haben uns nicht darum gekümmert."

Gustav Gäde organisierte sich in den proletarischen Hundertschaften und wurde wenige Tage später zum ersten Einsatz geschickt. „Wir sollten eine Kundgebung gegen Überfälle schützen. Also haben wir uns auf unsere Fahrräder geschwungen und sind losgeradelt. Auf der Kundgebung waren bestimmt 20000 Leute. Wir standen in der Nähe der Rednertribüne und hatten alles im Auge zu behalten. Auf einmal hieß es: ‚Die Kundgebung ist verboten. Das Gelände ist zu räumen. In ein paar Minuten ist die Polizei hier.'

Da haben wir sofort die Zugänge zum Platz mit unseren Leuten besetzt, denn wir mußten fürchten, daß die Polizei den Platz stürmen und mit Gewalt räumen würde. Eine Viertelstunde später rückten sie an. Wir sahen sie schon von weitem, wie sie in Marschformation die Straße heraufkamen, vorneweg ein Polizeioffizier auf einem Pferd. Ich kann dir sagen, wenn so einer direkt vor dir steht und du siehst nur Pferd. so weit du gucken kannst, da rutscht dir das Herz in die Hose. Ich habe an dem Tag zum ersten Mal in meinem Leben richtige Angst gehabt.

Der Offizier brüllte dann gleich los: ‚Gebt die Straße frei, oder ich lasse euch zusammenschießen!‘

Aber unser Gruppenleiter antwortete nur in ruhigem Ton: ‚Das könnt ihr ja versuchen. Wir haben das Recht zu demonstrieren; wenn ihr hier eingreift, dann gibt es ein Blutbad.‘

Da hat der Offizier seinen Säbel gezogen, und einen Moment habe ich gedacht, jetzt haut er den Beckmann zusammen. Er war jedenfalls zornrot im Gesicht und fuchtelte mit seinem Säbel in der Luft rum. Da hat Beckmann plötzlich seine Pistole im Anschlag und sagt ganz leise: ‚Bevor du mich erwischst, da geht es dir an den Kragen.‘ Da ist der Offizier abgezogen, und wir konnten unsere Kundgebung zu Ende führen, aber nachher, als sich alles zerstreute, haben die Polizisten Beckmann überfallen und haben ihn mitgenommen. Wir sind dann vor das Polizeipräsidium gezogen, um ihn freizubekommen, aber da war nichts zu machen. Sechs Monate hat er absitzen müssen.“

Die Verständigungsbereitschaft der Linken löste auch in der Regierung große Sorge aus. Cuno, der sich den Rücken für eine Auseinandersetzung mit dem „inneren Feind“ freihalten wollte, versuchte, den Ruhrkonflikt durch einen Ausgleich mit Frankreich zu beenden. Am 2. Mai 1923 bot er den Westmächten die unverzügliche Zahlung der Reparationen an. Gleichzeitig verbot der preußische Innenminister die proletarischen Hundertschaften, denn die Unternehmer forderten immer drängender die Aufhebung des Achtstundentages und die Privatisierung der Staatsbetriebe.

Kurz zuvor hatte der Stinnes-Konzern einen tödlichen Stoß gegen die Währungsstabilität eingeleitet: Am Spätnachmittag des 18. April kauften Stinnes-Firmen mit einem Schlag große Mengen ausländischer Zahlungsmittel auf. Das brachte die Reichsmark von neuem ins Gleiten. Im November sollte ein einziger US-Dollar schließlich mit vier Billionen Reichsmark aufgewogen werden. Mit dieser Maßnahme hatte der Stinnes-Konzern die Versuche der Regierung, den Markwert durch gezielte Maßnahmen zu stabilisieren, torpediert.

Der neue Angriff der deutschen Monopole und der Cuno-Regierung auf die Existenzgrundlagen der Bevölkerung löste eine Massenbewegung aus, die Kommunisten und Sozialdemokraten vor allem auf örtlicher Ebene weiter zusammenrücken ließ. Obwohl die SPD-Parteileitung gemeinsam mit den bürgerlichen Reichstagsparteien versuchte, den Sturz der Regierung Cuno zu verhindern, obwohl die Staatsorgane in rigoroser Weise gegen die Massenbewegung vorgingen und zahlreiche Arbeiter ermordeten, war der Widerstand der Arbeiterschaft vorerst nicht zu brechen. Wilhelm Koenen, von der KPD als Vermittler zum SPD-Parteivorstand gesandt, versuchte erneut, die Sozialdemokratie zu gemeinsamer Aktion gegen die Regierung zu bewegen, doch die Rechtssozialdemokraten lehnten jede Aktionseinheit mit Kommunisten ab und sprachen der Regierung Cuno ihr Vertrauen aus.

In dieser Situation handelten die Arbeiter: 20000 Betriebsräte beschlossen in der Reichshauptstadt den Generalstreik gegen den arbeiterfeindlichen Kurs der Regierung. Die Betriebsrätevollversammlung forderte den sofortigen Rücktritt der Regierung Cuno, die Beschlagnahme der Lebensmittel und ihre Verteilung durch die Vertreter der Arbeiterschaft, die Festsetzung eines Minimalstundenlohns, die Wiedereinstellung aller Arbeitslosen und die Aufhebung des Demonstrationsverbotes.

Das Druckmittel Generalstreik erreichte auch dieses Mal das angestrebte Ziel: Noch am gleichen Tag sah sich die SPD-Reichstagsfraktion dazu gezwungen, der Regierung Cuno das Vertrauen zu entziehen. Um den Generalstreik der Arbeiter abzuwenden, erklärte sie: „Die Fraktion hält angesichts der schweren außen- und innenpolitischen Situation eine vom Vertrauen der breiten Massen mitgetragene und unterstützte Regierung, die stärker ist als die gegenwärtige, für notwendig. Sie hat zur Regierung Cuno nicht das Vertrauen, diesen Voraussetzungen zu genügen."

Am folgenden Tag trat Cuno zurück; Stresemann bildete eine Regierung der Großen Koalition aus SPD, DVP, DDP und Zentrum. Erneut hatte die Arbeiterklasse bewiesen, daß es unmöglich war, eine arbeiterfeindliche Politik durchzusetzen oder durch einen Putsch an die Macht zu gelangen, solange das Proletariat gemeinsam und entschlossen für seine Interessen eintrat.

Militärführung, bürgerliche Parteien, Junker und Großkapital verloren zwar ihr Ziel, eine rechtsgerichtete Diktatur zu installieren, nicht aus den Augen, doch die kühle Analyse des Kräfteverhältnisses im Reich ließ es ihnen ratsam erscheinen, vorerst nichts zu unternehmen, was die Arbeiterklasse noch enger zusammenführen könnte. „Sie mußten spalten, spalten, spalten, wenn sie ihre

Ziele realisieren wollten“, erklärt Gustav Gäde diese Situation.

Man entschloß sich, es nicht gleich mit der Arbeiterklasse des ganzen Landes aufzunehmen, sondern zuerst die Spitzen der Massenbewegung abzubrechen: Als am 10. Oktober 1923 in Sachsen Kommunisten und Sozialdemokraten eine gemeinsame Regierung bildeten und sechs Tage später auch in Thüringen eine Arbeiterregierung eingesetzt wurde, ließ man die Reichswehr marschieren, obwohl beide Landesregierungen über verfassungsmäßig zustande gekommene Mehrheiten in den Parlamenten verfügten. Am 21. Oktober drangen die Truppen in beide Länder ein und setzten nach blutigen Zusammenstößen mit den Organisationen der Arbeiter die Länderkabinette ab.

Zur gleichen Zeit stellte sich die bayerische Regierung offen gegen die Reichsregierung. Im September hatten sich die konservativen Regierungsparteien dazu entschlossen, einen Kommissar „zur Aufrechterhaltung der Ordnung“ einzusetzen, denn selbst der reaktionären bayerischen Regierung wuchsen die Umtriebe der nationalistischen Terrorgruppen über den Kopf. Mit der Ernennung von Kahr zum Kommissar wollte man sich zugleich von der „Erfüllungspolitik“ der Reichsregierung distanzieren, denn in der Frage des Versailler Vertrages vertrat man die Auffassung, man dürfe den Ruhrbesetzern nicht nachgeben, sondern müsse gezielte Gegenaktionen einleiten, wenn nötig eine bewaffnete Operation. Die Einsetzung Kahrs war offene Rebellion gegen die Reichsleitung, doch diesmal marschierte die Reichswehr nicht. „Die marschierte nur gegen die Linken“, kommentiert Gustav Gäde. „Gegen rechts marschierten die rechten Militärs nie.“

Ebert rief Reichswehrchef Seeckt zu einer Lagebesprechung in die Reichskanzlei und bat ihn eindringlich, die Reichswehr einzusetzen, um die Bayern zur Räson zu bringen. Doch Seeckt ließ den Reichspräsidenten abblitzen. Er weigerte sich, die Armee gegen die rechte Regierung in Bayern in Marsch zu setzen, präsentierte Ebert vielmehr den Plan einer Regierungsumbildung, durch die ein reaktionäres „Direktorium“ die Regierungsmacht erhalten sollte. Die geeigneten Männer für das neue Kabinett hatte der Reichswehrchef umsichtig ausgesucht:

– Friedrich Minnoux, Generaldirektor des Stinnes-Konzerns, der als Vermittler zwischen Seeckt und den nationalistischen Kampfverbänden aufgetreten war und die Ludendorff-Gruppe finanzieren half;

– Dr. Otto Wiedfeldt, Vorstandsmitglied der Krupp-Werke und

derzeitiger deutscher Botschafter in den USA;
– Dr. Gustav von Kahr, Regierungspräsident und Generalkommissar von Bayern, Anhänger der Monarchie und des bayerischen Separatismus;
– von Knöbel-Döberitz als Vertreter der Junker und Großgrundbesitzer.

„Das mußt du dir mal überlegen", meint Gustav Gäde. „Da will Ebert, daß Seeckt gegen Kahr marschieren läßt, und ausgerechnet diesen Mann präsentiert der Reichswehrchef als Mitglied seines Direktoriums."

In seinem Buch *Hitler, Reichswehr und Industrie* beschreibt der Historiker George Hallgarten, daß Seeckt plante, den Reichspräsidenten abzusetzen, wenn er dem Direktoriumsplan nicht zustimmte, im entscheidenden Augenblick jedoch nicht den Mut fand, Ebert zu entmachten. „Statt dessen versucht er sich mit Ebert zu verständigen", fährt Hallgarten fort. „Am Tage nach der dramatischen Unterredung benachrichtigt er Wiedfeldt in Washington, daß Ebert auf seinen ... Wunsch eingegangen sei, ein kleines, mit außerordentlichen Vollmachten auszustattendes Direktorium zu bilden."

Seeckt zog gleichzeitig an mehreren Fäden: Seinen Berater Major von Schleicher schickte er zu Reichskanzler Stresemann, um ihm mitzuteilen, daß die Reichswehr seinen baldigen Rücktritt wünsche. Er schrieb einen Brief an Kahr, in dem er ihm mitteilte, daß er sich zum Eintritt in die neue Rechtsregierung bereithalten solle, denn die Reichswehrleitung teile Kahrs Ansichten gegenüber der Weimarer Republik und der Sozialdemokratie. Seeckt schlug den führenden Männern der militanten Rechtsorganisationen vor, eine „Einheitsfront aller national gesinnten Männer ... als Vorbereitung zu dem anscheinend unvermeidlichen Bürgerkrieg" zu bilden. „Das einzige, das (Seeckt) noch (fehlte), ist ein gewisses Maß von Zeit: Zeit, um mit Kahr zu voller Verständigung zu kommen; Zeit, um die Ankunft Wiedfeldts von Washington abzuwarten; und Zeit, um den Beginn einer Machtübernahme mit einem wichtigen Ereignis zusammenfallen zu lassen, das man für den 15. November erwartet: die Stabilisierung der Mark", schreibt Hallgarten.

Um Seeckt die dringend benötigte Zeit zu verschaffen, rief Kahr einen Tag, nachdem er den Brief des Reichswehrchefs erhalten hatte, die Führer aller bayerischen Wehrverbände zu sich und beschwor sie, mit einem Staatsstreich so lange zu warten, bis alles bereit sei. „Den Befehl dazu gebe ich!" ordnete er an.

Am 8. November fand eine Versammlung der Rechtskräfte im Münchener „Bürgerbräukeller" statt, auf der Kahr sprechen sollte. Während die Organisatoren des Meetings im Nebenzimmer letzte Vorbereitungen trafen, stürzte Hitler in den Raum, fuchtelte mit einer Pistole und schrie: „Niemand verläßt lebend das Zimmer ohne meine Erlaubnis."

Den wie erstarrt sitzenden Männern verkündete der NSDAP-Chef: „Die Reichsregierung ist gebildet, die bayerische Regierung ist abgesetzt! Bayern ist das Sprungbrett für die Reichsregierung; Pöhner wird Ministerpräsident mit diktatorischen Vollmachten. Kahr Landesverweser, ich selbst übernehme die Reichsregierung, Seiffert Polizeiminister, Ludendorff bekommt das Kommando über die Nationalarmee."

„Man kann sich vorstellen", erläutert Gustav Gäde, „was in Kahr, Lossow und Seiffert vorgegangen ist, als Hitler diese Erklärung abgab und sie vor vollendete Tatsachen stellte. Sie hatten den Sturz der Regierung so umsichtig vorbereitet, und nun machte ihnen der Hitzkopf Hitler alles kaputt."

„Ich weiß, das Ihnen das schwerfällt", setzte Hitler seine Ansprache aufgeregt fort. „Aber der Schritt muß jetzt gemacht werden. Wir können nicht ewig warten. Sie müssen mit mir kämpfen, mit mir siegen oder mit mir sterben, wenn die Sache schiefgeht." Auf seine Pistole zeigend, drohte er: „Vier Schuß sind da drin, drei für meine Mitarbeiter, wenn sie mich verlassen, die letzte Kugel für mich selbst."

Die drei Männer am Tisch wollten wissen, wie Ludendorff zu der Sache stünde. Sie erfuhren, Ludendorff sei informiert und befinde sich auf dem Weg zum „Bürgerbräukeller". Tatsächlich traf der General wenige Minuten später im „Bürgerbräu" ein. Er teilte Lossow, Kahr und Seiffert mit, er sei von der Entwicklung ebenso überrascht wie sie, „aber der Schritt ist getan. Es handelt sich um das Vaterland und die große nationale völkische Sache. Ich kann Ihnen nur raten, gehen Sie mit uns, tun Sie das gleiche!" beschwor er die Zögernden, während Hitler polterte: „Es gibt kein Zurück!"

Kahr willigte ein, sich einem Kabinett Hitler zur Verfügung zu stellen, doch verlangte er, als Stellvertreter des bayerischen Königs eingesetzt zu werden. Im Laufe der Nacht verließen Kahr und seine Leute das Lokal und leiteten Gegenmaßnahmen gegen den Hitler-Putsch ein, denn sie hatten erkannt, daß der Putsch zum Scheitern verurteilt war.

Die Landespolizei wurde verständigt. Kahr teilte in seinem Anruf mit, er habe Hitler nur unter Zwang zugestimmt. Als Hitlers Sturmtrupps am 9. November durch die Münchener Innenstadt marschierten, wurden sie vor der Feldherrnhalle von Polizeiverbänden erwartet, denen sie sich nach kurzem Schußwechsel ergaben. Reichswehrchef Seeckt tobte, als er von dem Putschversuch erfuhr, denn damit waren alle seine Pläne durchkreuzt.

Hitler wurde verhaftet, den führenden Männern des Münchener Putschversuches wurde der Prozeß gemacht. Im Verlauf des Prozesses, der im ganzen Reich Aufsehen erregte, wurde er jedoch nicht als Hochverräter behandelt. Er erhielt vielmehr Gelegenheit, sich zum „Märtyrer der nationalen Sache" aufzuspielen. Vor dem Putsch war Hitler ein Straßenbandenführer und eine Provinzgröße. Mit dem Prozeß wurde er zu einer politischen Figur im Reichsformat, zu einer nationalen Hoffnung aufgeblasen.

Das Gericht konnte seine Sympathie für die rechten Putschisten nicht verbergen. In der Urteilsbegründung hieß es: „Das Gericht ist zu der Überzeugung gelangt, daß die Angeklagten bei ihrem Tun vom edelsten selbstlosen Willen geleitet waren. Das Gericht kann deshalb auch nicht annehmen, daß der Überfall einen bewußten Wortbruch seitens der Angeklagten bedeutet ... die niedrigste Strafgrenze von 5 Jahren Festungshaft für die Haupttäter bildet eine ausreichende Sühne ihres Verschuldens."

Die Reichen werden saniert

Die Legende von den „goldenen“ zwanziger Jahren hält sich hartnäckig. In Wirklichkeit war diese Phase der deutschen Geschichte keineswegs von allgemeinem Überfluß gekennzeichnet. Der Luxus, den die Jahre zwischen 1923 und 1929 hervorbrachten und den die feine Gesellschaft demonstrativ zur Schau stellte, stand nur einer kleinen Bevölkerungsschicht zur Verfügung. „Für uns Arbeiter verschlechterte sich die Situation in den kommenden Jahren immer weiter“, meint Gustav Gäde.

Die Lebensverhältnisse der Werktätigen wurden von zwei wichtigen Entwicklungstendenzen bestimmt: Einerseits führte der verschärfte Konkurrenzkampf der Unternehmer zum Ruin zahlloser kleiner und mittlerer Unternehmen, die von den großen Firmen aufgekauft wurden. Dieser Prozeß der Kapitalkonzentration begünstigte die Bildung marktbeherrschender Konzerne, Trusts und Kartelle.

Der Bergbau war zu 93 Prozent, die chemische Industrie zu 96 Prozent und die Stahlproduktion zu 95 Prozent in dieser Weise organisiert. Durch den Zusammenschluß mehrerer Chemiegroßbetriebe wurde im Dezember 1925 der IG-Farben-Konzern gebildet, der über rund zwei Prozent des gesamten Volksvermögens verfügte. Die von Stinnes, Flick und Thyssen gebildete Vereinigte Stahlwerke AG kontrollierte zirka 50 Prozent der deutschen Stahlproduktion. Sie kaufte planmäßig wirtschaftlich schwächere Werke der Branche auf und legte sie still, um unter der Maxime höchster Wirtschaftlichkeit nur die gewinnbringendsten Betriebe arbeiten zu lassen.

Andererseits wurden von den Unternehmern Milliardensummen in die systematische Rationalisierung der Produktion nach amerikanischem Vorbild investiert. Der Überfluß der Gesellschaft wurde mit ständig steigender Massenarbeitslosigkeit und zunehmender Arbeitshetze bezahlt.

„Rationalisierung ist ja nichts Schlechtes“, erläutert Gustav Gäde, „denn sie schafft die Möglichkeit, eine größere Menge Waren in kürzerer Zeit herzustellen. Außerdem erleichtern die Maschinen die Arbeit ganz enorm, aber in einem kapitalistischen Staat, wo das Profitinteresse der Besitzenden den Ausschlag gibt, wird der technische Fortschritt auf dem Rücken der arbeitenden Menschen ausgetragen. Da wird die Technisierung zur rücksichtslosen Ausbeutung menschlicher Arbeitskraft und zur Erhöhung der Unternehmerprofite mißbraucht."

Nach der Inflation trat das in den USA entwickelte Fließband seinen Siegeszug auch in der deutschen Industrie an. Gäde erzählt von einer Jugendfreundin, die bei AEG beschäftigt war und dort die Anfänge der Fließbandarbeit erlebte. Sie schrieb ihm einen Brief, in dem sie ihre Arbeitsbedingungen schilderte:

„Du hebst die Sicherungsstücke auf und fügst ein Stück Draht oder irgendwelche Metallstücke ein. Aber du mußt dich beeilen, denn schon kommen die nächsten Sicherungen. Sie sind nur noch eine Handbreit von dir entfernt, und du bist mit dem einen Stück noch gar nicht fertig. Du wirfst es auf das Band, und schon sind die nächsten Stücke an deiner Hand vorbeigerutscht, ehe du sie fassen konntest. Dein Nachbar kann nichts mit ihnen anfangen, weil du deine Arbeit nicht getan hast. Die Maschine wirft dann die unbearbeiteten Stücke wieder aus, und der Meister kommt und pickt sich die Schuldige heraus. Schon stehst du auf der Abbauliste.

Unterhalten kannst du dich nicht mehr, denn dazu hast du keine Zeit mehr. Da sind nur die monotonen Geräusche der Maschinen, obwohl doch viele hundert Arbeiter und Arbeiterinnen an den Bändern stehen.

Gestern waren wieder die Leute mit der Stoppuhr bei uns am Band, die messen jeden Arbeitsabschnitt nach Sekunden, aber sie nehmen sich immer die flinkesten und geschicktesten Arbeiter heraus, und nach diesen Messungen machen sie dann die Bandgeschwindigkeit, auf den Bruchteil einer Sekunde genau. Jetzt müssen alle so schnell arbeiten wie die schnellsten, wenn du nicht mithältst, bist du deine Stelle los.

Der schlimmste Trick der Unternehmer sind die Musterbänder. Sie holen sich die besten Kolleginnen an solche Abschnitte, und wenn sich dann jemand beschwert, weil das Band zu schnell läuft, dann zeigen sie auf die Arbeiterinnen an den Musterbändern und sagen: ‚Was wollt ihr, die schaffen es auch!'

Wenn alle auf die neue Geschwindigkeit umgestellt sind, dann entläßt man die Leute, die nicht mithalten können. Plötzlich ist die Belegschaft nur noch halb so groß, aber die Leistung ist dieselbe. Nach einer Zeit beginnt man dieses Spiel von vorn, die Leute mit ihren Stoppuhren kommen und dann wird wieder entlassen."

Auch Gustav Gäde gehörte zu dem Millionenheer der Arbeitslosen. Sein Betrieb hatte keine Verwendung für ihn. Er stand auf der Straße und mußte von staatlicher Unterstützung leben.

„Ich bin mir vorgekommen wie ein Bettler", sagt er. „Weißt du, ich bin ein starker junger Kerl gewesen, und auch, wenn die Arbeit hart war, ich habe gern gearbeitet. Auf einmal wirst du nicht mehr gebraucht, du kannst hingehen, wohin du willst, keiner nimmt dich. Das ist, als hätte man dich auf den Müll geworfen. Und dazu kommt der Hunger, denn wir bekamen ja nur ein paar Pfennige Stempelgeld. Da konntest du gerade so viel kaufen, daß du nicht verhungert bist, aber satt bist du nicht geworden. Anderswo haben sie den Weizen ins Meer gekippt, und wir hatten Kohldampf bis unter beide Arme. Irgendwann kommt dann der Punkt, da fühlst du gar nichts mehr, nur noch das große Loch in deinem Magen."

Arbeitslosigkeit, seit 1923 eine Dauererscheinung in der Weimarer Republik, brachte für die Betroffenen große Probleme mit sich. Das Gefühl, plötzlich nicht mehr gebraucht zu werden, rief bei vielen tiefe seelische Krisen hervor, die in Verbindung mit schlechter Ernährung zur allgemeinen Verschlechterung des Gesundheitszustandes führten. Bedenkt man, daß die Zunahme der Arbeitslosenrate um nur ein Prozent nach neueren wissenschaftlichen Erkenntnissen eine deutliche Erhöhung der Sterblichkeitsrate hervorruft, kann man ermessen, wie viele menschliche Tragödien sich hinter den nüchternen Zahlen der Statistik verbargen. Steigt die Arbeitslosigkeit um nur ein einziges Prozent, erhöhen sich die Herz-Kreislauf-Erkrankungen um 1,9 Prozent, die Selbstmorde steigen sogar um 4,1 Prozent. Ein Prozent mehr Arbeitslose bedeutet, daß 4 Prozent mehr Einweisungen in Gefängnisse und 3,4 Prozent mehr Aufnahmen in psychiatrischen Kliniken vorgenommen werden.

Arbeitslosigkeit bedeutete für den Betroffenen nicht allein materielle Not und das Gefühl, „wertlos" geworden zu sein. Sie stürzte nicht nur viele Familien in Elend und Not, sie veränderte auch das Gefüge der sozialen und kommunikativen Beziehungen der Beschäftigungslosen. Der Arbeitslose rutschte an das Ende der gesellschaftlichen Hierarchie, er wurde bald als nicht mehr gesellschaftsfähig betrachtet. Die familiären Bindungen gerieten unter Druck, nicht selten zerriß die Familie unter den ökonomischen und psychischen Belastungen der Erwerbslosigkeit. Viele Mädchen aus Arbeiterfamilien sahen nur noch einen Ausweg aus ihrer Misere: die Prostitution.

Neben den älteren Arbeitern, die nach der Entlassung gewöhnlich keine Stellung mehr bekamen, waren es besonders Jugendliche, die von Arbeitslosigkeit betroffen wurden. In einer 1926 vom

Arbeitsamt Düsseldorf herausgegebenen Broschüre erfährt man: „Die Erwerbslosigkeit der Jugendlichen innerhalb der umfangreichen Aufgaben der Erwerbslosenfürsorge stellen überhaupt ein Sonderproblem dar. Denn für sie sind weniger die sozialen und wirtschaftlichen Schwierigkeiten der materiellen Lebensführung und Existenzsicherung, die die Erwerbslosigkeit im Gefolge führt, Objekt der Fürsorge und Bekämpfung, als vielmehr die sittlichen und beruflichen Gefahren einer längeren Erwerbslosigkeit. Mit bloßen Geldunterstützungen ist in der Fürsorge für die erwerbslosen Jugendlichen noch weniger getan als in der Fürsorge für die Erwachsenen..."

Die Arbeitslosigkeit hatte auch Auswirkungen auf das Verhalten der Werktätigen, die im Berufsleben standen. Da niemand seine Stellung verlieren wollte, jeder am Beispiel der Arbeitslosen sah, was ihn erwartete, wenn er „abgebaut" wurde, stieg mit zunehmender Arbeitslosigkeit die Angst selbst gekündigt und von staatlichen Zuwendungen abhängig zu werden.

Mit der Angst wuchs die Erpreßbarkeit der arbeitenden Menschen. Mit der Drohung, ihnen zu kündigen, erreichte der Unternehmer bei seinen Arbeitern und Angestellten höhere Arbeitsleistung und Verzicht auf soziale und politische Rechte. In der Befürchtung, bald das Schicksal der Arbeitslosen teilen zu müssen, waren viel Beschäftigte selbst dann nicht zum Verlassen der Arbeitsstätte zu bewegen, wenn sie krank waren oder die Arbeit ihre Gesundheit und ihr Leben bedrohte.

Der Gewerbemedizinalrat des Regierungsbezirks Aachen, Düsseldorf und Köln beschrieb die Wirkung der Massenarbeitslosigkeit auf das Verhalten der arbeitenden Menschen:

„In meinem Wirkungskreis äußert sich die Arbeitslosigkeit und die Furcht vor Arbeitslosigkeit vor allem darin, daß Arbeiter sich nur schwer entschließen, Beschwerde über schlechte Betriebsverhältnisse zu führen. Auch bei Betriebsbesichtigungen selbst sind die Auskünfte, die gegeben werden, sehr zurückhaltend. In einem Betrieb zum Beispiel, in dem stark reizende Dämpfe sich in der unangenehmsten Weise fühlbar machten, sagten die den Dämpfen am meisten ausgesetzten Arbeiterinnen, daß sie sie gar nicht lästig fänden. Diese Zurückhaltung mit Beschwerden und Angaben hat natürlich die Folge, daß Übelstände schwer zu ermitteln und die ermittelten schwer abzustellen sind, wenn sich die betroffenen Arbeiter selbst – aus Angst vor Entlassung – als an der Abstellung nicht interessiert erklären.

Eine weitere Folge der herrschenden Arbeitslosigkeit ist die, daß Arbeiter sich nicht dazu entschließen können, einen Arbeitsplatz zu verlassen, auch wenn aus gesundheitlichen Gründen ein Arbeitswechsel dringend notwendig wäre. Der Direktor einer großen Hütte führt die Vermehrung der Bleivergiftungsfälle in seinem Betrieb darauf zurück, daß, während früher die Arbeiter schon bei dem ersten Zeichen von Bleieinwirkung, noch ehe es zu einer Erkrankung kam, den Arbeitsplatz verließen und sich anderwärts bleifreie Arbeit suchten, jetzt jeder solange wie möglich bei der Hüttenarbeit bleibt und auch nach schwerer Erkrankung, selbst Lähmung, immer wieder den Wunsch hat, in die Hütte zurückzukehren. So kommt es zu schweren und zum Teil unbehebbaren Gesundheitsschädigungen."

Die Statistik belegt diese Behauptungen; sie zeigt den Trend wachsender Arbeitslosigkeit pro Stunde und Arbeiter bei gleichzeitiger Reduzierung wirtschaftlicher Arbeitskämpfe vor dem Hintergrund wachsender Arbeitslosigkeit:

Jahr	Zahl der Arbeitskämpfe	Arbeitslosenrate (in Prozent)	Arbeitsleistung pro Stunde und Arbeiter (1913/14 = 100)	Nettoreallöhne (1913 = 100)
1923	2162			
1924	2012	11,4	88	74
1925	1766	8,3	101	91
1926	383	17,9	109	85
1927	871	8,8	118	95
1928	763	9,7	119	100
1929	441	14,6	124	98
1930		22,7	125	89
1931		34,7	131	79
1932		44,4	134	64

„Natürlich haben sich die Unternehmer diesen Umstand zunutze gemacht", bestätigt Gustav Gäde. „Sie hatten die Menschen, während wir Arbeiter nur unsere Arbeitskraft verkaufen konnten. Diese Macht über uns haben sie hemmungslos ausgenutzt, um zu noch höheren Profiten zu kommen. ‚Was? Du willst die Arbeit nicht zu dem Lohn machen?' hieß es dann. ‚Na, dann geh doch, es stehen Hunderttausende draußen, die nur darauf warten, deinen Lohn zu kriegen.' Was wolltest du da machen, du warst ihnen ausgeliefert, du mußtest nehmen, was du kriegen konntest."

Wenn man bedenkt, daß die Arbeitslosenrate bis zum Jahr 1933 nicht unter 8,4 Prozent sank, kann man ermessen, daß die „goldenen“ zwanziger Jahre für den Großteil der Bevölkerung keine sozialen und politischen Verbesserungen hervorbrachten, sondern im Gegenteil von rücksichtsloser Ausbeutung der arbeitenden Menschen geprägt waren.

Doch nicht allein die Arbeiterfamilien waren betroffen, auch der Mittelstand und die Landwirtschaft litten sehr unter den wirtschaftlichen Verhältnissen jener Zeit. Viele Kleinbauern, die die ins Uferlose steigenden Preise für Industrieprodukte und Saatgut nicht bezahlen konnten und zudem von hohen Krediten und Steuern belastet wurden, mußten Vieh und Acker verkaufen und sich in den Fabriken nach Arbeit umsehen. Dort bekamen sie, wenn überhaupt, nur die schlechtesten Arbeiten, denn sie hatten keine berufliche Qualifizierung. Mittelständische und kleine Unternehmen konnten den Konkurrenzkampf, der sich in jedem Jahr weiter verschärfte, nicht durchstehen und mußten die Segel streichen. Ihre ohnehin geringen Ersparnisse hatten die Inflationsgewinnler in ihre Taschen gesteckt.

Die Staaten, in die die deutsche Wirtschaft ihre Produkte bislang exportierte, ergriffen nun wirkungsvolle Maßnahmen, um die eigene Wirtschaft vor deutschen Billigwaren zu schützen. Die Einfuhrzölle wurden drastisch erhöht und hoben so den Preisvorteil der deutschen Exporte auf. Dadurch verringerten sich die deutschen Ausfuhren, während zugleich der Import ausländischer Waren anstieg. Eine negative Handelsbilanz, die wirtschaftliche Stagnation und allgemeine Unsicherheit mit sich brachte, war die Folge.

Diese Tendenz wurde durch das Wirtschaftschaos, das die Ruhrbesetzung und der anschließende passive Widerstand hervorgebracht hatten, weiter verstärkt. Im ganzen Reich fehlte Brennstoff, denn die Ruhrzechen förderten kaum noch Kohle; durch die Stilllegung der Eisenbahnstrecken im besetzten Ruhrgebiet wurde zudem der Verkehr im übrigen Reichsgebiet beeinträchtigt.

Wirkung zeigte auch, daß die Inflation aufgrund der Dollarkäufe der Stinnes-Agenten ein geradezu atemberaubendes Tempo erreicht hatte. Diese Entwicklung führte paradoxerweise zu Geldmangel (Deflation), denn die Banken konnten das Geld gar nicht so schnell ausliefern, wie es auf dem Markt verlangt wurde, und die Notenpressen, die Tag und Nacht arbeiteten, schafften die Unmengen Papiergeldscheine nicht mehr. Da sich die Umlaufgeschwindigkeit rapide erhöhte, fiel die Wirtschaftsorganisation teilweise auf das Stadium der Naturalwirtschaft zurück: Immer häufiger gingen Werksleitungen dazu über, die Löhne zum Teil in Waren auszubezahlen.

Am 8. November 1923 übertrug Friedrich Ebert Reichswehrgeneral Seeckt die vollziehende Gewalt; der General sollte die Voraussetzungen schaffen, um jede Veränderung des Gesellschaftssystems gewaltsam verhindern zu können. Als erste Maßnahme beschloß Seeckt, die Kommunistische Partei und ihre Presse zu verbieten. Am 8. Dezember 1923 erließ der Reichstag mit den Stimmen der SPD ein Ermächtigungsgesetz für die Ende November gebildete Regierung des Zentrumpolitikers Wilhelm Marx.

„Das Bürgertum spürte, daß eine entscheidende Auseinandersetzung mit der Arbeiterklasse bevorstand", kommentiert Gustav Gäde. „Deshalb traf man alle Vorbereitungen zum Bürgerkrieg. Zusammen mit der Schwarzen Reichswehr organisierte Seeckts Truppe die systematische Verfolgung der Kommunisten. Gegen fast alle Leitungsmitglieder liefen Haftbefehle. Man versuchte sogar, den kommunistischen Reichstagsabgeordneten ihre Immunität zu nehmen, um sie vor Gericht stellen zu können."

Fast 7000 klassenbewußte Arbeiter saßen in den Gefängnissen, allein in den ersten vier Monaten des Jahres 1924 wurden 981 politische Prozesse inszeniert, in denen die Gerichte insgesamt 4184 Jahre Freiheitsstrafe und 233261 Mark Geldstrafe verhängten.

„Sie wollten den klassenbewußten Arbeitern Angst einjagen", meint Gustav Gäde. „Die KPD sollte zerschlagen werden, und die übrigen sollten Furcht bekommen, sich politisch zu betätigen." Diese Politik zeigte schon bald erste Früchte: Die Mitgliederzahl der KPD sank rapide, von den 300000 Mitgliedern, die die Partei Anfang 1923 umfaßt hatte, blieb nur ein Drittel erhalten.

„Natürlich waren die Verfolgungen nicht der einzige Grund der Parteiaustritte", gibt Gustav zu bedenken. „Da spielte auch eine Rolle, daß viele Mitglieder von der Offensivtheorie abgeschreckt wurden und sich sagten: In einer Partei, die auf Putsch setzt, kann ich nicht bleiben. Aber viele sind auch ausgetreten, weil sie Angst hatten, ganz einfach Angst vor Seeckts Unterdrückungsmaßnahmen."

Der Einbruch, den die Partei in diesem Jahr sowohl in der Mitgliedschaft als auch bei den Wahlen zu verzeichnen hatte, war also nicht Folge der wirtschaftlichen Stabilisierung des Kapitalismus, wie es bürgerliche Historiker bisweilen behaupten, um damit die

These zu beweisen, die Kommunisten hätten nur eine Chance, große Gruppen der Arbeiterschaft zu gewinnen, wenn sich die wirtschaftliche Situation zuspitze.

Vor Kritikern rechtfertigte Seeckt den harten Kurs gegen die Kommunisten mit dem Argument, Deutschland müsse sich nun endlich von seinen „inneren Feinden“ befreien und den „inneren Frieden“ wiederfinden. Man müsse das Reich vor weiteren Krisen bewahren. „Diese Forderung wird von allen ausländischen Finanzkreisen erhoben“, erklärte auch Gustav Stresemann in einer Sitzung des Zentralvorstands der DVP am 18. November 1923, „weil sie der Ansicht sind, daß nur bei ruhiger und stetiger politischer Entwicklung eine Gesundung unserer Wirtschaft möglich ist. Dafür zu sorgen, ist unsere Sache. Für Mehrleistung und Mehrproduktion wird die Regierung die Voraussetzung schaffen.“

Gustav Gäde erinnert sich noch gut an Außenminister Stresemann, den sicher besten Taktiker der Weimarer Republik, den Zeitgenossen auch den „geheimen Kanzler“ nannten: „Das war ein Mann so ganz nach dem Herzen von Stinnes, Thyssen und Krupp. Nach außen spielte er den Friedensengel, aber in Wirklichkeit leistete er den Großmachtplänen der deutschen Industrie Vorschub. Dafür hat er dann später sogar den Friedensnobelpreis bekommen.“

1925 offenbarte der Industriesyndikus und Wirtschaftsexperte in einem Schreiben an den ehemaligen Kronprinzen Wilhelm von Hohenzollern, wie sehr er das Vertrauen verdiente, das die Industrie ihm entgegenbrachte, und wie wenig seine außenpolitischen Ziele tatsächlich mit dem Schlagwort „Friedenspolitik“ gemein hatten:

„Die deutsche Außenpolitik hat nach meiner Auffassung für die nächste absehbare Zeit drei große Aufgaben:

Einmal die Lösung der Reparationsfrage in einem für Deutschland erträglichen Sinn und die Sicherung des Friedens, die die Voraussetzung einer Wiedererstarkung Deutschlands ist.

Zweitens rechne ich dazu den Schutz der Auslandsdeutschen, jener zehn bis zwölf Millionen Stammesgenossen, die jetzt unter fremdem Joch in fremden Ländern leben.

Die dritte große Aufgabe ist die Korrektur der Ostgrenzen: die Wiedergewinnung Danzigs, des polnischen Korridors und eine Korrektur der Grenze in Oberschlesien.

Im Hintergrund steht der Anschluß Deutsch-Österreichs, obwohl ich mir sehr klar darüber bin, daß dieser Anschluß nicht nur

Vorteile für Deutschland bringt, sondern das Problem des Deutschen Reiches sehr kompliziert.“

In einer nichtöffentlichen Rede vor dem Parteivorstand der DVP erklärte Stresemann, um die Armee und Flotte des deutschen Reiches aufbauen zu können, müsse die „deutsche Politik zunächst darin bestehen... zu finassieren“, auf deutsch: zu betrügen, „und den großen Entscheidungen auszuweichen... Wir werden gar keinen anderen Weg gehen können, als uns zunächst einmal zu den Pflichten des Versailler Vertrages zu bekennen... Es wird darauf ankommen, den anderen weiszumachen, daß dies und das mit dem Geist des Vertrags von Versailles durchaus vereinbar wäre, und so in Wirklichkeit diesen Geist ins Herz zu treffen und den ganzen Vertrag auszuhöhlen.“

Schon 1920 hatte Stresemann mit deutschen und britischen Interventionsstrategen über einen gemeinsamen Kreuzzug gegen die UdSSR verhandelt, doch hatte er damals die Briten nicht für seine Pläne gewinnen können, weil dem britischen Großkapital die Ausplünderung Deutschlands leichter und sicherer erschien, als sich mit der Sowjetunion anzulegen. Wenige Jahre später stellte er die deutschen Wiederaufrüstungsforderungen in den Zusammenhang der britischen und französischen Kriegspläne gegen die UdSSR und erreichte die Zusage des britischen Außenministers, „wenn z. B. ein Kampf gegen Rußland beginne, ... (würden) diejenigen, die Deutschland entwaffnet haben, ... die ersten sein, die Deutschland wieder bewaffnen.“

Sorgen bereitete Stresemann dabei nur die Antikriegsstimmung in der Bevölkerung. In einer von seinem Ministerium ausgearbeiteten Denkschrift hieß es über das Mißtrauen der deutschen Öffentlichkeit gegenüber der Politik des Außenministers: „Diesem Mißtrauen müßte in Reden durch salbungsvollen Ton und bei Kundgebungen durch entsprechende Aufmachung ... Rechnung getragen werden.“

Stresemanns Parteifreund Graf Stolberg-Wernigerode wurde in seinem Geheimmemorandum noch deutlicher. Die Regierung, so schrieb er, müsse „den Mund vollnehmen von Friedensphrasen, Völkerversöhnung usw., ohne deshalb wie die pazifistischen Phantasten an diesen Schwindel zu glauben.“

Mit Hilfe von 63 Notverordnungen, die auf der Grundlage des Ermächtigungsgesetzes erlassen wurden, versuchte die Reichsregierung Marx/Jarres/Stresemann, den Haushalt auf Kosten der werktätigen Menschen und ihrer Familien ins Lot zu bringen. Steuernotverordnungen bürdeten die Krisenlasten besonders den Arbeitern und Angestellten, dem städtischen Kleinbürgertum und den Kleinbauern auf. Die sozialen Leistungen des Staates wurden gedrosselt, so zum Beispiel die wöchentlichen Unterstützungssätze für Erwerbslose und Kurzarbeiter, die zu dieser Zeit unter dem Tagelohn eines ungelernten Arbeiters lagen. Arbeitslose Frauen erhielten nur zwei Drittel dieser Gelder.

Am 21. Dezember 1923 ordnete die Reichsregierung an, was die Vertreter des Großkapitals und der Hochfinanz so lange gefordert hatten: Der gesetzliche Schutz des Achtstundentages wurde aufgehoben, die Verlängerung der Arbeitszeit auf zehn und mehr Stunden täglich ausdrücklich gestattet.

Die SPD-Führung forderte die Regierung zwar auf, den militärischen Ausnahmezustand aufzuheben und die parlamentarische Ordnung wiederherzustellen, doch tolerierte sie zugleich Reichskanzler Marx im „Interesse des deutschen Wiederaufbaus". Sie weigerte sich, die Arbeiterklasse zu außerparlamentarischer Aktion zur Verteidigung des Achtstundentages aufzurufen und vertrat innerhalb der Gewerkschaftsführung die Position, ein gewisses Maß an Mehrarbeit sei aus ökonomischen Gründen erforderlich. 90 Prozent aller Arbeitszeitverlängerungen kamen mit Hilfe der sozialdemokratisch geführten Gewerkschaften zustande.

Die KPD dagegen widersetzte sich den Regierungsplänen, obwohl sie unter den Bedingungen der Illegalität arbeiten mußte. Sie organisierte den Kampf gegen die Abschaffung des Achtstundentages; ihre Losung „Keine Minute Mehrarbeit in den Betrieben" wurde von Zehntausenden Arbeitern aufgegriffen. Die Streikaktionen des Proletariats beantwortete die Unternehmerseite mit gezielten Aussperrungsmaßnahmen.

Da sich die meisten Gewerkschaftsfunktionäre scheuten, die gewerkschaftlichen Machtmittel zur Verteidigung des Achtstundentages einzusetzen, konnten sich die Industriellen durchsetzen, denn sie gingen einheitlich und energisch vor. „Es gelang ihnen nicht nur, den Achtstundentag abzuschaffen", erzählt Gustav, „sie konnten auch die Rechte der Betriebsräte weiter einschränken und viele linke Kollegen aus den Betrieben entfernen, ohne daß die Gewerkschaften zu Kampfaktionen aufriefen."

Die Spaltung der Arbeiterklasse vertiefte sich, als nach den Auseinandersetzungen um den Achtstundentag Tausende kommunistischer Funktionäre und Gewerkschaftsmitglieder aus dem

ADGB ausgeschlossen wurden. Auf Veranlassung rechtssozialdemokratischer Gewerkschaftsführer wurden demokratisch gewählte Ortsausschüsse aufgelöst, wenn in ihnen die Kommunisten in der Mehrheit waren. Daraufhin verließen auch die übrigen kommunistischen Gewerkschaftsmitglieder den ADGB, und es kam zu Massenaustritten; während der Gewerkschaftsverband noch im September 1923 7039000 Mitglieder zählte, waren sechs Monate später nur noch 4798000 Mitglieder registriert.

Gustav Gäde wird zornig, als er auf die Spaltung des ADGB zu sprechen kommt. „Das war eine riesengroße Dummheit, die Gewerkschaft zu verlassen und die Revolutionäre Gewerkschaftsopposition (RGO) zu gründen, denn dadurch sind die Unternehmer ihrem Ziel einen wichtigen Schritt nähergekommen. Die Arbeiterklasse braucht starke Gewerkschaften, wenn sie ihre Interessen durchsetzen will. Wenn sich die Gewerkschaften spalten, dann haben die Konzernherren leichtes Spiel.

Ich bin damals sehr wütend auf die Kommunisten gewesen, denn ich glaubte, die KPDler hätten die Spaltung selbst herbeigeführt, um ihren eigenen Verein aufbauen zu können. Ich habe erst viel später erfahren, daß unsere Leute die Kommunisten aus den Gewerkschaften gedrängt haben.

Trotzdem war es ein schwerer Fehler, die RGO aufzubauen. Die Kommunisten hätten in den Gewerkschaften mit allen Mitteln weiterarbeiten müssen, denn wir brauchten die Kommunisten wirklich. Sie waren doch die einzigen, die unsere Burgfriedensleute nach vorn treiben konnten. Als die Kommunisten die Gewerkschaft verließen, da standen wir paar linke Sozis allein mit dem Rücken zur Wand, und es passierte, was passieren mußte: Der ADGB rückte weiter nach rechts."

Wenn bis zum heutigen Tag versucht wird, die Spaltung des ADGB allein den Kommunisten in die Schuhe zu schieben, dann ist damit nicht zuletzt die Absicht verbunden, die reformistischen Führer des ADGB reinzuwaschen. Ein Beispiel für diese Art von Geschichtsklitterung liefert Dieter Schuster in seinem Buch *Die deutsche Gewerkschaftsbewegung,* in dem er versucht, den Ausschluß der Kommunisten als legitime Antwort der ADGB-Führung auf Spaltungsversuche der KPD darzustellen. „Der ADGB wehrt sich mehrmals mit dem Ausschluß kommunistischer Mitglieder", behauptet er. Tatsache ist jedoch, daß die sozialdemokratische Führung seit langem die Einheitsfrontpolitik der KPD skeptisch beobachtete und die Trennung von den Kommunisten wollte, um bei den bürgerlichen Parteien und den Unternehmern als Partner akzeptiert zu werden.

„Die Kommunisten haben es der ADGB-Leitung aber auch sehr leicht gemacht", erzählt Gustav. „Zu dieser Zeit machte das Wort ‚Sozialfaschismus' die Runde. Die Kommunisten, die in der Praxis wertvolle Arbeit für die Bildung der proletarischen Einheitsfront leisteten, haben der SPD- und ADGB-Führung damit den Vorwand gegeben, die Aktionseinheit zu boykottieren.

Nach der „Sozialfaschismusthese" wurde die Sozialdemokratie als „Hauptstütze der Bourgeoisie" angesehen. Der SPD-Führung wurde der Vorwurf gemacht, sie beteilige sich an der Unterdrükkung der Arbeiterklasse und bemäntele dies mit sozialen Phrasen. Die Erfahrungen mit sozialdemokratischer Regierungspolitik bedingten diese Einschätzung.

Für die übergroße Mehrheit der KPD-Mitglieder fand diese falsche These ihre endgültige Bestätigung mit den Ereignissen vom 1. Mai 1929. Während die Polizei Kundgebungen der Faschisten schützte, wurde die Maidemonstration der Berliner Arbeiterschaft vom sozialdemokratischen Polizeipräsidenten Zörrgiebel verboten. Bei den daraufhin stattfindenden Protestkundgebungen und Barrikadenkämpfen erschoß die Polizei mehr als 30 Arbeiter.

Nach diesem blutigen Mai vertiefte sich der Graben zwischen Sozialdemokraten und Kommunisten. In der KPD-Leitung konnten sich zeitweilig ultralinke Strömungen durchsetzen, die die Auffassung vertraten, eine Zusammenarbeit mit der sozialdemokratischen Führung sei unmöglich. Die Konsequenz daraus war, daß man keine Verständigungsmöglichkeit mehr mit der sozialdemokratischen Parteileitung für eine „Einheitsfront von oben" sah. Statt dessen orientierte die KPD-Zentrale nun darauf, die einfachen Mitglieder der SPD für eine „Einheitsfront von unten" zu gewinnen.

Spätestens 1932 wurde die „Sozialfaschismusthese" in der Praxis zurückgenommen, als die faschistische Bedrohung der Republik überdeutlich zutage trat. Trotz der These vom „sozialfaschistischen" Charakter der SPD unterbreitete der Parteivorstand der KPD der sozialdemokratischen Partei und der Gewerkschaft Angebote zur gemeinsamen Aktion gegen den Faschismus. Doch bot die „Sozialfaschismusthese" rechten Sozialdemokraten das Argument, mit dem sie die Zusammenarbeit mit Kommunisten auch weiterhin ablehnen konnten, ohne in der Parteibasis allzugroßen Widerstand befürchten zu müssen.

Dem Großkapital konnte die Uneinigkeit der Arbeiterparteien über die Fragen der Strategie und Taktik des revolutionären Kampfes nur recht sein, denn damit vergrößerten sich die Chancen für das Fortbestehen der kapitalistischen Wirtschaftsordnung beträchtlich.

Durch die Einführung der Übergangswährung Rentenmark war im Herbst 1923 die Stabilisierung der deutschen Währung eingeleitet worden. Die westlichen Siegermächte rangen darum, an welche Währung die deutsche Mark in Zukunft angebunden werden sollte. Separatisten im Ruhrgebiet forderten, unterstützt von Frankreich, eine eigene rheinische Währung. Großbritannien war bestrebt, die neue deutsche Währung an das britische Sterling-System anzubinden, und die USA, die der erste Weltkrieg zur Weltmacht gemacht hatte, verlangten die Etablierung der neuen deutschen Mark auf Dollarbasis. Den Kampf entschieden die Vereinigten Staaten für sich. Sie legten am 9. April 1924 den Dawes-Plan vor, der die Reparationsleistungen Deutschlands neu regelte und der deutschen Wirtschaft Kredite zur Finanzierung eines Aufbauprogramms in Aussicht stellte.

Nach dem Dawes-Plan sollten die Reparationsleistungen Deutschlands zunächst eine Milliarde Goldmark jährlich betragen und bis zum Jahr 1928/29 auf 2,5 Milliarden angehoben werden. Um diese Summe überhaupt aufbringen zu können, sollte Deutschland nach dem Vorschlag ausländischer Sachverständiger die Beförderungssteuer ganz an die Westmächte abliefern, die Reichsbahn mit elf und die Industrie mit fünf Milliarden Goldmark belasten sowie die Einnahmen aus Zöllen und Steuern auf Alkohol, Tabak und Zucker verpfänden. Reichsbank, Reichsbahn und der deutsche Staatshaushalt sollten ausländischer Kontrolle unterworfen und die Reichsbahn in eine private Aktiengesellschaft umgewandelt werden.

Dies alles war nun bedeutend mehr, als der Versailler Vertrag Deutschland zugemutet hatte, doch die wütenden Proteste der Industrie und der Regierung blieben aus. Im Gegenteil: In den herrschenden Kreisen machte sich sogar gedämpfter Jubel breit, als die Pläne bekanntwurden, denn die Expertenkommission sagte für den Fall der Annahme des Sanierungsplanes den Abzug ausländischer Besatzungstruppen und – was viel wichtiger war – einen 800-Millionen-Goldmark-Kredit für die deutsche Industrie zu. Die Experten wollten damit einen Anreiz schaffen, die deutsche

Wirtschaft zu sanieren und die Währung wieder auf Goldbasis zu stellen, um das Reich in die Lage zu versetzen, seine Verpflichtungen gegenüber den Gläubigerstaaten zu erfüllen. Außerdem verfolgten die USA und Großbritannien die Absicht, Frankreichs Einfluß auf die deutsche Wirtschaft zurückzudrängen und Deutschland in ein von ihnen abhängiges Land zu verwandeln, das den geplanten Kapitalanlagen der amerikanischen und britischen Industrie Sicherheit garantierte. Man brauchte Deutschland wieder, denn man plante noch immer den Krieg gegen die UdSSR.

Die deutsche Wirtschaft ihrerseits ahnte, was die Alliierten mit dem Reich vorhatten, und gedachte, sich diese Absichten der westlichen Siegermächte nutzbar zu machen. Von nun an konnte man wieder sicher sein, daß die Westmächte an einem starken Deutschland Interesse zeigen würden. Diese Erwartung brachte dann auch Gustav Stresemann zum Ausdruck, der schon 1922 betont hatte, man müsse nur genug Schulden haben, damit der Gläubiger seine eigene Existenz mitgefährdet sähe, falls der Schuldner zusammenbreche.

„Die Reichen haben sich saniert", urteilt Gustav Gäde. „Auf unsere Knochen ist das wieder mal gegangen. Jeder Arbeiter hat gewußt, daß er von dem amerikanischen Dollarregen nichts abbekommen würde. Während die Unternehmer das Ruhrgebiet für zehn Millionen Dollar an die amerikanische Morgan-Bank verschacherten, mußten wir für Pfenniglöhne schuften. Während die Auslagen in den Delikatessengeschäften immer reichhaltiger wurden, wurden wir abgebaut. Die Unternehmer ließen es sich wohl sein, aber wir Proleten mußten die Krise ausbaden."

Nachdem die wichtigsten Maßnahmen zur Stabilisierung der politischen und ökonomischen Macht des Bürgertums eingeleitet waren, hob der Reichspräsident den militärischen Belagerungszustand mit Wirkung vom 1. März 1924 auf. Reichskanzler Marx regierte jedoch weiter mit diktatorischen Vollmachten: Als die Mehrheit der Reichstagsabgeordneten die Änderung der Notverordnungen verlangte, ließ er den ersten Reichstag auflösen.

Am 15. April 1924 stimmte das Kabinett Marx dem Dawes-Plan zu. Am 30. August wurde die Reichsmark als gesetzliches Zahlungsmittel eingeführt. Sie war als „Goldkernwährung" mit vierzigprozentiger Golddeckung frei konvertierbar. Damit war der Weg der deutschen Industrie zu den Millionenkrediten vor allem aus den USA frei.

Mit der Kontrolle der deutschen Reparationsleistungen wurde

Parker Gilbert beauftragt, ein amerikanischer Finanzexperte, der der New Yorker Morgan-Bank nahestand. Die Gelder aus den USA flossen in den kommenden Jahren so reichlich, daß Reichsbankpräsident Hjalmar Schacht von einer „zweiten Reichsbank", bestehend aus den ausländischen Krediten, zu sprechen pflegte.

Doch nicht allein die Kredite amerikanischer Banken und Finanziers kamen ins Land und begünstigten die rasche Gesundung der deutschen Industrie; die US-Firmen tätigten auch eine Reihe bedeutender Direktinvestitionen. So wurden bis 1930 in der deutschen Automobilindustrie 840 Millionen Reichsmark US-Kapital angelegt, was den Einfluß amerikanischer Finanzkreise auf die deutsche Wirtschaft verstärkte.

Da die deutsche Außenhandelsbilanz zudem in den folgenden Jahren immer negativ war, das heißt die Importe deutlich die Exporte überstiegen, konnte das US-Kapital seine Macht in Deutschland festigen. Der Anteil ausländischer Gelder an der Deckung des staatlichen und privaten Kapitalbedarfs betrug in den Jahren 1925 bis 1929 zwischen 30 und 40 Prozent, doch der Anteil ausländischen Kapitals reichte noch immer nicht aus, um den Kapitalhunger der deutschen Industrie zu befriedigen. Deshalb nahmen deutsche Großunternehmer auch auf internationalen Kapitalmärkten große Anleihen auf, die Vereinigten Stahlwerke beispielsweise 60 Millionen Dollar, Siemens sogar 150 Millionen Dollar. Sie konnten damit den hohen Zinssätzen auf dem deutschen Kapitalmarkt ausweichen, während kleine Unternehmen ganz auf die bis zu fünf Prozent teureren inländischen Kredite angewiesen waren.

Dennoch stagnierte die Industrieproduktion, weil der deutsche Inlandsmarkt aufgrund der mangelnden Kaufkraft der Bevölkerung die Steigerung der Konsumgüterindustrie nicht durch verstärkte Käufe ausgleichen konnte. Das Produktionsvolumen überstieg in der Zeit zwischen 1927 und 1929 nur selten den Stand von 1913, lag ansonsten deutlich unter der Vorkriegsproduktion. Damit blieb Deutschland erheblich unter den Produktionssteigerungen der USA und anderer kapitalistischer Staaten zurück.

Die Industrie versuchte die begrenzte Aufnahmefähigkeit des Inlandsmarktes durch verstärkte Exportorientierung aufzufangen; und in der Tat stiegen die Exportraten in den Jahren 1925/26 deutlich an. Doch die Ausfuhr war kein unbeschränkt nutzbares Mittel zur Kanalisierung der Überproduktion, weil die Tendenz zur Verengung der Weltwirtschaft zu verschärftem Konkurrenzkampf zwischen den wichtigsten Industrienationen führte.

Die deutsche Exportoffensive war trotzdem recht erfolgreich, denn der US-Industrie und der deutschen Großindustrie gelang es, Großbritannien und Frankreich auf dem internationalen Markt zurückzudrängen. Mit dem Exporterfolg besonders der chemischen und elektrotechnischen Industrie wurden die Voraussetzungen der Wiedererstarkung Deutschlands gelegt. Damit wurden auch die militärischen Ambitionen neu belebt, der Ruf nach einem neuen Waffengang, der Kolonien und Absatzmärkte sichern sollte, wurde lauter.

Das neue Gesicht der NSDAP

Nach Hitlers mißlungenem Putschversuch befand sich die NSDAP in völliger Auflösung; in der auf 55 000 Mitglieder angewachsenen Partei tobten heftige Machtkämpfe. Hitler griff in die innerparteilichen Streitigkeiten nicht ein, sondern verhielt sich abwartend, denn er ahnte, daß der Kampf seiner Stellvertreter seine eigene Position innerhalb der Partei weiter stärken werde.

„Er saß in der Festung Landsberg mit etwa vierzig seiner Gesinnungsgenossen," erzählt Gustav Gäde. „Die ließen es sich gutgehen. Wenn sie zum Mittagessen zusammenkamen, dann hing im Eßsaal eine große Hakenkreuzfahne an der Wand. Hitler konnte während seiner Haftzeit seine Gefolgsleute empfangen und Pläne für die Machtübernahme schmieden. Auf der Festung schrieb er auch den ersten Band von *Mein Kampf.* Das war mehr Erholungsaufenthalt als Festungshaft." Hitler selbst nannte seinen Aufenthalt in Landsberg ein „Hochschulstudium auf Staatskosten".

Mein Kampf, jenes Buch, das bald zur Bibel des Nationalsozialismus werden sollte, war eine langatmige Aneinanderreihung schwülstiger Überlegungen zu einigen wenigen Themenbereichen, deren gespreizter Stil die Lektüre zur Qual machte. Die Ideen der Hitlerschrift lassen sich auf wenige Grundpositionen verkürzen: Überwindung der politischen und gesellschaftlichen Verhältnisse durch eine „nationale Revolution", Ablösung der Führungsgruppen in Staat und Wirtschaft, tiefe Verachtung moralischer und menschlicher Werte, Bekämpfung des Judentums und des Marxismus.

Sein Hauptinteresse konzentrierte sich auf die Machtfrage. Alle anderen theoretischen Überlegungen, die nicht grundsätzlich neu waren, sondern nationalistischem, imperialistischem und antidemokratischem Gedankengut entstammten, wurden von ihm auf die für seine politischen Ziele zentrale Machtfrage bezogen. Seine Weltanschauung war antisemitisch nicht in einem theoretischen Sinn; der Antisemitismus interessierte ihn nur insoweit, als er darin eine Möglichkeit sah, vorhandenen Ängsten des Kleinbürgertums Nahrung zu geben und sie zur Erringung der Macht zu mißbrauchen.

Der „völkische Staat", den Hitler postulierte, sollte in „erster Linie die Ehe aus dem Niveau einer dauernden Rassenschande" herausheben, um „Ebenbilder des Herrn" zu erzeugen, und nicht

„Mißgeburten zwischen Menschen und Affen". Neben einem barbarischen Antisemitismus vertrat er in *Mein Kampf* einen auf Ausrottung des Marxismus gerichteten Antikommunismus, den er geschickt mit antisemitischen Parolen verband. Die Vernichtung der Arbeiterparteien, die durchaus wörtlich gemeinte „Liquidierung" der „meineidigen Verbrecher der Revolution" wurde zur Hauptaufgabe der „nationalen Bewegung" erklärt.

Gustav Gäde kommt auf einen wichtigen Unterschied zwischen den Arbeiterparteien und der NSDAP zu sprechen: „Wir Marxisten setzten auf die Vernunft der Menschen, die Nazis spekulierten auf die Dummheit, sie verachteten das Volk."

Für den Nationalsozialismus diente das Volk nur als Instrument der Machtübernahme. „Die Aufnahmefähigkeit der großen Masse", beschrieb Hitler seine Haltung zur Bevölkerung, „ist nur sehr beschränkt, das Verständnis klein, dafür jedoch die Vergeßlichkeit groß. Aus diesen Tatsachen heraus hat sich jede wirkungsvolle Propaganda auf nur sehr wenige Punkte zu beschränken und diese schlagwortartig so lange zu verwerten, bis auch bestimmt der letzte unter einem solchen Worte das Gewollte sich vorzustellen vermag."

Als wichtigstes Mittel zur Verbreitung nationalsozialistischer Ideologie betrachtete Hitler also „die Senkung des Niveaus auf niedrigste Ansprüche", die ständige Wiederholung leichtverdaulicher Schlagwörter und die „Schwarzweißfärberei" der politischen Verhältnisse.

Die Quintessenz der Naziideologie bildete die bewußt falsch interpretierte Lehre Darwins, nach der in der Welt das Gesetz vom „Recht des Stärkeren" überall Geltung habe. Konsequenz des „historischen Rassenkampfes" war die von Hitler nie verheimlichte Expansionspolitik, die sich auf Revision des Versailler Vertrages einerseits und Versklavung der „Ostvölker" andererseits richtete. „Die Grenzen des Jahres 1914 bedeuten für die Zukunft der deutschen Nation gar nichts. In ihnen lag weder ein Schutz der Vergangenheit, noch läge in ihnen eine Stärke für die Zukunft... Demgegenüber müssen wir Nationalsozialisten unverrückbar an unserem außenpolitischen Ziele festhalten, nämlich dem deutschen Volk den ihm gebührenden Grund und Boden auf dieser Erde zu sichern. Und diese Aktion ist die einzige, die vor Gott und unserer deutschen Nachwelt einen Bluteinsatz gerechtfertigt erscheinen läßt."

Unter dem Schlagwort „Volk ohne Raum" sollte der „ewige

Germanenzug nach Süden und Westen Europas" gestoppt werden. Die „Bodenpolitik der Zukunft" sollte sich auf die Kolonisation des Ostens richten, denn „das Riesenreich im Osten ist reif zum Zusammenbruch. Und das Ende der Judenherrschaft in Rußland wird auch das Ende Rußlands als Staat sein."

Dem Autor brachte *Mein Kampf* wachsende Einnahmen, aus denen er den Kauf eines großen Mercedes und einer Villa auf dem Obersalzberg bestritt. In der Öffentlichkeit war Hitler jedoch bemüht, den Schein des bescheidenen „Arbeiterführers" aufrechtzuerhalten. Bis 1933 gingen 300000 Exemplare der Hitlerschrift über den Ladentisch, im NS-Staat sollte die Auflage auf insgesamt zehn Millionen Exemplare ansteigen. „Aber gelesen haben die meisten Leute das Buch nicht", sagt Gustav Gäde. „Wenn sie es nur getan hätten, dann hätten sie gewußt, was sie erwartete, falls sie diesem Demagogen auf den Leim gingen. Da stand doch alles drin, von der Judenausrottung bis zum Rußlandfeldzug."

Gustav Gäde berichtet, die Linke habe die NSDAP lange Zeit kaum beachtet, weil die Nazipartei in den Arbeiterbezirken anfangs keine Rolle gespielt habe. „Als sie dann stärker wurden, haben wir die ideologische Auseinandersetzung mit ihnen gesucht. Wir haben Flugblätter hergestellt, in denen wir die Leute über die verbrecherischen Absichten der Hitlerleute aufklärten. ‚Wer Hitler wählt, wählt den Krieg!' haben wir geschrieben, denn man brauchte den Schinken doch nur einmal zu lesen, und dann wußte man, daß die Nazibande uns in einen neuen Krieg hetzen wollte."

Als Hitler nach einem Jahr vorzeitig aus der Haft entlassen wurde, machte er sich an den Wiederaufbau der Partei. Er ließ den Münchener Parteiverlag Franz Eher und die Parteizentrale weiter ausbauen und verstand es, die Rivalitäten seiner Unterführer zur Stärkung seiner eigenen Position in der Partei auszunutzen. Indem er Konkurrenten gegeneinander ausspielte, rivalisierende Parteiorganisationen duldete und dabei stets als schlichtender, über den Auseinandersetzungen stehender Führer auftrat, machte er sich unentbehrlich und festigte seine Stellung innerhalb der NSDAP.

Hitler versuchte, die Partei auf einen neuen Kurs zu orientieren. Sein gescheiterter Versuch, putschartig die Staatsmacht zu übernehmen, hatte ihm deutlich gemacht, daß er sein Ziel nur auf „legalem" Weg erreichen konnte. Deshalb setzte er auf scheinbare Legalität und machte sich auf den Weg, die Macht durch vorsichtiges, geschicktes Taktieren und die Erringung parlamentarischer Positionen zu erlangen. Einen ersten Schritt in diese Richtung unternahm er gleich nach seiner Freilassung aus der Haft. Er suchte den bayerischen Ministerpräsidenten auf und bat um die Wiederzulassung der Partei. Als er versprach, künftig die „Spielregeln" zu beachten, sah die Landesregierung keinen Grund mehr, die Nazipartei unter Verbot zu halten. Schon am 27. Februar 1925 konnte sie im „Bürgerbräukeller" Auferstehung feiern.

Der „legale Weg" zur Macht, der Hitler bald den Spitznamen „Adolphe Légal" eintrug, schien vielen Nationalsozialisten mühsamer, denn statt die Gegner niederzuschießen, sollten sie nun niedergestimmt werden. Hitler versuchte wortgewaltig, seinen Mitstreitern den neuen Kurs der Partei begreiflich zu machen: „Wenn wir heute unter unseren verschiedenen Waffen von der Waffe des Parlamentarismus Gebrauch machen, so heißt das nicht, daß parlamentarische Parteien nur für parlamentarische Zwecke da sind. Für uns ist ein Parlament nicht Selbstzweck, sondern ein Mittel zum Zweck... Wir sind zwangsweise eine parlamentarische Partei."

Nachdem Hitler seine Position gefestigt hatte, bemühte er sich, die Richtungskämpfe innerhalb der Partei rasch beizulegen und der NSDAP eine neue, straffe Ordnung zu geben. Die bedingungslose, unumschränkte Machtstellung des „Führers", der wie der Heilskünder einer neuen Religion auftrat, wurde in diesen Monaten zum alles prägenden Organisationsprinzip der NSDAP.

Begünstigt wurde der Wiederaufstieg Hitlers in der Parteihierarchie durch die falschverstandene Toleranz des bürgerlichen Lagers, das selbst die erklärten Todfeinde der Republik gewähren ließ. Die politischen Führer der Republik verkannten die Gefahr des Nationalsozialismus und vertrauten darauf, Hitler habe sich zur Legalität bekehren lassen.

Die NS-Führung dankte der Weimarer Bürokratie dieses Verhalten auf ihre Weise. Sie hielt die Toleranz der bürgerlichen Parteien für Dummheit. In zynischer Offenheit bekannte der NS-Propagandist Joseph Goebbels später in der Parteizeitung *Angriff:* „Wir werden Reichstagsabgeordnete, um die Weimarer Demokratie mit ihrer eigenen Unterstützung lahmzulegen. Wenn die Demokratie so dumm ist, uns für diesen Bärendienst Freifahrkarten und Diäten zu geben, so ist das ihre Sache... Wenn es uns gelingt, bei diesen Wahlen sechzig bis siebzig Agitatoren unserer Partei in die verschiedenen Parlamente hineinzustecken, so wird der Staat selbst in Zukunft unseren Kampfapparat ausstatten und besolden... Wir kommen als Feinde! Wie der Wolf in die Schafherde einbricht, so kommen wir!“

Zwei Probleme machten Hitler besonders zu schaffen: Zum einen mußte er sich scharf von Ludendorff abgrenzen, dessen schwärmerische Weltanschauung mit der pragmatischen Politik des NS-Führers nicht zu vereinbaren war. Um die Einheit der Partei nicht völlig zu zerstören, gestattete Hitler dem Feldherrn eine eigene Gruppe, den Tannenberg-Bund. Erst nach Ludendorffs Tod 1937 wurde diese Gruppierung, der Hitler stets mißtrauisch gegenüberstand, verboten.

Auf der anderen Seite verlangte der neue Kurs der Partei die vorläufige Ausschaltung des Kampfbundführers Ernst Röhm. Hitler sah in dem unter Röhms Führung aufgebauten „Frontbann“, in dem sich Freikorps- und Reichswehrleute zur bewaffneten Streitmacht formierten, eine akute Bedrohung sowohl des eigenen Führungsanpruchs als auch der auf scheinbare Legalität gegründeten Politik der Nazipartei. Allen Versuchen Röhms, ihn von der Notwendigkeit der Aufstellung von Kampfgruppen zu überzeugen, widersetzte er sich und ließ dem Frontbannchef keine andere Wahl, als seinen – vorläufigen – Abschied zu nehmen. 1928 ging Röhm nach Südamerika, wo er bis 1930 als Militärinstrukteur tätig war. Als die Machtübernahme des Faschismus in greifbare Nähe rückte, holte Hitler den Landsknechtführer nach Deutschland zurück und beauftragte ihn mit der Leitung der Schutz-Abteilung (SA).

Die Erfolge der neuen Taktik der NSDAP ließen allerdings einige Zeit auf sich warten; zuerst hatte die Partei eine Phase der Mißerfolge zu überstehen. Das begann am 9. März 1925 in Bayern, als die bayerische Landesregierung Hitler wegen einer Rede im „Bürgerbräu“ öffentliches Auftreten untersagte. Auch in anderen Ländern wurde die Tätigkeit der NSDAP-Agitatoren durch Redeverbote eingeschränkt, was die Propaganda der Nazis bis etwa 1928 empfindlich einschränkte.

Außerdem hatte das Gericht Hitler die Strafe auf Bewährung erlassen und drohte dem NS-Führer mit Abschiebung nach Österreich, falls er sich nicht an die Auflagen der Behörden hielt. Da die NSDAP nach der Phase innerparteilicher Diadochenkämpfe und illegaler Betätigung ihren Einfluß weitgehend eingebüßt hatte und in die Bedeutungslosigkeit zurückzufallen drohte, entzogen die reichen Gönner der Nazipartei die finanzielle Basis. Wie die rechten Kreise der Reichswehr hegten sie kein Interesse daran, sich einer vermeintlich gescheiterten Sache zur Verfügung zu stellen.

Die Organisation außerhalb Bayerns gestaltete sich für die Naziführung als schwierig, denn obwohl es schon 1925 mehr als 600 Ortsgruppen im ganzen Reichsgebiet gab, kann man nicht davon ausgehen, daß zu diesem Zeitpunkt alle Gruppen auf Hitlerkurs waren. Je weiter die Gruppen von der Münchener Zentrale entfernt lagen, desto mehr Raum hatten sie, selbständig zu arbeiten. Diese Situation machte die Gewinnung verläßlicher Unterführer notwendig, die den neuen Kurs der Partei auch in den nördlichen Gruppen durchsetzen konnten.

Besonders die Brüder Otto und Gregor Strasser bemühten sich, die Partei auf einen von Hitler unabhängigen Kurs zu bringen. Sie vertraten den Grundgedanken eines sozialistisch geprägten Nationalismus, nahmen die „sozialistische" Orientierung des NSDAP-Parteiprogramms ernster und verlangten die Öffnung der Partei nach links. Aus taktischen Gründen forderten sie die Verstaatlichung der Schwerindustrie und des Großgrundbesitzes.

In ihrer Austrittserklärung aus der NSDAP, die die Strasser-Gruppe am 4. Juli 1930 publik machte, heißt es: „Wir faßten und fassen den Nationalsozialismus als eine bewußt antiimperialistische Bewegung auf, deren Nationalismus sich beschränkt auf Erhaltung und Sicherstellung des Lebens und des Wachstums der deutschen Nation ohne irgendwelche Herrschaftstendenzen gegenüber anderen Völkern und Ländern. Für uns war und ist daher die Ablehnung des vom internationalen Kapitalismus und vom westlerischen Imperialismus betriebenen Interventionskrieges gegen Rußland eine selbstverständliche Forderung."

Dieser Richtung stand Hitler ablehnend gegenüber, denn er wünschte sich die finanzielle Unterstützung der Großbourgeoisie. Antikapitalismus war für ihn identisch mit Antisemitismus, und so erlaubte er eine antikapitalistische Stoßrichtung seiner Partei nur in Richtung des „jüdischen Kapitals". Gern hätte sich der Naziführer der Brüder Strasser, die für ihn die einzige ernstzunehmende Konkurrenz in der Partei darstellten, entledigt – als er die Zeit für reif hielt, ließ er Gregor Strasser auch ermorden –, doch im Jahr 1925 lenkte Hitler erst einmal ein und erkannte Strassers Stellung in Norddeutschland an. Die Ausschaltung des Rivalen mußte bis zum sogenannten „Röhm-Putsch" warten, denn Hitler wußte, daß von den 23 Gauverbänden, in die sich die NSDAP damals gliederte, nur ein einziger – München/Oberbayern – fest in seiner Hand war. Eine offene Machtprobe konnte er sich noch nicht leisten.

Im November 1925 setzte Gregor Strasser bei einer Zusammenkunft von 25 norddeutschen Unterführern durch, daß die nördlichen Gaue der Partei die sozialistische Kampagne zur Enteignung der Fürstenfamilien unterstützten. Hitler hatte Gottfried Feder als seinen Vertreter zu diesem Treffen nach Hannover gesandt; Joseph Goebbels, zu dieser Zeit ein eifriger Verfechter der Strasser-Linie, hatte beantragt, Feder an der Beratung nicht teilnehmen zu lassen, war jedoch an der Mehrheit der Versammelten gescheitert. Mit der Entscheidung für die Fürstenenteignung befanden sich die nördlichen Gaue im offenen Widerspruch zur Politik Hitlers. Damit beschwor die Strasser-Gruppe die erste Machtprobe mit dem „Führer“ in München herauf: Hitler antwortete mit der Einberufung einer Konferenz nach Bamberg, auf der sich die Strasser-Gruppe in der Minderheit befand und sich nach einer fünfstündigen Ansprache Hitlers der Mehrheitsmeinung unterwerfen mußte.

Um für künftige Konfrontationen gerüstet zu sein, ließ der Parteichef sich ein Parteigericht zur „Schlichtung“ von Parteistreitigkeiten genehmigen, den Untersuchungs- und Schlichtungsausschuß (Uschla), der in der Hand des „Führers“ zu einem wichtigen Kontroll- und Säuberungsinstrument geformt wurde. Hitlers ergebendste Vasallen – Exmajor Buch und Hans Frank – wurden mit der Leitung des Parteigerichts beauftragt. Mit Hilfe dieser Einrichtung, die die Macht des Münchener Gaus innerhalb der Partei stabilisierte, konnte Hitler in Zukunft mit jeder abweichenden Meinung fertig werden, ohne sich selbst zu weit vorwagen zu müssen.

Der erste Reichsparteitag der NSDAP im Juli 1926 im Nationaltheater Weimar wurde zu einer eindrucksvollen Demonstration. Auf der Kundgebung, an der Stahlhelm-Führer Duesterberg und Kaisersohn Prinz August Wilhelm von Preußen teilnahmen, marschierten 5000 Hitlerleute an ihrem „Führer“ vorbei, der feierlich mit ausgestrecktem rechtem Arm grüßte. Wie die meisten Formen des nationalsozialistischen Rituals war auch der „deutsche Gruß“ keine Erfindung der Nazis; Hitler hatte sich ihn beim Führer der italienischen Faschisten, Mussolini, ausgeborgt.

Mit der Ernennung Franz Pfeffer von Salomons, eines in Fememorde verwickelten ehemaligen Freikorpsführers, zum Chef der neugebildeten SA schuf Hitler die Voraussetzungen zur Bildung einer nur der Partei unterstehenden Privatarmee, die keine Kontakte zu den Freikorps und Geheimbünden unterhalten sollte, um nicht den neuen Kurs der Nazipartei zu gefährden. Diese Zielsetzung konnte von Hitler jedoch nicht verwirklicht werden, denn die SA blieb auf Reichswehr und Freikorps angewiesen. Die Konflikte zwischen der SA-Führung und den politischen Unterführern in Parteigruppen konnten nie ganz beigelegt werden und wurden erst durch die Ermordung zahlreicher SA-Führer beim „Röhm-Putsch" 1934 überwunden. Die Ernennung einer neuen militärischen Leitung und die schärfere Kontrolle der Parteiarmee durch die politische Leitung der NSDAP verhinderten, daß die SA zu einer ernsthaften Bedrohung für den Führungsanspruch Hitlers werden konnte. Zwar gab es in den folgenden Jahren mehrere Konflikte zwischen Partei- und SA-Führung, doch konnten sie auf regionaler Ebene bereinigt werden, ohne daß die Autorität Hitlers ins Wanken geraten wäre.

Frühzeitig entwickelte sich die SA zu einem wirksamen Instrument nationalsozialistischer Propagandatätigkeit. Während man anfangs aus Angst vor dem Verbot die SA nur als „Sportabteilung" führte, trat sie Ende der zwanziger Jahre mit provokativen Aktionen in die Öffentlichkeit. Mit den Märschen bewaffneter SA-Kolonnen durch Arbeiterviertel sollte einerseits die Stärke der Nazibewegung dokumentiert werden. „Andererseits", so berichtet Gustav Gäde, „brauchte man blutige Auseinandersetzungen mit den Arbeiterparteien, um in die Schlagzeilen zu kommen und ganz langsam eine Situation zu schaffen, die eine Machtübernahme des NS-Regimes begünstigte." Zwar blieb man in der Öffentlichkeit vorsichtig und behauptete, die SA habe absolutes Verbot, gewaltsame Angriffe auf politische Gegner zu organisieren, doch provozierte man zugleich zielsicher Zusammenstöße zwischen KPD und SA.

Gustav Gäde erzählt von Auseinandersetzungen mit SA-Schlägertrupps, die in den Arbeiterwohngebieten für die NSDAP Boden gewinnen sollten und die klassenbewußten Arbeiter einzuschüchtern versuchten. „In den ersten Jahren nach der Inflation spielten sie keine Rolle. Aber dann rückten sie eines Tages bei uns an, in Mannschaftsstärke natürlich. Sie marschierten durch die Siedlung und sangen ihre Hetzlieder. Nachher haben sie unsere Leute angepöbelt, und es kam zu ersten Handgreiflichkeiten auf der Straße. Sie wollten Krawall machen, und da wußte ich, daß wir etwas unternehmen mußten, um uns gegen sie zu verteidigen."

Gustav Gäde schloß sich dem Rotfrontkämpferbund an, der 1925 als proletarische Selbstschutzorganisation gegründet worden war und den Kommunisten nahestand. „Die SPD hatte ja auch solche Organisationen, aber die waren mir zu lasch. Die gingen nach Möglichkeit einer Auseinandersetzung mit den Nazischlägern aus dem Weg. Deshalb bin ich in den Rotfrontkämpferbund gegangen, denn die fackelten nicht lang. Die NSDAP hat uns Arbeitern den Krieg erklärt, da mußten wir handeln. Mit ein paar frommen Sprüchen war denen nicht beizukommen.“

Ernst Thälmann (Mitte) während einer Demonstration des Roten Frontkämpferbundes in Hamburg-Altona.

Die Fürsten kehren zurück

Der Tod Eberts am 28. Februar 1925 traf die herrschenden Kreise schwer. Für sie war er nicht nur eine Galionsfigur der Burgfriedenspolitik; sie hatten in ihm auch einen Garanten für die Fortsetzung dieser Politik des SPD-Parteivorstandes gesehen. Bei seiner Beisetzung marschierten Kampfabteilungen der Reichswehr vor dem Sarg; führende Vertreter der Regierung, der Großindustrie und der Hochfinanz gaben dem „Sozialisten" das letzte Geleit.

Nach der Beerdigung Eberts entbrannte der Kampf um die Nachfolge des Reichspräsidenten: Die reaktionärsten Kreise der Gesellschaft hielten die Gelegenheit zur Wahl eines Monarchisten für günstig, um die Rechtsentwicklung in der Weimarer Republik weiter zu beschleunigen. DVP und DNVP unterstützten deshalb gemeinsam die Kandidatur des Innenministers der beiden Marx-Kabinette, Karl Jarres. Die SPD hatte ursprünglich auf die Aufstellung eines eigenen Kandidaten verzichten wollen, doch die Stimmung innerhalb der Partei veranlaßte den Parteivorstand, den preußischen Ministerpräsidenten Otto Braun aufzustellen. Auch die Bayerische Volkspartei (BVP) und die DDP stellten eigene Kandidaten auf, die NSDAP setzte auf den Weltkriegsgeneral Ludendorff. Für die Kommunisten kandidierte der Hamburger Reichstagsabgeordnete Ernst Thälmann, der sich seit Jahren in der Zentralleitung für eine massenwirksame Politik einsetzte und auf dem 10. Parteitag 1925 zum Vorsitzenden gewählt wurde.

Das Ergebnis des ersten Wahlgangs brachte für keinen Kandidaten die erforderliche Mehrheit. Jarres erhielt 10,4 Millionen, Braun 7,8 Millionen, Marx 3,9 und Thälmann 1,9 Millionen Stimmen. „Das Wahlergebnis", erläutert Gustav, macht deutlich, wie unbedeutend die Nazipartei zu diesem Zeitpunkt noch war, denn auf Ludendorff entfielen nicht einmal 300000 Wählerstimmen."

Um die Wahl eines Monarchisten zu verhindern, hätte es für den zweiten Wahlgang der Aufstellung eines gemeinsamen Kandidaten der Arbeiterparteien bedurft. Das um so mehr, als die Parteien des Großbürgertums sich zum „Reichsblock" zusammenschlossen und gemeinsam den Militaristen Paul von Hindenburg aufstellten. Mit der Kandidatur Hindenburgs sollten vor allem kleinbürgerliche Wählerschichten gewonnen werden, die in dem kaiserlichen Generalfeldmarschall das Idol der „guten, alten Zeit" und die Personifizierung der ehemaligen Größe Deutschlands sahen.

Der Aufruf des Reichsblocks zur Wahl Hindenburgs zeigt die ganze Phraseologie des Kaiserreichs, mit der die monarchistischen Parteien auf Stimmenfang gingen: „Hindenburg war Euer Führer in großer und schwerer Zeit, Ihr seid ihm gefolgt!" erinnerte man jene Deutschen, die sich nach vergangenen Zeiten zurücksehnten. „Kämpft für ihn auch jetzt, wo er in alter Führertreue wieder an Eure Spitze treten will, um seinem Vaterlande in friedlichem Aufbau zu dienen! Unsere Losung lautet deshalb: Mit Hindenburg zum Sieg für die Einheit aller Deutschen, für christliche Art und sozialen Fortschritt, für des Vaterlandes Größe und Freiheit! Hindenburg, der Retter aus der Zwietracht!"

Wer war Paul von Hindenburg wirklich?

Gustav Gäde antwortet: „Hindenburg war ein Militarist von der übelsten Sorte, ein Durchhaltestratege, auf dessen Befehl an den Fronten Hunderttausende Proleten verheizt worden sind. Aber in kleinbürgerlichen Kreisen war er sehr beliebt, denn man schrieb ihm den Sieg der deutschen Armee in der Schlacht um Tannenberg zu. Man feierte ihn als Helden, und für viele Deutsche war er so etwas wie ein Ersatzkönig." Während des Weltkriegs erklärte Hindenburg einem Journalisten: „Der Krieg bekommt mir wie eine Badekur."

Die Kandidatur dieses erklärten Feindes der Republik war eine ernste Herausforderung für die Arbeiterparteien. „Spätestens da hätte man sich über alle Meinungsverschiedenheiten hinweg zusammenraufen müssen", meint Gustav. „Jedem mußte klar sein, daß wir Arbeiter von einem Reichspräsidenten Hindenburg nichts zu erwarten hatten.

In unserer Gruppe hat man sehr heftig über diese Frage diskutiert, und viele unserer Genossen waren wie ich der Überzeugung, nun müßten KPD und SPD ihren Meinungsstreit beilegen, denn hier ging es doch um die Existenz der Arbeiterklasse. Das war der Kandidat der Industrie, der Junker, der Militärs; wenn der erst zum Reichspräsidenten gewählt wäre, dann würde die Offensive der Herrschenden erst richtig beginnen. Das mußten doch selbst die Politiker des Burgfriedens sehen."

Doch die SPD-Führung lehnte das Angebot der Kommunisten, einen gemeinsamen Kandidaten aufzustellen, ab. Sie schloß sich mit der DDP und dem Zentrum zum Volksblock zusammen und nominierte Wilhelm Marx als Kandidaten. „Wer Hindenburg wählt, wählt Monarchie und Krieg!" warnte die KPD, doch die sozialdemokratische Führung ließ die Kommunisten abblitzen.

„Wir haben unseren Parteivorstand aufgefordert, sich die Sache noch einmal gründlich zu überlegen", berichtet Gustav. „Aber aus Berlin hörten wir, die SPD könne sich unmöglich mit den Roten auf ein Wahlbündnis einigen, denn die Kommunisten seien die schlimmsten Feinde der Republik. Tatsächlich gab es in der KPD eine starke Fraktion, die den Standpunkt vertrat, es gäbe keinen Unterschied zwischen Monarchie und Republik. Diese Leute sahen in der SPD den Hauptfeind. und damit lieferten sie unseren Funktionären die gewünschten Argumente. Unsere Leitungsmitglieder konnten immer darauf hinweisen, daß die Angebote der KPD unehrlich seien, weil sie uns Sozialdemokraten zwar Angebote machte, aber uns in Wirklichkeit als Feinde der Arbeiterklasse ansah. ‚Wollt ihr wirklich, daß wir mit den Kommunisten zusammengehen, die uns Sozialfaschisten nennen?' fragte man uns dann jedes Mal. Was sollten wir darauf antworten?"

Obwohl das EKKI vorschlug, mit der Führung der SPD und des ADGB über ein Wahlbündnis gegen Hindenburg zu verhandeln, verweigerten ultralinke KPD-Funktionäre jede Kontaktaufnahme mit der Führung dieser Organisationen und brachten damit die Politik der Kommunisten in Mißkredit. Am 26. April, dem Tag des zweiten Wahlgangs, erhielt Hindenburg 14,6 Millionen, Marx 13,7 Millionen und Thälmann 1,9 Millionen Stimmen; damit war Hindenburg zum Reichspräsidenten gewählt.

Gustav Gäde nennt die Wahl des Feldmarschalls einen „symbolischen Akt", der an den Tag gebracht habe, wie weit es mit der Weimarer Republik zu diesem Zeitpunkt schon gekommen war. „Hindenburg war ein entschiedener Gegner der Republik. Ein Militarist, ein Junker, ein Feind der Arbeiterklasse. Ausgerechnet der sollte die Verfassung hüten. Man hatte den Bock zum Gärtner gemacht."

Der Militarist und Antidemokrat Hindenburg, unversehens zum höchsten Repräsentanten der Republik aufgestiegen, war aufgrund seiner politischen Unkenntnis und der schnell voranschreitenden Vergreisung besonders stark auf politische Berater angewiesen. Die suchte er sich unter seinen alten Kameraden der preußischen Armee, die sich inzwischen im monarchistischen Soldatenbund Stahlhelm oder in den Vaterländischen Verbänden zusammengefunden hatten und auf die Gelegenheit warteten, die ungeliebte Republik zu beseitigen.

Starken Einfluß auf Hindenburgs Entscheidungen übte auch die

Crème des ostelbischen grundbesitzenden Adels, der sich Hindenburg nicht allein durch verwandtschaftliche Beziehungen verbunden fühlte. In diesen Kreisen hoffte man, mit der Wahl Hindenburgs zum Reichspräsidenten die notwendige Voraussetzung zum Sturz der Republik geschaffen zu haben. Hindenburgs Freund Elard von Oldenburg berichtet darüber in seinem Memoiren: „Allgemein kann ich... sagen, daß mein Versuch der Einflußnahme auf Hindenburg getreu meiner Linie auf Beseitigung des Parlamentarismus und Herstellung einer Dikatur zielte." Den größten Einfluß auf die Amtsführung des Reichspräsidenten nahmen drei Personen:

– Otto Meißner, Staatssekretär des Büros des Reichspräsidenten, ein Opportunist par excellence, der sich rasch auf neue Verhältnisse umzustellen wußte und sowohl Ebert wie Hindenburg als auch später Hitler gleichermaßen unentbehrlich schien;
– Hindenburgs Sohn Oskar, trotz geringen Intellekts und mangelnder militärischer Begabung unter der liebevollen Förderung seines Vaters zum Reichswehroberst aufgerückt, der die vielfältigsten Beziehungen zur Reichswehrführung und den militaristischen Verbänden unterhielt, sowie
– Oberst Kurt von Schleicher, in der ersten Zeit Leiter der Wehrmachtsabteilung im Reichswehrministerium, der unter Hindenburgs wohlwollender Führung zur wichtigsten Führungspersönlichkeit der deutschen Armee aufsteigen sollte.

Diese antirepublikanisch gesinnte Troika bestimmte schon bald die Politik des Reichspräsidialamtes und setzte die Interessen der Reichswehrführung und des Junkertums bei Hindenburg durch. Ihr Einfluß auf die Entwicklung der Weimarer Republik sollte angesichts der in der Verfassung niedergelegten Vollmachten des Reichspräsidenten nicht unterschätzt werden.

Zwischen Hindenburg und dem Chef der OHL, Generaloberst Seeckt, kam es Mitte 1926 zur Machtprobe, die mit der Abdankung Seeckts enden sollte. Bis zur Amtsübernahme Hindenburgs hatte der Reichswehrchef die Geschäfte der Militärführung selbständig geleitet. Versuche, ihm in die Führung der Reichswehr hineinzureden, hatte es unter Reichspräsident Ebert nicht gegeben.

Doch Hindenburg war ein Militär vom Scheitel bis zur Sohle, der die Armee als sein „liebstes Kind" betrachtete und ein gewichtiges Wort mitreden wollte, wo es um das Kommando der Reichswehr ging. Diese Wandlung im Reichspräsidialamt, die sich durch den Wechsel des Reichspräsidenten vollzog, wurde von Seeckt falsch eingeschätzt. Er glaubte, die Leitung der Armee so fortführen zu können, wie er sie unter Friedrich Ebert gehandhabt hatte. Deshalb kam es ihm nicht in den Sinn, den Reichspräsidenten zu informieren, als ihn der ehemalige Kronprinz bat, seinen Sohn Wilhelm bei den anstehenden Herbstmanövern mit der Leitung eines Regiments zu betrauen.

Ohne Hindenburg um Rat gebeten oder zumindest Reichswehrminister Geßler verständigt zu haben, stimmte Seeckt der Bitte zu. Natürlich wurde es der Öffentlichkeit bald bekannt, daß die Reichswehrführung einen Monarchen zum Kommandeur eines Regiments ernannt hatte, obwohl die deutsche Armee nach der Verfassung als republikanische Streitmacht geführt werden sollte. Ein politischer Skandal kündigte sich an, und Reichswehrminister Geßler sah sich veranlaßt, Seeckts Entlassung zu verlangen.

Geßler war nun keineswegs ein aufrechter Republikaner, im Gegenteil: Der Reichswehrminister war allgemein für seine Sympathie gegenüber dem Kaiserhaus und seine monarchistische Gesinnung bekannt. Wenn er die Forderung nach Rücktritt Seeckts stellte, dann allein deshalb, weil er fürchtete, die Arbeiterschaft könne sich durch den provokatorischen Schritt der Reichswehrleitung zu Aktionen herausgefordert fühlen. „Der Fall des Kronprinzensohnes", hieß es in einem Bericht über eine Lagebesprechung des Offizierskorps, „gibt den Linksparteien wieder Anlaß, die Frage des Offiziers- und Mannschaftsersatzes ins Rollen zu bringen. Das Streben der Linksparteien geht darauf hinaus, Zentralisation des Offizier- und Mannschaftsersatzes und damit unmittelbaren Einfluß auf die Einstellung zu erreichen."

Geßlers Forderung nach Seeckts Ablösung war dementsprechend ein taktisches Manöver, das die Reichswehrführung der öffentlichen Kritik und Kontrolle entziehen sollte. Hindenburg, der in Seeckts eigenmächtigem Handeln eine unerträgliche Insubordination sah, nahm am 8. Oktober 1926 das Rücktrittsgesuch des Chefs der OHL an und beauftragte den bisherigen Leiter des Wehrkreises I (Ostpreußen), Generalleutnant Wilhelm Heye, die Geschäfte der Reichswehrführung zu leiten.

Gustav Gäde schildert, wie er sich in dem Jahr, in dem Hindenburg Reichspräsident wurde, mit Gelegenheitsarbeiten über Wasser zu halten versuchte. „Von der Wohlfahrt konnte man doch nicht leben. Ich war so weit, daß ich jede Arbeit nahm, die ich bekommen konnte. Mal arbeitete ich ein paar Tage beim Straßenbau, dann eine Woche auf dem Feld bei einem Bauern, dann gab es wieder wochenlang nichts zu tun. Da hörte ich, sie suchten einige Arbeiter für die Fabrik, und ich bin gleich losgeradelt, vierzig Kilometer waren das, aber als ich dort ankam, da waren die Plätze schon vergeben. Also wieder herumsitzen und vom Stempelgeld leben. Ich war verzweifelt, weil ich heiraten wollte, aber ich hatte nichts, keinen Pfennig Gespartes, nur die Klamotten, die ich auf dem Leib trug."

Im Frühjahr 1926 fand er dann doch wieder einen Platz in einer Zeche im Kreis Recklinghausen. „Da bekamen wir nicht soviel Löhnung, wie es früher üblich gewesen war, aber was sollte ich machen? Man mußte die Stellung annehmen oder weiter auf der Straße liegen. Ich kehrte also wieder zum Pütt zurück und arbeitete im Akkord vor Kohle. Eine harte Arbeit, aber doch tausendmal besser, als untätig herumzusitzen und Däumchen zu drehen."

Zum Jahreswechsel 1925/26 wurde die deutsche Wirtschaft von einer neuen Krise getroffen: Aufgrund der Absatzschwierigkeiten und des Kapitalmangels eines großen Teils der deutschen Unternehmen wurden viele Betriebe stillgelegt, in anderen wurde die Produktion gedrosselt. Die Zahl der Konkurse kleinerer und mittlerer Betriebe stieg sprunghaft. Vom November 1925 bis zum Frühjahr 1926 stieg die Zahl der Arbeitslosen von einer auf zwei Millionen. Gustav Gäde konnte sich tatsächlich glücklich schätzen, daß er gerade in dieser Zeit einen Platz in einem Zechenbetrieb fand.

Der Reichsverband der Deutschen Industrie veröffentlichte im Dezember 1925 sein Programm zur Überwindung der Krise. Darin forderten die Unternehmer von der Reichsregierung, die Monopol- und Kapitalbildung noch stärker als bisher zu fördern. Die Besitzsteuern sollten gesenkt und dafür die angeblich zu hohen Sozialleistungen drastisch gekürzt werden. Die Konzerne wollten sich auf diese Weise günstige Bedingungen zur weiteren Rationalisierung ihrer Produktion schaffen. Mit der Drohung, Massenentlassungen vorzunehmen, sollten die Arbeiterorganisationen davon abgehalten werden, Lohnerhöhungen und Arbeitszeitverkürzungen zu fordern.

„Das war ein ganz alter Trick", urteilt Gustav Gäde. „Die Krise war nun einmal da, und nun setzten die Konzernherren sie gezielt ein, um die Arbeiter zu treffen und ihre Profite zu vergrößern. Unternehmen, denen es sehr gut ging, traten an die Öffentlichkeit und vergossen bittere Krokodilstränen über ihre schlechte Finanzlage. Die Unternehmer sagten: ‚Der Staat muß uns helfen, sonst müssen wir unsere Arbeiter entlassen!' Den Gewerkschaften sagten sie: ‚Ihr seht, wie schlecht es der deutschen Wirtschaft geht. Wenn ihr jetzt nicht mit uns zusammen die Karre aus dem Dreck zieht, dann seid ihr schuld, wenn wir entlassen müssen. Also stellt jetzt keine Forderungen, seid froh, daß ihr noch Arbeit habt.' Dann flossen die staatlichen Gelder, und die Gewerkschaften hielten still, und das Ende vom Lied war, daß die Konzerne die Subventionen dazu benutzten, neue Maschinen anzuschaffen, um damit die Lohnkosten zu senken. Waren diese Maschinen erst einmal da, dann wurden die Kolleginnen und Kollegen auf die Straße gesetzt, denn man brauchte sie nicht mehr."

Kurz zuvor hatte die Reichsregierung Luther die Verträge von Locarno unterzeichnet, in denen der deutsche Staat die Grenzen zu Frankreich und Belgien anerkannte und sich mit den Westmächten auf ein Bündnis gegen die UdSSR einließ. Aufgrund der innenpolitischen Auseinandersetzungen, die die Unterzeichnung dieses Vertrages mit sich brachten, sah sich die Reichsregierung dazu gezwungen zurückzutreten.

In die Verhandlungen über die Regierungsbildung griffen die deutschen Monopolherren direkt mit ihrem Programm zur Bekämpfung der wirtschaftlichen Schwierigkeiten ein. Am 29. Dezember 1925 trugen Ernst von Borsig, Carl Duisberg, Paul Resch und andere Großindustrielle ihre Wünsche dem Reichspräsidenten vor und verlangten ein Kabinett, das sich die Unternehmerforderungen zu eigen machte.

In diesen Wochen erfuhr die Öffentlichkeit neue Einzelheiten über die Entschädigungsforderungen der durch die Novemberrevolution gestürzten Hohenzollern. Für die beschlagnahmten Ländereien verlangten die Fürsten mehrere hundert Millionen Reichsmark, obwohl die entmachteten Adeligen schon seit der Revolution Leibrenten erhielten, der letzte deutsche Kaiser allein etwa 600000 Reichsmark jährlich. Im Oktober 1925 hatte die preußische Landesregierung mit Zustimmung der SPD-Fraktion einen Vergleich angenommen, der den Hohenzollern weitere Gelder in Höhe von zirka 185 Millionen Reichsmark gewähren sollte.

„Die Fürstenfamilien verlangten rund 500000 Hektar Boden zurück", bestätigt Gustav Gäde. „Das entsprach rund einem Drittel des Landes Baden. Auf diesem Grund und Boden hätte man Tausende deutsche Familien ansiedeln können. Damit wäre viel Elend zu beheben gewesen."

Um die Entwicklung einer breiten Bewegung gegen die Fürstenentschädigung zu verhindern, legte die DDP am 23. November 1925 im Reichstag einen Gesetzentwurf vor, der die Fürstenabfindung zur Länderaufgabe erklären sollte. Jedes Länderparlament sollte diese Frage selbständig behandeln; die Entfaltung einer reichsweiten Abwehraktion wäre unmöglich geworden. Deshalb brachte die KPD-Fraktion zwei Tage später den Entwurf eines Gesetzes zur entschädigungslosen Enteignung der Fürsten ein und forderte, die Ländereien an Landarbeiter und Kleinbauern zu verteilen und die Schlösser der Fürsten in Kinder- und Erholungsheime umzuwandeln. Die den Fürsten zugedachten Gelder sollten zur Aufstockung des Sozialetats verwendet werden, um die größte Not der Arbeiterfamilien zu lindern.

Wenig später wandte sich die Zentrale der KPD an die Führung der Sozialdemokratie und der Gewerkschaften mit dem Angebot, in der Frage der Fürstenenteignung gemeinsam vorzugehen. Der Vorschlag der Kommunisten wurde von den Gremien der SPD und des ADGB nicht einmal beantwortet, denn die SPD-Leitung beabsichtigte, mit der DDP und dem Zentrum einen Kompromiß über die teilweise Entschädigung der Fürsten auszuhandeln. Die SPD-Führung vertröstete die Mitglieder, die für die Fürstenenteignung eintraten, auf die noch ausstehende Entscheidung des Reichstages.

Die Beharrlichkeit der KPD-Führung bereitete den sozialdemokratischen Funktionären ernste Schwierigkeiten, denn den Kommunisten gelang es, zum Jahreswechsel 1925/26 zahlreiche Versammlungen in den Betrieben zu organisieren, bei denen eine große Anzahl sozialdemokratischer Mitglieder und ADGB-Untergliederungen für ein gemeinsames Vorgehen der Arbeiterparteien in der Frage der Fürstenenteignung stimmte. Allein in Berlin beteiligten sich am 13. Dezember 60000 Menschen an der Kundgebung, die unter der zentralen Losung: „Keinen Pfennig für die Fürsten! Brot und Arbeit dem notleidenden Volk!“ stand.

Als die Bewegung gegen die Fürstenabfindung zur Volksbewegung wurde und die Bemühungen einflußreicher Sozialdemokraten scheiterte, eine Regierung der Großen Koalition zu bilden, sahen sich die Führungen der SPD und des ADGB dazu gezwungen, ihre Haltung grundlegend zu revidieren. Der Parteiausschuß der SPD beschloß deshalb am 19. Januar 1926, am Volksentscheid über die Fürstenenteignung teilzunehmen und die entschädigungslose Enteignung der Hohenzollern zu verlangen.

„Das waren schlimme Eiertänze, die unser Parteivorstand in dieser Zeit von uns verlangte“, kommentiert Gustav Gäde. „Zuerst hieß es: Wir sind für eine Einigung mit den Fürsten, dann auf einmal: Wir sind dagegen. Rein in die Kartoffeln, raus aus den Kartoffeln.“

Zu gemeinsamen Aktionen mit den Kommunisten konnte sich der Parteivorstand jedoch nicht entschließen. Er setzte durch, daß

zwischen den Organisationen, die die Enteignung der Fürstenhäuser verlangten, eine Übereinkunft getroffen wurde, nach der die beteiligten Organisationen Aktionen selbständig durchführen sollten. SPD und KPD beantragten zwar am 25. Januar 1926 gemeinsam die Zulassung eines Volksbegehrens für die Enteignung der Fürsten, doch die Haltung des Parteivorstands der Sozialdemokraten blieb weiterhin zwiespältig, denn er orientierte nach wie vor auf die Zusammenarbeit mit bürgerlichen Parteien und widersetzte sich dem Vorschlag der KPD, die außerparlamentarische Massenbewegung bis zum Sturz der Reichsregierung zu entwickeln, um auf diese Weise eine Regierung zu etablieren, die den Interessen der Bevölkerung Rechnung tragen konnte.

Auf dem Heidelberger Programmparteitag, den die SPD im Herbst 1925 durchgeführt hatte, hatte sich die deutsche Sozialdemokratie für die Umgestaltung der Gesellschaft nach sozialistischen Prinzipien ausgesprochen und das kapitalistische Privateigentum als Grundlage für die Ausbeutung der Arbeiterklasse charakterisiert. Im vom Parteitag angenommenen Programm bekannte sich die SPD grundsätzlich zum Klassenkampf zwischen Besitzenden und Besitzlosen und stellte fest, die Arbeiterklasse könne „die Vergesellschaftung der Produktionsmittel nicht bewirken, ohne in den Besitz der politischen Macht gekommen zu sein".

„Das waren große Worte", erinnert sich Gustav Gäde .„Danach häte es möglich sein müssen, mit der KPD zusammenzuarbeiten, denn beide Parteien wollten die sozialistische Republik. Zu diesem Zeitpunkt wäre es meiner Meinung nach immer noch möglich gewesen, die Junker und Unternehmer zu entmachten und ein sozialistisches Deutschland aufzubauen, aber unsere Funktionäre dachten gar nicht daran. Sie hatten längst mit Marx und Engels gebrochen, und die sozialistischen Forderungen im Parteiprogramm waren nichts weiter als ein Zuckerbrot für uns Parteimitglieder, damit wir nicht rebellisch würden. ‚Was wollt ihr denn, wir sind doch auch für den Sozialismus!' hat man uns gesagt. ‚Nur, wie ihr euch das vorstellt, so geht das nicht. Das braucht eben seine Zeit, da dürft ihr nicht die Nerven verlieren.' So hat man uns abgespeist."

Die Reaktion entwickelte gegen die Massenbewegung zur Fürstenenteignung eine wirksame Gegenstrategie unter der demagogischen Losung: „Mit den Fürsten fängt es an, und dann kommt Omas Sparbuch dran." Damit sollte darüber hinweggetäuscht werden, daß die kleinen Sparer längst durch die Inflationsgewinnler enteignet worden waren. Das *Deutsch-Adelsblatt* sprach von der „bolschewistischen Tendenz, ... die erntet, was der demokratische Neid" gesät hat. Katholische Hirtenbriefe erklärten die Teilnahme am Volksbegehren einfach nach dem Gebot „Du sollst nicht stehlen" zur Sünde, und Geistliche verkündeten von den Kanzeln, jeden, der sich in die Listen eintrage, werde der Zorn Gottes treffen.

In schlesischen, pommerschen, ostpreußischen und bayerischen Dörfern wurden die Wahllisten ausgerechnet in den Häusern der Gutsbesitzer ausgelegt. „Ein Freund, der in diesen Tagen in Bayern auf einem großen Gut arbeitete, erzählte mir, wie es da zuging", berichtet Gustav Gäde. „Schon ein paar Tage, bevor die Listen ausgelegt wurden, teilte der Gutsbesitzer seinen Leuten mit: ‚Wer für das Volksbegehren ist, der ist ein Dieb!' Die Leute, die sich in die Listen eintrugen, mußten also damit rechnen, ihre Arbeit zu verlieren. Ein paar haben es trotzdem gemacht. Sie sind zu dem Gutsherrn ins Haus gegangen. Da stand er neben dem Tisch, auf dem die Listen lagen, und sein Kämmerer hat sich alle Namen notiert von den Leuten, die für die Enteignung unterschrieben haben. Mein Freund ist ein paar Tage später entlassen worden."

Obwohl die bürgerlichen Parteien, der Klerus und die Junker versuchten, der Bevölkerung weiszumachen, das Volksbegehren richte sich nicht allein gegen die Fürsten, sondern gegen jede Form privaten Eigentums, trugen sich 12,5 Millionen Wahlberechtigte in die Listen ein. Trotzdem stellte sich die Reichsregierung gegen die Gesetzesannahme. Da die erforderliche Mehrheit im Reichstag nicht zustande kam, mußte ein Volksentscheid den Willen der Bevölkerung zum Ausdruck bringen, denn beim Volksbegehren hatten weit mehr als die vom Gesetz geforderten zehn Prozent der Wahlberechtigten für die Fürstenenteignung votiert.

Nach dem überraschend hohen Stimmergebnis des Volksbegehrens mußte die Reaktion damit rechnen, daß der Volksentscheid die erforderliche absolute Mehrheit unter den Stimmberechtigten finden könnte. Deshalb bot sie allen ihren Einfluß und ihre politische Macht auf, um einen Erfolg des Volksentscheids zu verhindern. Unter dem Vorsitz des ehemaligen preußischen Innenministers Friedrich von Löbell schloß man sich zum „Reichsbürgerrat" zusammen, um das Vorgehen gegen den Volksentscheid zu koordinieren.

„Man erkannte in diesen Kreisen, daß es um viel mehr ging als nur um die Enteignung der Fürstenhäuser", betont Gustav Gäde. „Hindenburg machte das ganz deutlich, als er sagte, diese Aktionen der Arbeiter gefährdeten die Eckpfeiler der bürgerlichen Macht, denn wenn man einmal damit durchgekommen wäre, die Fürstenbesitztümer zu sozialisieren, dann hätte es bald in der Bevölkerung geheißen: ‚Wenn wir die Fürsten enteignen können, warum dann nicht auch die Großgrundbesitzer und die Konzernherren?' Deshalb faßten die Reaktionäre auch den Plan, die Regierung wieder mit diktatorischen Vollmachten auszustatten, um die Enteignung der Fürsten mit Gewalt zu verhindern."

Die Diktaturpläne des Großbürgertums und der Großgrundbesitzer sickerten an die Öffentlichkeit. Deshalb sah sich die preußische Landesregierung veranlaßt, bei einigen Verdächtigen, unter ihnen Albert Vögler, Generaldirektor der Vereinigten Stahlwerke, und DNVP-Reichstagsabgeordneter Alfred Hugenberg, Haussuchungen durchzuführen, die allerdings keinen Erfolg hatten.

Unter Verdacht geriet auch Justizrat Claß, Vorsitzender des rechtsgerichteten Alldeutschen Verbandes. Bei ihm fand man Pläne der Vaterländischen Verbände, die vorsahen, einen kommunistischen Aufstand zu provozieren und daraufhin, nachdem man der Reichswehr bei der Niederschlagung der Erhebung Hilfe geleistet hatte, eine Diktatur zu etablieren. Vorgesehen war, den Reichspräsidenten um seine Mithilfe bei diesem Unternehmen anzugehen. Bestraft wurden die Möchtegern-Putschisten natürlich nicht; das Verfahren wurde 1927 ergebnislos eingestellt.

Die Regierung wurde am 17. Mai umgebildet, zum drittenmal wurde Wilhelm Marx Reichskanzler. Unmißverständlich erklärte das Kabinett seine Ablehnung gegenüber der von der Bevölkerung geforderten Fürstenenteignung. Die Reichsregierung behauptete später sogar wahrheitswidrig, der Gesetzentwurf sei nicht mit der republikanischen Verfassung zu vereinbaren. „Dabei sah die Reichsverfassung ausdrücklich die Möglichkeit der Enteignung vor", gibt Gustav Gäde zu bedenken. „Aber es war mit der Verfassung wie mit allen anderen Gesetzen in der bürgerlichen Demokratie. Auf dem Papier hörte sich das alles gut an, doch in der Praxis sah es ganz anders aus."

Von den 15,6 Millionen Wählern, die am 20. Juni 1926 zur Urne gingen, um über den Gesetzentwurf abzustimmen, erklärten sich 14,5 Millionen für die Fürstenenteignung. Dieses Abstimmungsergebnis reichte jedoch nicht aus, um die Enteignung gegen den Willen der Regierung durchzusetzen, denn die Weimarer Verfassung verfügte, daß zur Durchsetzung eines Volksentscheids die absolute Mehrheit aller Wahlberechtigten erforderlich sei.

Dennoch war das Ergebnis des Volksentscheides ein bedeutsamer Erfolg der Arbeiterbewegung, denn mit Unterstützung zahlreicher SPD-Mitglieder war es der KPD gelungen, die sozialdemokratische Führung umzustimmen und für ein gemeinsames Vorgehen zu bewegen. „Der Volksentscheid“, meint Gustav Gäde, „bewies, daß es möglich war, verschiedene gesellschaftliche Gruppen und vor allem die zerstrittenen Arbeiterparteien zur gemeinsamen Aktion gegen die Rechtskräfte zu führen. Der Parteivorstand fiel allerdings bald nach dem Volksentscheid auf die alte Linie zurück. Es hieß nach wie vor: ‚Keine Aktionseinheit mit Kommunisten!‘ Man suchte dann wieder mit verstärktem Antikommunismus den Anschluß an das bürgerliche Lager.“

Große Koalition für Panzerkreuzer

Gustav Gäde blättert in vergilbten Zeitungsausschnitten, die er säuberlich in einen Aktenordner geheftet hat. „Hier!“ ruft er plötzlich triumphierend und hält mir einen Artikel unter die Nase.

„Viele Hundert Millionen Mark“, lese ich, „kämen der deutschen Zahlungsbilanz zugute, und recht erhebliche Summen gingen als Löhne in die Hände deutscher Arbeiter, wenn wir unsere afrikanischen Kolonien wieder bearbeiten könnten.“

„Woher stammt die Quelle?“ will ich wissen.

Gustav Gäde läßt mich einen Moment lang zappeln. „Da kannst du mal sehen, wie sehr sich unsere Parteioberen schon die Interessen der Herrschenden zu eigen gemacht hatten“, sagt er langsam, und ich erfahre, daß das Zitat aus den *Sozialistischen Monatsheften*, einem theoretischen Organ der SPD, stammt.

Bei der Archivarbeit stoße ich wenige Tage später auf einen anderen Artikel, der seine These belegt. Das *Gewerkschafts-Archiv* vom Februar 1926 schreibt über die Auswanderung deutscher Arbeiter: „Dieses unschöne Extrem wird vermieden, wenn von vornherein ein gesunder Rassenstolz und ein vernünftiges Verantwortungsgefühl zugleich in die Seele des Auswandernden gepflanzt wird. Man soll ihm nicht verschweigen, daß wir Weißen nun einmal die Herrenrasse sind und daß unsere ganze Kultur auf dieser Herrenstellung in der Welt beruht.“

„Die sozialdemokratische Führung hatte sich meilenweit von den Prinzipien der Sozialdemokratie entfernt“, stellt Gustav Gäde fest. Während die Führung der deutschen Industrie weitere Steuergeschenke verlangte und auch erhielt, während der Reichsverband jede „zu weitgehende Ausgestaltung der sozialen Abgaben“ ablehnte, empfahl die Parteileitung auch weiterhin die Zusammenarbeit mit dem Kapital. Während Hindenburg kurz nach seiner Wahl zum Reichspräsidenten verlangte, die Verfassung dahingehend zu ändern, daß künftig alle Enthüllungen über die heimliche Aufrüstung der Reichswehr unter Strafe gestellt seien, bemühte sich die SPD-Führung von Jahr zu Jahr emsiger darum, den Reichspräsidenten als „Hüter der Verfassung“ und „tragende Säule der Republik“ darzustellen. Die Parteispitze erklärte unverdrossen, man dürfe „den ohnehin unfähigen alten Herren“, den „Ersatzkaiser“, nicht so ernst nehmen, und obwohl bekannt wurde, daß Hindenburg zum Geburtstag ein ostelbisches Gut zugeschoben worden war, schonte die Partei den Reichspräsidenten und weigerte sich, die Beweise für Hindenburgs Allianz mit dem Großbürgertum und seinen junkerlichen Gutsnachbarn ernstzunehmen.

Die Spitzen der deutschen Wirtschaft witterten die Chance, die eine weitergehende Beteiligung der rechten SPD-Führung an der Regierung eröffnete. Der Vorsitzende des Reichsverbandes der deutschen Industrie, IG-Farben-Aufsichtsratsvorsitzender Carl Duisberg, klagte im Namen seiner Gesinnungsfreunde aus den Vorstandsetagen der deutschen Wirtschaft, daß die Regierung „nicht so stark und autoritativ" sei, wie sich die Herren von Kohle, Chemie und Stahl wünschten. Der Chemieindustrielle Paul Silverberg, der die Schwäche der SPD-Führung seit langem erkannt hatte, forderte deshalb, die SPD in die „politische Mitarbeit und Mitverantwortung" einzubeziehen und sich den Einfluß der Arbeiterpartei auf die Beschäftigten zunutze zu machen.

„Das haben wir SPD-Mitglieder natürlich zu dieser Zeit nicht gewußt", erzählt Gustav Gäde, „denn solche Vorschläge, wie sie Duisberg und Silverberg unterbreiteten, drangen nicht an die Öffentlichkeit. Darin bestand ja gerade der Trick; wenn wir Parteimitglieder das mitbekommen hätten, dann wären viele von uns abgesprungen. Man hielt diese Sachen sehr geheim, und erst viele Jahre später ist mir klargeworden, wie sehr man uns betrogen hat."

Hätte man aber in der SPD nicht aufgrund der Arbeitsgemeinschaft der Sozialdemokraten mit den Unternehmern während der Novemberrevolution vorgewarnt sein müssen?

„Sicher", bestätigt Gustav Gäde, „wir hätten es wissen können, denn es gab schon eine ganze Reihe Hinweise auf diese arbeiterfeindliche Politik unserer Leitung, aber wir haben es nicht geglaubt. Die Kommunisten sagten uns das in jeder Diskussion, die wir mit ihnen führten, aber wir haben gedacht, die übertreiben, die wollen da nur für sich Kapital herausschlagen. Wir sagten dann immer: ‚Seht euch doch unserer Parteiprogramm an, da steht es drin, was wir wollen. Daran können unsere Funktionäre nicht vorbei, denn das ist die Überzeugung der Mehrheit; daran müssen sie sich halten.' Wir waren da sehr leichtsinnig, glaube ich, wir wollten nicht sehen, was in unserer Partei vorging."

Gegen die Einheitsfront des Finanzkapitals zur Errichtung einer Diktatur versuchte die KPD, die im Kampf gegen die Fürstenabfindung entstandene Massenbasis zur Einheitsfront der Arbeiterklasse zu nutzen. Die KPD initiierte einen Reichskongreß der

Werktätigen, um „die Delegierten der Betriebe, der Arbeitslosen, der Kriegs- und Inflationsopfer, der arbeitenden Intelligenz, der Bauern zu gemeinsamer Arbeit gegen die kapitalistische Wirtschaftsanarchie, gegen den Vormarsch der Reaktion, gegen die Ausraubung der breiten Volksmassen ... zusammenzufassen und den Kampf zu organisieren."

„Unsere Führung war natürlich wieder einmal dagegen", erinnert sich Gustav Gäde. „Schon Tage vor dem Kongreß kam die Anweisung aus Berlin, den Kommunisten nicht auf den Leim zu gehen. Keine Einheit mit den Moskowitern, hieß die Parole. Aber in den Betrieben, in den Gewerkschaftsgruppen und auch in der SPD selbst stießen die Vorschläge der Kommunisten auf großes Interesse. Wir meinten, es sei an der Zeit, endlich mit den Kommunisten ein gemeinsames Aktionsprogramm zu erarbeiten, um die Offensive der Unternehmer abzuwehren. Das Industriekapital machte mobil gegen uns Proleten, da mußte was geschehen, und deshalb haben auch viele unserer Genossen den Reichskongreß unterstützt. Mich hat man dann als Delegierten geschickt, aber beinah wäre ich nicht gefahren, denn unser Ortsvereinsvorsitzender rief mich zu sich und sagte mir: ‚Gustav, du bleibst hier. Das ist eine Versammlung, die von Berlin nicht unterstützt wird. Da halten wir Sozialdemokraten uns raus!'

‚Weißt du, Genosse', habe ich geantwortet, ‚die Kollegen haben mich gewählt, und ich fahre da hin, auch wenn sich die ganze Partei auf den Kopf stellt.'

‚Das kann Folgen haben, Gäde', hat er gedroht. ‚Du weißt, daß Berlin nicht lange fackelt. Da kommst du vor das Parteigericht wegen parteischädigendem Verhalten.'

Ich bin aber trotzdem gefahren, und es war für mich ein großes Erlebnis. 2000 Kollegen sind dort gewesen, Delegierte aus dem ganzen Reich, Kommunisten und Leute von der RGO, aber auch eine Menge ADGBler und Leute von uns. Da fühlte ich mich wie in den Tagen des Generalstreiks gegen Kapp und Lüttwitz, und ich wußte, ich bin nicht allein. Es gibt viele Tausend Leute, die etwas tun wollen, damit der Raubzug auf unsere Taschen aufgehalten wird."

Trotz der beeindruckenden Veranstaltung des Berliner Reichskongresses gelang es nicht, eine Massenbewegung ins Leben zu rufen, die in der Lage gewesen wäre, den Plänen der Herrschenden Einhalt zu gebieten, denn in der KPD tobte wieder einmal ein Richtungskampf.

„Ich kenne die kommunistische Partei jener Tage nur von außen", schränkt Gustav Gäde ein. „Also habe ich nicht alles mitbekommen, was dort ablief, aber diese innerparteilichen Auseinandersetzungen bekamen wir ziemlich gut mit, denn natürlich war unsere Parteipresse voll davon. Wenn sich die Kommunisten in den Haaren lagen, dann brachte man das bei uns auf der Titelseite. ‚Die wissen ja selber nicht, was sie wollen', schrieb man dann. Und natürlich kam dann gleich die Frage an uns linke SPDler. ‚Und mit denen wollt ihr zusammenarbeiten?' Diese Auseinandersetzungen in der KPD waren für die Aktionseinheit ziemlich schädlich, denn das hat viele Genossen bei uns abgeschreckt.

Wenn ich heute daran zurückdenke, dann muß ich allerdings zugeben, daß es für die KPD sehr wichtig war, sich über diese ganzen Fragen klar zu werden. Gerade in dieser Zeit tauchen so viele neue Probleme auf, daß man da zu einem Standpunkt finden mußte. Der Unterschied zwischen der Diskussion in der KPD und bei uns war, daß bei uns zwar viel diskutiert wurde, aber die Diskussion drehte sich immer im Kreis. Man hatte einen Punkt tausendmal durchgekaut, und trotzdem fing die Debatte wieder von vorn an, und das Schlimmste war: Es änderte sich nichts. Selbst, wenn wir in einer Frage eine Entscheidung fällten, fühlten sich unsere Leitungsmitglieder nicht daran gebunden.

Bei den Kommunisten dagegen wurde auch sehr viel diskutiert, nicht nur viel, auch heftig und entschieden, aber wenn die einmal eine Frage ausdiskutiert hatten, dann hielten sie sich auch an ihre Entscheidungen. Viele dieser Diskussionen in der KPD entstanden auch, weil man sich in der KPD sehr mit der Situation in der Sowjetunion beschäftigte. Wenn dort die Debatte über eine ideologische Frage begann, dann konnte man sicher sein, daß die Frage auch in der KPD bald diskutiert werden würde."

Also waren die Kommunisten doch von der Moskauer Zentrale abhängig? „In gewisser Weise schon", antwortet Gustav Gäde. „Sie sahen die Vorgänge in der UdSSR als ein wichtiges Experiment an. Sie sahen, wie sich plötzlich durch die praktische Erfahrung der Bolschewiki neue ideologische Probleme stellten, auf die nicht nur die sowjetischen Kommunisten, sondern alle Kommunisten eine Lösung finden mußten. Da war zum Beispiel die Frage nach der Rolle der Einheitsfrontpolitik. Dazu mußte es eine klare Antwort geben, nicht allein in der Sowjetunion. Da mußten sich auch die deutschen Kommunisten festlegen. Oder die Frage nach der Rolle eines linken Putsches. Das mußte doch diskutiert werden. Man darf nicht vergessen, wie jung die KPD in dieser Zeit immer noch war und wieviel Neuland es hier zu betreten galt."

Gustav Gäde bemerkt, seiner Ansicht nach hätte sich die KPD in diesen Jahren allerdings zu sehr mit den Problemen der UdSSR beschäftigt. „Ich hatte manchmal den Eindruck, sie wollten bei uns alles das machen, was in der Sowjetunion gemacht wurde. Es gab da viele Kommunisten, die sagten: ‚Alles genau wie bei den Bolschewiki!' Aber das waren Kinderkrankheiten, glaub ich, denn mit der Zeit sah man in der KPD ein, daß sich der Sozialismus in Deutschland anders entwickeln würde als in der UdSSR. Man erkannte, daß es falsch war, auf eine deutsche Sowjetunion zu orientieren. Man mußte sich den gesellschaftlichen Verhältnissen in Deutschland stellen, und die sahen nun einmal anders aus als im ehemals zaristischen Rußland.

Die Begeisterung über die Gründung der UdSSR saß tief; zum ersten Mal in der Geschichte der Menschheit hatte sich ein Volk auf den Weg gemacht, die Theorie von Marx und Engels in der Praxis zu erproben. Das riß die Kommunisten bei uns mit, und das mußte natürlich zu Überreaktionen führen. Es dauerte seine Zeit, bis die KPDler auf den Boden der deutschen Wirklichkeit zurückfanden."

Eine Überreaktion war die Auseinandersetzung mit dem Trotzkismus, die sowohl in der KPdSU als auch in der KPD entbrannte, allerdings nicht, denn hier ging es genau um die prinzipiellen Fragen, die Gustav Gäde hervorgehoben hat. In der KPdSU hatte sich unter Führung Trotzkis und Sinowjews eine Fraktion gebildet, die die Behauptung vertrat, es sei unmöglich, innerhalb eines Landes eine sozialistische Gesellschaft aufzubauen. Ihre These, die UdSSR sei nicht in der Lage, vorerst allein den Sozialismus zu entwickeln, wurde mit der Behauptung verbunden, die Sowjetunion sei nur zu erhalten, wenn es gelänge, die proletarische Revolution in andere Staaten zu exportieren oder den Imperialismus im Krieg niederzuringen.

Das war eine gefährliche Theorie, die auch von den deutschen Kommunisten prinzipielle Klärung verlangte, denn wenn man Trotzkis Thesen zu Ende dachte, mußte man zu dem Ergebnis gelangen, die UdSSR müsse andere Staaten überfallen und mit Waffengewalt zum Sozialismus zwingen. „Die Antwort auf diese These konnte nur lauten: ‚Trotzkis Ansichten sind falsch und schädlich!'" formuliert Gustav Gäde das damalige Diskussionsergebnis. „Der Sozialismus läßt sich nicht mit Waffengewalt exportieren. Wie die

Menschen Brot brauchen, so braucht der Sozialismus zu seiner Entwicklung den Frieden zwischen den Völkern. Der sozialistische Gedanke reift in einem Volk heran, er läßt sich nicht mit Feuer und Schwert verbreiten."

Die trotzkistische Auffassung wurde sowohl in der KPdSU als auch in der KPD nach heftigen Diskussionen verurteilt. Ernst Thälmann nannte sie treffend die „Verbindung von linken Verzweiflungsgesten mit einer im Wesen rechten opportunistischen Politik". Auf der VII. Tagung des EKKI verdeutlichte er die ablehnende Haltung der KPD zu den Thesen Trotzkis und sagte zu der Rolle, die er der Entwicklung des Sozialismus in der UdSSR beimaß: „Die entscheidende Frage für die internationale Arbeiterbewegung ist die Stellung zur proletarischen Diktatur in der Sowjetunion. Hier scheiden sich die Geister, und sie müssen sich scheiden! Die Stellung zur Sowjetunion entscheidet auch über die Frage, zu welchem Lager man in den Fragen der deutschen Politik gehört, zum Lager der Revolution oder zum Lager der Konterrevolution."

Inzwischen hatte sich die politische Szenerie im Reichstag abermals geändert: Am 16. Dezember 1926 hatte Philipp Scheidemann einen Mißtrauensantrag gegen die Regierung Marx/Stresemann eingebracht, der mit den Stimmen von SPD, KPD, DNVP und NSDAP zum Sturz der Regierung führte. Unter der Führung von Wilhelm Marx wurde eine neue Regierung gebildet, an der auch die DNVP beteiligt war. Die Teilnahme an der Regierungsbildung wurde von den Deutschnationalen vor allem dadurch erleichtert, daß der von ihnen vorwiegend aus demagogischen Gründen abgelehnte Beitritt Deutschlands zum Völkerbund inzwischen vollzogen war und nicht mehr zur Debatte stand. Damit waren die Hoffnungen der Sozialdemokraten, nun endlich werde man eine große Koalition unter Einfluß der SPD bilden, zerstört.

Die zweite Bürgerblock-Regierung, die in ihrer politischen Konzeption reaktionärste Regierung seit Gründung der Weimarer Republik, bewies, daß die taktischen Differenzen zwischen den Hauptgruppen des deutschen Großbürgertums angesichts der Stabilisierung der kapitalistischen Verhältnisse zeitweilig in den Hintergrund getreten waren. Mit der Aufnahme Deutschlands in den Völkerbund hatte man zudem günstige Voraussetzungen geschaffen, die Interessen des deutschen Monopolkapitals auch außerhalb des Reichs wirksam vertreten zu können.

Die politisch Mächtigen versuchten in der Bevölkerung den Eindruck zu wecken, das kapitalistische System werde sich auf lange Sicht friedlich fortentwickeln. Obwohl in China längst wieder ein imperialistischer Krieg tobte, behaupteten auch die Sozialdemokraten, der Krieg sei für lange Zeit aus der Welt verschwunden. Der führende Theoretiker der SPD, Rudolf Hilferding, schrieb in einer sozialdemokratischen Zeitschrift: „Der Krieg ist vorüber und hat zunächst einen neuen Machtentscheid zwischen den führenden kapitalistischen Staaten ökonomisch und politisch unmöglich gemacht."

Die reformistische Politik der SPD-Führung konnte sich auf dem Kieler Parteitag im Mai 1927 weiter durchsetzen. Hilferding erklärte auf dem Parteitag, der unter dem Motto „Wille zur Macht" stand, der republikanische Staat sei nicht länger eine Gewaltorganisation zur Aufrechterhaltung der kapitalistischen Ordnung, sondern ein Vertretungsorgan der gesamten Gesellschaft. Der Klassenkampf erweise sich damit als Kampf der Parteien um die Staatsleitung.

„Mit jedem Jahr rückte die Parteiführung weiter nach rechts", meint dazu Gustav Gäde. „Sie wollten uns allen Ernstes einreden, der Kapitalismus lasse sich mit Reformen kurieren. Alle Schwierigkeiten ließen sich überwinden, wenn man nur beharrlich genug mit den Kapitalisten verhandle. Ich weiß noch, wie man auf uns einredete, damit wir im Betrieb ruhig blieben. ‚Bloß keine Kampfmaßnahmen!' hieß es. ‚Wir brauchen Ruhe, damit wir etwas für euch herausholen können.'"

Am 14. Januar 1928 mußte Reichswehrminister Otto Geßler wegen der geheimen Finanzgeschäfte der Armee seinen Hut nehmen. Die Seetransportabteilung hatte sich mit staatlichen Geldern an der Phoebus-Film-AG beteiligt. Verfassungswidrig hatte Geßler eine Bürgschaft in Höhe von drei Millionen Reichsmark übernommen. Als die Phoebus Konkurs anmelden mußte, flog der Coup auf, und Geßler mußte bei Hindenburg um seine Entlassung nachsuchen.

Mit der Ernennung Wilhelm Groeners zum neuen Reichswehrminister war die Krise der Regierung Marx nicht beseitigt. Die Koalitionsparteien – DNVP, Zentrum, DVP und BVP – konnten sich über Stresemanns Außenpolitik und die Sozialpolitik der Regierung nicht einigen. Anlaß zum Bruch der Koalitionsregierung bot die Vorlage des Reichsschulgesetzes, an dem sich der Streit zwischen den Koalitionsparteien in der Frage nach der Stellung der Kirche in den staatlichen Schulen entzündete.

DNVP, Zentrum und BVP traten für die Trennung der Schulen nach Konfessionen ein, während die DVP Gemeinschaftsschulen verlangte. Da im Kabinett keine Einmütigkeit zu erreichen war und die DVP den Gesetzentwurf ablehnte, verlangten die anderen Koalitionsparteien die Auflösung der Regierung und die Neuwahl des Reichstages.

Im Wahlkampf spielte die von der Regierung Marx beschleunigte Aufrüstung Deutschlands eine zentrale Rolle. Am 31. Januar 1927 hatte die Interalliierte Militärkommission ihre Überwachungstätigkeit im Reich eingestellt. Das gab den Hochrüstern das langerhoffte Startsignal: 1928 erhöhte die Regierung den Rüstungsetat drastisch; statt 490 Millionen Reichsmark, die der Reichswehr 1924 zugeflossen waren, wurden nun 827 Millionen zur Verfügung gestellt. Mit vier Panzerkreuzern, deren Bau für die nächsten Jahre geplant war, sollte der Grundstein für eine schlagkräftige Kriegsflotte gelegt werden. Für den Panzerkreuzer A setzten die Koalitionsparteien die Aufnahme der ersten Rate in den Haushaltsplan 1928 durch.

Der offizielle Rüstungsetat war jedoch nur die Spitze des Eisbergs: Außer Haushaltsmitteln, von denen ein Teil auch für andere als die vorgeschriebenen Zwecke verwendet wurde, existierten Geheimetats, mit denen die Reichswehr illegal die Wiederaufrüstung finanzierte. Für kriegswichtige Forschungsprojekte erhielten die Großkonzerne Stützungsgelder, so daß in enger Zusammenarbeit zwischen Reichswehr und Industrie neue Waffen entwickelt und erprobt werden konnten, deren Besitz Deutschland durch den Versailler Vertrag ausdrücklich verboten war. Die Produktion von Verkehrsflugzeugen, die von der Lufthansa betrieben wurde, diente so zur Tarnung der Produktion von Kriegsflugzeugen.

Unter der Losung „Für Kinderspeisung – Gegen Panzerkreuzerbau" machte die SPD gegen die Wiederaufrüstung mobil. Leitende Funktionäre versprachen der Bevölkerung, eine von Sozialdemokraten geführte Regierung werde die Rüstungsausgaben zugunsten der Sozialleistungen kürzen, die Besitzsteuern erhöhen, den Achtstundentag wieder gesetzlich verankern und die Renten der Kleinrentner anheben.

Bei den Reichstagswahlen vom 20. Mai 1928 mußten die bürgerlichen Parteien empfindliche Stimmenverluste hinnehmen, die die

Bildung einer neuen Bürgerblockregierung ausschlossen. Hauptverlierer war die DNVP, die gegenüber den vorangegangenen Reichstagswahlen 1,8 Millionen Wähler einbüßte und nur noch 4,4 Millionen Stimmen auf sich vereinigen konnte. Zentrum und BVP erhielten zusammen 4,7 Millionen Wählerstimmen, für die DVP votierten 2,7, für die DDP 1,5 Millionen Stimmberechtigte. Deutlich fiel die Absage auch für die NSDAP aus, die nur 810000 Wählerstimmen bekam, aber immerhin 12 Mandate.

Wahlsieger waren SPD und KPD, die zusammen 42,1 Prozent aller Reichstagssitze erhielten. Mit mehr als neun Millionen Stimmen und 152 Abgeordneten lag die SPD ganz vorn, doch auch die Kommunisten konnten bedeutende Gewinne verzeichnen. Mit etwa 3,3 Millionen Stimmen erhielt die KPD eine halbe Million Stimmen mehr als bei den Reichstagswahlen von 1924 und war im höchsten Parlament mit nunmehr 54 Abgeordneten vertreten.

„Mit diesem Wahlergebnis war die Möglichkeit einer parlamentarischen Zusammenarbeit von Kommunisten und Sozialdemokraten gegeben", meint Gustav. „Der Bürgerblock war so geschwächt, daß es für die Rechten unmöglich gewesen wäre, eine neue Regierung zustande zu bringen." Selbst wenn sich die bürgerlichen Parteien mit einer knappen Mehrheit zu einer neuen Regierungsbildung zusammengefunden hätten, wären sie auf die Unterstützung der beiden Linksparteien angewiesen gewesen und hätten deutliche Zugeständnisse machen müssen. „Vielleicht wäre sogar eine linke Regierung möglich gewesen", überlegt Gustav Gäde. „Die bürgerlichen Parteien waren so zerstritten, daß man es zumindest hätte versuchen können. Wenn man klug taktiert hätte, wäre es vielleicht möglich gewesen, für neue Gesetzesvorhaben Mehrheiten zustande zu bringen."

Doch der Graben zwischen den Arbeiterparteien war zu tief, als daß Sozialdemokraten und Kommunisten darüber springen wollten. In der KPD sah man die Reichstagsabgeordneten der SPD weiterhin als „Sozialfaschisten" an und orientierte auf die Entwicklung einer Einheitsfront von unten. In der SPD-Führung galten die Kommunisten immer noch als „Agenten Moskaus", mit denen man nicht zusammenarbeiten könne. Die SPD-Leitung orientierte deshalb unmittelbar nach Bekanntwerden des Wahlergebnisses auf die Bildung einer Großen Koalition mit den bürgerlichen Parteien, die sich ihrerseits widerstrebend genötigt sahen, mit der SPD über eine Kabinettsbildung zu verhandeln.

In einem Brief an den Fraktionsvorsitzenden seiner Partei, Ernst

Scholz, schrieb Stresemann: „Die Linksentwicklung in den arbeitenden Klassen" dürfe man keineswegs übersehen. Man müsse darauf achten, „daß in dem Augenblick, wo die Sozialdemokratie und der Kommunismus durch eine ablehnende Haltung des Bürgertums näher aneinander heranrücken..., eine ganz starke Gefährdung für die deutsche Politik und die deutsche Wirtschaft zu erwarten" sei.

Die bürgerlichen Parteien beabsichtigten, durch ihre Bereitschaft, die SPD an der Regierungsbildung zu beteiligen, eine mögliche Zusammenarbeit zwischen SPD und KPD zu hintertreiben und die Spaltung der Arbeiterbewegung in Deutschland zu vertiefen, um auf diese Weise die kapitalistische Gesellschaftsordnung über die nächsten Jahre hinwegzuretten. Obwohl diese Taktik in der SPD-Basis bald durchschaut wurde und zahlreiche Parteimitglieder den Vorstand aufforderten, nicht mit den Bürgerlichen zu koalieren, erklärte sich der Parteivorstand zur Regierungsbildung mit den Weimarer Rechtskräften bereit.

Die Bildung der Großen Koalition bereitete einige Schwierigkeiten, denn die DVP machte ihre Teilnahme an der Regierung von der Umbesetzung der preußischen Landesregierung abhängig, und auch das Zentrum stellte Forderungen, die der SPD den Eintritt in die Regierung nicht gerade erleichterten. Doch gelang es schließlich unter Stresemanns kluger Führung, eine Regierung aus SPD, DDP, DVP, Zentrum und BVP zusammenzustellen. Die Sozialdemokraten, die als stärkste Fraktion das Recht hatten, den Reichskanzler zu stellen, nominierten Hermann Müller, einen Politiker, über den der Militarist Groener bei Hindenburg äußerte: „Müller ist der beste Kanzler, den ich bis jetzt erlebt habe; nur schade, daß er ein Sozi ist."

Mit Wirkung vom 31. Oktober 1928 kündigten die Gewerkschaften, unter ihnen auch der Christliche Metallarbeiterverband und der unternehmerhörige Gewerkverein Deutscher Metallarbeiter, die Lohntarife für die Metallarbeiter im Ruhrgebiet. Die Arbeiter in den metallverarbeitenden Betrieben verlangten 15 Pfennige Lohnerhöhung, den Achtstundentag und die Einführung eines Dreischichtensystems.

Die Unternehmer forderten einen staatlichen Schlichter an. Die Regierung schickte Arbeitsminister Wissell, der den Metallarbeitern zwei Pfennige Lohnzulage anbot, sich aber nicht auf Verhandlungen über den Achtstundentag einlassen wollte. Selbst sein lächerliches Angebot wurde von den Konzernchefs abgelehnt. Sie sperrten 213000 Metallarbeiter aus und ließen es auf eine direkte Konfrontation mit den Arbeitern ankommen.

Die Ausgesperrten reagierten mit Kampfmaßnahmen, doch der Deutsche Metallarbeiterverband, Mitgliedsorganisation des ADGB, fiel den Beschäftigten in den Rücken. Er verhandelte hinter verschlossenen Türen mit den Unternehmern und einigte sich mit ihnen auf ein neues Schlichtungsangebot. Zugleich versuchte Wirtschaftsminister Curtius Druck auf die Regierung auszuüben, indem er seinen Ministerkollegen mit Rücktritt drohte, falls die Regierung sich nicht die Forderungen der Kapitalseite zu eigen machte. Im Kabinett wurde daraufhin der Schiedsspruch Wissells für null und nichtig erklärt. Der Sozialdemokrat Carl Severing wurde als Sonderschlichter in Marsch gesetzt.

Die Unternehmer beendeten kurzentschlossen die Aussperrung; „ihre" Gewerkschaft, der Deutsche Metallarbeiterverband, rief die Arbeiter dazu auf, wieder an die Arbeitsplätze zurückzukehren und alles weitere dem „Metallarbeiter" Severing zu überlassen. Während die zentrale Kampfleitung den Ausständischen vorschlug, die Aussperrung in einen Streik zu verwandeln, um den Forderungen der Belegschaften Nachdruck zu verleihen, forderte der Bezirksausschuß des ADGB die Ausgesperrten auf, in die Fabriken zurückzukehren. Alle Hoffnungen der Werktätigen auf die Vermittlung Severings wurden enttäuscht, als dessen Schlichtungsspruch bekannt wurde: Das Angebot lag noch unter dem Vorschlag, den Wissell unterbreitet hatte. Nur kleine Gruppen der Metallarbeiter erhielten geringe Lohnerhöhungen, die Arbeitszeit wurde nicht angetastet.

Die erste Regierungskrise ließ nicht lange auf sich warten. Die sozialdemokratischen Wähler erwarteten von ihren Ministern, daß sie in der neuen Regierung ihren Einfluß geltend machen würden, um die Wahlversprechen der SPD einzulösen. Schon bald zeigte sich jedoch, daß die von der SPD geführte Koalitionsregierung die volksfeindliche Politik der Bürgerblockregierung fortsetzen wollte. Obwohl die SPD im Wahlkampf eindeutig gegen neue Rüstungsausgaben aufgetreten war und sich für die Streichung der für den Panzerkreuzerbau bestimmten Gelder eingesetzt hatte, befürworteten die SPD-Minister nun die Bereitstellung der ersten Rate für den auf 80 Millionen Reichsmark veranschlagten Bau des Panzerkreuzers A. Zwar bedauerte die SPD-Reichstagsfraktion offiziell das Verhalten der sozialdemokratischen Regierungsmitglieder, doch sie lehnte ebenso entschieden den Austritt der SPD aus der Regierung ab.

Die Entscheidung der Regierung Müller, Gelder zum Panzerkreuzerbau bereitzustellen, erregte die Gemüter der arbeitenden Menschen. Zahlreiche SPD-Untergliederungen verurteilten das Doppelspiel der sozialdemokratischen Minister öffentlich. Sie verlangten die Abberufung Hilferdings, Severings und Wissels aus dem Kabinett, einige Grundorganisationen forderten sogar den Ausschluß der SPD-Minister aus der Partei.

Um die Empörung der Parteimitglieder zu beschwichtigen, leitete die SPD-Parteiführung eine innerparteiliche Debatte über ein Wehrprogramm der SPD ein, angeblich, um bis zum nächsten Parteitag die Haltung der Sozialdemokratie zur Reichswehr prinzipiell zu klären. Wie unehrlich das Verhalten der SPD-Spitze in der Frage des Panzerkreuzerbaus allerdings war, verdeutlicht ein Schreiben, das Reichswirtschaftsminister Curtius an Stresemann richtete: „Hilferding und die führenden Sozialdemokraten glauben, daß es möglich ist, durch Aufstellung eines auch von der Sozialdemokratie zu billigenden Wehrprogramms die Panzerkreuzerfrage als untergeordnete Angelegenheit mitzuregeln. Voraussetzung für diese Taktik ist, daß die sozialdemokratischen Minister bei der Einsetzung der zweiten Rate in den Etatentwurf überstimmt werden können."

Am 28. Mai 1929 nahm der SPD-Parteitag in Magdeburg mit den Delegiertenstimmen von 244 gegen 147 die Richtlinien zur Wehrpolitik an. Darin wurde der Krieg als Mittel der Politik zwar verurteilt, doch lehnte die SPD gleichzeitig Abrüstungsinitiativen ab und bekannte sich zur Reichswehr als Instrument zum „Schutze ... der politischen, wirtschaftlichen und sozialen Errungenschaften der Arbeiterklasse".

„Sicher ist es richtig, daß die Arbeiterklasse in der Lage sein muß, ihre Errungenschaften auch militärisch zu verteidigen", gibt Gustav Gäde zu bedenken. „Die Geschichte lehrt, daß die Mächtigen nicht vor Kriegen zurückschrecken, wenn ihre Profite und ihre Machtpositionen in Gefahr sind. Doch hier ging es ja nicht um den Schutz der Arbeiterklasse vor dem Monopolkapital, denn die Reichswehr befand sich völlig in den Händen der herrschenden Klasse."

Wenn die SPD in ihrem Wehrprogramm die Ansicht vertrat, „der Sozialismus (sei) die Macht, die der Welt den Frieden bringt", so war dies kaum mehr als ein Lippenbekenntnis, denn gleichzeitig erkannte sie die Notwendigkeit der Reichswehr an und bemühte sich um ein gutes Verhältnis zur militärischen Führung.

Sie forderte zwar, die Reichswehr künftig der ausschließlichen Kontrolle durch den Reichstag zu unterstellen, illegale Rüstung zu verhindern und die staatsbürgerlichen Rechte der Soldaten zu respektieren, doch zugleich bemühte sie sich, an der Parteibasis Bedenken gegenüber der Reichswehr und ihrer Führung zu zerstreuen. Damit gab sie der idealistischen Auffassung Nahrung, es genüge, die Reichswehr unter parlamentarischer Aufsicht zu stellen, um sie zum Wohlverhalten gegenüber der Arbeiterklasse zu erziehen und zur Demokratie zu bekehren. Führende SPD-Mitglieder verstiegen sich sogar zu der Behauptung, die Gefahr des Militarismus sei gering, da Deutschland völlig oder zumindest weitgehend entwaffnet sei und die Reichsregierung vorbehaltlos für die Abrüstung und die friedliche Regelung internationaler Streitigkeiten eintrete.

Mit dem SPD-Parteitag war die Auseinandersetzung um den Panzerkreuzerbau jedoch nicht zu Ende. Die Kommunisten, die in der Zustimmung der SPD-Minister zum Panzerkreuzerbau den Beginn einer neuen Phase der Hochrüstung sahen, beschlossen am 16. August ein Volksbegehren für einen Volksentscheid gegen den Panzerkreuzerbau einzuleiten.

Gegen das Volksbegehren entfachten die bürgerlichen Parteien und die Vereinigten Vaterländischen Verbände eine erbitterte Kampagne, der sich der SPD-Parteivorstand anschloß. Unter dem Druck des Vorstandes sahen sich selbst linke SPD-Mitglieder dazu veranlaßt, gegen das Volksbegehren aufzutreten. Die Kraft der KPD allein reichte nicht aus, um die für die Durchsetzung eines Volksbegehrens notwendigen 4,1 Millionen Wahlberechtigten zu gewinnen. Nur 1,2 Millionen zeichneten sich Mitte Oktober in die Listen des Volksbegehrens ein. Das war gerade etwas mehr als ein Drittel der KPD-Wähler, und allein diese Tatsache macht deutlich, daß die Gegner des Panzerkreuzers übereilt und ohne ausreichende Vorbereitung gehandelt hatten. Zwar drückte das Ergebnis bei weitem nicht den Umfang der antimilitaristischen Bewegung in Deutschland aus, doch führte es letztlich dazu, daß die SPD-Fraktion im November 1928 den Antrag stellte, den Bau des Panzerkreuzers wieder einzustellen. Der Antrag wurde allerdings erwartungsgemäß von der Mehrheit des Reichstags abgeschmettert.

Auf die Frage, warum er sich nicht in die Liste gegen den Panzerkreuzerbau eingetragen habe, antwortet Gustav Gäde selbstkritisch: „Ich habe mich nicht getraut. Überall hieß es, das sei ein Antrag der Kommunisten. Wer sich da anschließt, der ist selbst Kommunist. Ich habe mir schon überlegt, hinzugehen und mich einzutragen, aber irgendwie hat diese Propaganda auch bei mir gewirkt. Man mußte sich ja ganz öffentlich dazu bekennen, und ich hatte schon genug Schwierigkeiten in der Partei. Ich hätte es tun sollen, aber im entscheidenen Moment bin ich dann doch zu feige gewesen.“

Der Ruf nach dem „starken Mann“

Das aus den unterschiedlichsten negativen Ideen – Antisemitismus, Antikommunismus, Antiparlamentarismus – zusammengezimmerte Programm der NSDAP war keineswegs attraktiv genug, um größere Gruppen der deutschen Bevölkerung auf Nazikurs zu führen, denn es war nichts weiter als ein Sammelsurium restaurativer und scheinrevolutionärer Wunschvorstellungen.

Dennoch gelang es der Nazi-Propaganda in den kommenden Jahren in zunehmendem Maße, sich vor allem in kleinbürgerlichen Kreisen als „letzten Ausweg aus der Misere“ zu präsentieren. Diese Wirkung der NS-Propaganda rührte nicht allein aus der Könnerschaft, mit der Naziagitatoren der Bevölkerung Sand in die Augen zu streuen verstanden, und auch die stundenlangen Redeproben, die Hitler vor dem Spiegel in seinem Haus durchführte, um seine Wirkung auf das Publikum zu überprüfen, reichen zur Erklärung der Durchschlagskraft der NS-Propaganda nicht aus.

Als die politische und ökonomische Krise der kapitalistischen Gesellschaft zunahm, wuchs in den am wenigsten gebildeten und politisch bewußten Bevölkerungsgruppen die Anfälligkeit gegenüber der irrationalen Ideologie des Faschismus. Geschickt machten sich Goebbels' Agitatoren das Glaubensbedürfnis einer durch die ökonomische Krise verunsicherten Bevölkerungsgruppe zunutze und entwickelten frühzeitig Formen der hymnischen Verehrung des „Führers“. Die Massen sollten nicht überzeugt, sondern fanatisiert werden, nicht der menschliche Verstand, sondern blinde Ergebenheit und Gehorsam waren gefordert.

Anzeichen für die Entwicklung eines Kultes um den „Führer“ lassen sich schon in den Jahren vor Hitlers Machtübernahme feststellen: So fanden regelrechte Pilgerfahrten zur Feldherrnhalle statt, an der Hitlers Putschversuch ein frühzeitiges Ende gefunden hatte, und schon vor 1933 erschienen in der NS-Parteipresse Todesanzeigen, in denen Gott durch Hitler ersetzt wurde.

Auch der Führerkult, der Hitler zum allesbeherrschenden Mittelpunkt der nationalsozialistischen Bewegung machte und ihn mit der Aura eines Messias ausstattete, diente dazu, den Anhängern der Nazi-Partei, besonders jedoch den noch Schwankenden das Gefühl zu verleihen, hier trete eine mitreißende, alles verändernde Kraft an, die Deutschland zu neuer Größe führen werde. Das Schlagwort von der „nationalen Revolution“ war gut gewählt und hinterließ in der kleinbürgerlichen Wählerschaft einen nachhaltigen Eindruck.

Während Führungs- und Organisationsstruktur der Partei unter Hitlers Führung gestrafft wurden, begann man zugleich mit dem Aufbau einer auf eine Massenpartei zugeschnittenen Bürokratie, die den Auftrag übernahm, alle Anhänger der „neuen Heilslehre" zu erfassen, politisch zu organisieren und an die Arbeit zu bringen. In dieser Zeit bildeten sich die Hitlerjugend, der NS-Studentenbund, die nationalsozialistische Schülerorganisation sowie die ersten Berufsverbände wie NS-Lehrerbund, NS-Rechtswahrerbund oder NS-Ärztebund. 1926 entstand die unter Heß, Schwarz und Bouhler arbeitende Reichsleitung der NSDAP, die Ausschüsse für Außenpolitik, Pressewesen, Betriebs- und Agrarpolitik, Wirtschaft, Rechtsfragen, Technik und Arbeitspolitik umfaßte. Ein Schattenstaat entstand. Am Tag der „Machtergreifung" sollten genügend hitlertreue Funktionäre bereitstehen, die staatlichen Leitungsfunktionen zu übernehmen. Mit der Entstehung dieser Reichsleitung setzte Hitler endgültig das Führungsprinzip der Münchener Zentrale durch.

Goebbels' Agitationsbüro in Berlin unternahm jeden Versuch, Hitler als Inkarnation der „völkischen Gemeinschaft", als „Verkünder" eines neuen Lebenssinns, als „gottgesandten Führer" zu verkaufen. Nicht nur der Parteiapparat war auf den Parteichef maßgeschneidert worden, auch in der Öffentlichkeit kreiste die Diskussion, die sich an den Fragen der NS-Ideologie oder ihrer politischen Praxis entzündete, stets um seine Person.

Auf diese Weise erleichterte Goebbels, der im Auftrag Hitlers im „roten" Berlin für Wahlerfolge der Nazipartei sorgen sollte, dem Parteichef den Ausbau seiner Macht innerhalb der NSDAP. Unbedingte Disziplin und bedingungsloser Gehorsam erzeugten in den Parteigruppen Unterwürfigkeit und Ergebenheit, die bis zur Aufgabe aller individuellen Urteils- und Entscheidungsfähigkeit führten. Die kritiklose Ausführung der „Führer"-Befehle wurde zum Leitungsprinzip erhoben; Hitler wurde mit der Aura der Unfehlbarkeit ausgestattet.

Hitler selbst betonte dazu in einer Rede, er wolle dem „Heiligen Vater in Rom seinen Anspruch auf geistige – oder heißt es geistliche – Unfehlbarkeit in Glaubensfragen nicht abstreiten. Davon verstehe ich nicht viel. Desto mehr aber glaube ich, von der Politik zu verstehen. Darum hoffe ich, daß der Heilige Vater nunmehr auch meinen Anspruch nicht bestreitet. Und somit proklamiere ich jetzt für mich und meine Nachfolger in der Führung der Nationalsozialistischen Deutschen Arbeiterpartei den Anspruch auf politische Unfehlbarkeit. Ich hoffe, daß sich die Welt daran so schnell und widerspruchslos gewöhnt, wie sie sich an den Anspruch des Heiligen Vaters gewöhnt hat.“

Militärisches Zeremoniell, Drill und militantes Auftreten gaben der Partei ein Erscheinungsbild, das eher zu einem Militärapparat als zu einer politischen Partei passen wollte, das aber gerade in kleinbürgerlichen Kreisen, in denen Säbelrasseln immer noch als Zeichen von Stärke galt, Wirkung zeigte. Die Schlägertruppen der SS und SA, die bald die Straße beherrschten, dienten darüber hinaus dazu, die Arbeiterschaft einzuschüchtern und den Zugang zu den Arbeitersiedlungen freizukämpfen. Oft genug provozierten Rollkommandos bewaffnete Zusammenstöße mit den Selbstschutzorganisationen der Arbeiterschaft, um unter dem Vorwand der Notwehr mit der „Kommune“ abzurechnen, proletarische Führer zu ermorden und in der Öffentlichkeit den Eindruck entstehen zu lassen, der „rote Terror“, der auf der Straße herrsche, könne nicht von der „grünen Polizei“, sondern nur von den entschlossen handelnden „Braunhemden“ beendet werden.

„Die SS wurde 1931 als Eliteorganisation der Partei gegründet“, erläutert Gustav Gäde. „Sie war anfangs für Liquidierungen in der Nazi-Partei zuständig und übernahm nach 1933 die Konzentrationslager. Die SA sollte dagegen eine Massenorganisation sein. Sie sollte die Organisationen der Arbeiterklasse durch massiven Terror zerschlagen; Hitler hat sie deshalb auch ‚Vorschule für den inneren Kampf‘ genannt.

Ich erinnere mich gut an einen Zusammenstoß mit der SA. Das muß 1928 gewesen sein, bei der Maikundgebung. Wir haben gegen das Rotstiftprogramm der Regierung protestiert, natürlich nannten wir das damals anders, wir sagten Raubzug auf die Taschen der kleinen Leute dazu. Die Kundgebung verlief ganz normal, Sprechchöre, Ansprachen und so weiter. Zwischendurch hat unsere Schalmeiengruppe einige Arbeiterlieder gespielt.

Als wir uns gerade auflösen wollten, da waren sie plötzlich da, die Braunhemden. Sie sangen ihre Schlachtgesänge und fingen an, unsere Leute anzupöbeln. Ein Wort gab das andere, und als einer von denen mir mein Instrument wegnehmen wollte, hatten wir bald die schönste Keilerei.

Die Braunen fackelten nicht lange, prügelten mit Knüppeln auf uns ein, und der Sengotta – das war einer aus meiner Siedlung – der stürmte auf mich zu und brüllte: ,Gäde, laß die Finger von meinen Kumpeln, sonst mach ich dich kalt!'

Plötzlich hatte er eine Pistole in der Rechten und zielte auf mich, aber von überall rückten jetzt unsere Leute an. Und dann fiel auf einmal ein Schuß, der ging haarscharf an mir vorbei, schlug in einer Haustür ein.

,Sengotta!' habe ich geschrien, ,Proleten schießen nicht auf Proleten!' Aber da hat er schon Fersengeld gegeben, denn die Unseren waren in der Überzahl. Ich hörte nur noch, wie einer von den Braunen dem Sengotta beim Weglaufen zuschrie: ,Warum hast du den nicht umgelegt!' Dann war der braune Spuk schon wieder vorbei."

Noch bevor es der Nazipartei gelang, größere Wählergruppen an sich zu binden, gewann sie im Mittelstand ersten Einfluß und knüpfte wichtige Kontakte zu rechtsgerichteten mittelständischen Verbänden, so zum einflußreichen, antimarxistischen Deutschnationalen Handlungsgehilfenbund, der ihr erste Wirkungsfelder in den Betrieben bereitstellte. Zahlreiche Funktionäre dieses Verbandes traten der NSDAP bei, verstärkten die Reichstagsfraktion der Partei und halfen, den Nationalsozialisten den Boden zu bereiten.

Es waren vor allem kleinbürgerliche Kreise, die mit ihren Stimmen dafür sorgten, daß die NSDAP aus der politischen Bedeutungslosigkeit heraustreten und sich zu einer Massenpartei entwikkeln konnte. Diese Wählergruppe, die der Hitlerpartei 1928 die ersten zwölf Reichstagssitze verschaffte, setzte sich aus Beamten, Handwerkern, Kleinbauern und kleinen Gewerbetreibenden zusammen, rekrutierte sich also aus jenen gesellschaftlichen Schichten, die von der Krise zuerst betroffen wurden. Die kapitalistische Variante der Enteignung ließ Tausende Kleinbauern und Kleinunternehmer ihre Existenzgrundlage verlieren; diese Gruppen setzten auf die Ideologie der NSDAP, die man ihnen als Politik für den „kleinen Mann" vorführte und von der sie nur begriffen, daß unter Hitlers Führung rasch alles besser werden sollte.

„Besonders die stark verschuldeten Kleinbauern hofften auf die Nazis", meint Gustav Gäde. „In den ländlichen Gebieten erzielten die Faschisten deshalb auch ihre ersten größeren Wahlerfolge."

Für die NSDAP organisierte Walter Darré eine Agrarkampagne und baute im Sommer 1930 den „agrarpolitischen Apparat" der Partei auf, der allerdings nicht der Reform und Rettung der Landwirtschaft, sondern ausschließlich parteiegoistischen Zielen dienen

Zwei Jahre Nazi-Morde!

Adolf Hitler am 24. Februar 1931 in München:
„Es geschieht nichts in der Bewegung, ohne daß ich es weiß und ohne daß ich es billige. Ja, noch mehr: Es geschieht gar nichts, ohne daß ich es wünsche".

Die Totenliste:

29. 12. 1929 Arbeiter **Neumann**, Berlin, von Nazis ermordet.
5. 3. 1930 Gärtner **Kubow**, Röntgental, von Nazis schwerverletzt, an den Folgen gestorben.
16. 5. 1930 Verkäufer **Heimburger**, Berlin, von Nazis ermordet.
17. 5. 1930 Arbeiter **Schumann**, Berlin, von Nazis ermordet.
17. 5. 1930 Arbeiter **Seelenowski**, Berlin, von Nazis ermordet.
27. 5. 1930 Ehrenfried **Jopp**, Fürstenwalde, von Nazis ermordet.
15. 6. 1930 Willi **Gerschler** bei Glauchau von Nazis niedergestochen, an den Verletzungen gestorben.
15. 6. 1930 Johann **Franke**, Eythra, von Nazis ermordet.
28. 6. 1930 Franz **Rasek**, Berlin, von Nazis ermordet.
29. 6. 1930 Josef **Kraus**, Honnef, von Nazis ermordet.
29. 6. 1930 Frau **Kraus**, Honnef, von Nazis ermordet.
14. 7. 1930 Arbeiter **Körner**, Schöningen, von Nazis schwerverletzt, infolge der Verwundung gestorben.
5. 8. 1930 Joseph **Saaber**, Lenklar, von Nazis ermordet.
17. 8. 1930 Eduard **Siedler**, Groß-Heydekrug, von Nazis schwerverletzt, infolge der Verwundung gestorben.
4. 9. 1930 Arbeiter **Klassen**, Köln, von Nazis ermordet.
3. 9. 1930 Wilhelm **Kropp**, Bramsche, von Nazis ermordet.
7. 9. 1930 Erich **Loleid**, Berlin, in Mohrin von Nazis ermordet.
14. 9. 1930 Walter **Krause**, Feldhammer, von Nazis schwerverletzt, infolge der Verwundung gestorben.
16. 9. 1930 Arbeiter Max **Sohr**, Wittenau-Berlin, von Nazis ermordet.
19. 10. 1930 Arbeiter **Breitenbach**, Frankfurt a. M., von Nazis ermordet.
22. 11. 1930 Viktor **Broja**, Hindenburg, von Nazis ermordet.
29. 11. 1930 Adolf **Hummel**, Plauen, von Nazis ermordet.
29. 11. 1930 Hermann **Groh**, Plauen, von Nazis ermordet.
8. 12. 1930 Hermann **Krämer**, Köln, von Nazis ermordet.
13. 12. 1930 Lambert **Reimers**, Gladbach-Rheydt, von Nazis ermordet.
31. 12. 1930 Angestellter **Graf**, Berlin, von Nazis ermordet.
31. 12. 1930 Angestellter **Schneider**, Berlin, von Nazis ermordet.
21. 1. 1931 Arbeiter Willi **Laabs**, Neuschleffin, von Nazis ermordet.
21. 1. 1931 Arbeiter Wilhelm **Höschel**, Köln, von Nazis ermordet.
24. 1. 1930 Arbeiter **Demblow**, Stralsund, von Nazis ermordet.
28. 1. 1931 Arbeiter **Schirmer**, Berlin, von Nazis ermordet.
1. 2. 1931 Arbeiter Otto **Grüneberg**, Berlin, von Nazis ermordet.
21. 2. 1931 Arbeiter **Strang**, Danzig, von Nazis ermordet.
23. 2. 1931 Arbeiter **Kalbas**, Zittau, von Nazis ermordet.
11. 3. 1931 Lehrling **Nathan**, Berlin-Schöneberg, von Nazis ermordet.
15. 3. 1931 Ernst **Henning**, Hamburg, von Nazis ermordet.
18. 3. 1931 Stabsgefreiter **Gambig**, Deutsch-Eylau, von Nazis ermordet.
18. 3. 1931 Arbeiter **Mohnsam**, Grebenstein, von Nazis schwerverletzt, an den Verwundungen gestorben.
25. 3. 1931 Arbeiter **Gruber**, Ahlen, von Nazis ermordet.
24. 4. 1931 Arbeiter **Schleppe**, Gillersheim, von Nazis schwerverletzt, seinen Verwundungen erlegen.
30. 4. 1931 Herbert **Walter**, Glogau, von Nazis ermordet.
1. 5. 1931 Erwin **Ziemke**, Berlin, von Nazis ermordet.
28. 5. 1931 **Wagner**, Hagen, von Nazis ermordet.
28. 5. 1931 Julius **Lücke**, Hagen, von Nazis ermordet.
28. 5. 1931 Arbeiter Joseph **Ernst**, Hagen, von Nazis ermordet.
17. 7. 1931 Hans **Wehnhöfer**, Groß-Gerau, von Nazis ermordet.
17. 7. 1931 Arbeiter Paul **Hammer**, Groß-Gerau, von Nazis ermordet.
18. 7. 1931 Reinhold **Pamler**, Hannover, von Nazis ermordet.
24. 7. 1931 Landwirt **Schmeiser**, Krempine, von Nazis ermordet.
6. 8. 1931 **Fruh**, Schweidnitz, von Nazis ermordet.
17. 8. 1931 Arbeiter **Flade**, Borstendorf, von Nazis ermordet.
30. 8. 1931 Arbeiter **Schwenke**, Dortmund, von Nazis ermordet.
1. 9. 1931 F. **Zilinski**, Elbing, von Nazis schwerverletzt und gestorben.
6. 10. 1931 Arbeiter **Marquardt**, Guben, von Nazis schwerverletzt, an den Verwundungen gestorben.
22. 10. 1931 Alfred **Link**, Pr. Friedland, von Nazis schwerverletzt, infolge der Verwundungen gestorben.
31. 10. 1931 Arbeiter **Klöckling**, Doberan, von Nazis ermordet.
31. 10. 1931 Arbeiter **Bohm**, Doberan, von Nazis ermordet.
2. 11. 1931 Stadtverordn. **Braun**, Sülze, von Nazis ermordet.
3. 11. 1931 Arbeiter Arno **Wolf**, Riesa, von Nazis ermordet.
12. 11. 1931 Herbert **Ritter**, Nowawes, von Nazis ermordet.

Macht Schluß mit der Nazi-Mordpest!

sollte. Die Debatte über das Agrarprogramm der NSDAP, die im geheimen zwischen Darré und Hitler geführt wurde, kreiste nur um die Frage, wie man sich die Landbevölkerung beim Kampf um die Macht im Staat zunutze machen könne. In einem Geheimschreiben machte Darré Hitler Vorschläge: In einem ersten Schritt sollten

Unruhen und Streiks in der Landbevölkerung geschürt werden, die Bauern sollten als „Lebensmotor für den Volksorganismus und biologischen Bluterneuerungsquell des Volkskörpers" gewonnen werden. Nach der Machtergreifung sollten Teile der Landbevölkerung als Kolonisten in die slawischen Ostgebiete geschickt werden, um die von der Armee zu erobernden Landstriche zu erschließen. Um dieses Fernziel zu erreichen, verstärkte die NSDAP in den kommenden Jahren ihre Agitation auf dem Land und versuchte, die Organisationen der Bauern zu infiltrieren.

Ein Vergleich der Reichstagswahlen 1928 und 1932 verdeutlicht, daß die Wahlerfolge der NSDAP vor allem auf Kosten der nichtkatholischen bürgerlichen Parteien – DNVP, DVP, DDP – erzielt wurden:

	1928		Juli 1932	
	Mill. Stimmen	Prozent	Mill. Stimmen	Prozent
Arbeiterparteien				
SPD	9,153	29,8	7,960	21,6
KPD	3,265	10,6	5,283	14,6
	12,418	40,4	13,243	36,2
Kath. Parteien				
Zentrum	3,712	12,1	4,589	12,5
BVP	0,946	3,1	1,193	3,2
	4,658	15,2	5,782	15,7
Nichtkath. Parteien				
DNVP	4,362	14,2	2,177	5,9
DVP	2,680	8,7	0,436	1,2
DDP	1,506	4,9	0,372	1,0
Landbund	0,200	0,7	0,097	0,3
Landvolkpartei	0,582	1,9	0,091	0,2
Bauernpartei	0,481	1,6	0,137	0,4
Wirtschaftspartei	1,397	4,5	0,147	0,4
Deutsch-Hann. Partei	0,196	0,6	0,047	0,1
Volksrechtspartei	0,483	1,6	0,041	0,1
	11,907	38,7	3,535	9,6
NSDAP	0,810	2,6	13,746	37,4

Die mittelständischen und großbürgerlichen Parteien, die nicht wie das Zentrum der katholischen Kirche nahestanden und über eine traditionelle Wählergruppe verfügten, verloren fast ihre gesamte Wählerschaft. Es trifft somit nicht zu, wenn der Bundeswehr-„Historiker" Jürgen Falter behauptet, „daß die NSDAP … auch die Unterstützung eines nicht unbeträchtlichen Anteils der Arbeiterklasse genoß". Ein Teil des Stimmengewinns der NSDAP ist auf die gestiegene Wahlbeteiligung zurückzuführen.

Der Historiker Karl D. Bracher schreibt in seinem Buch *Die deutsche Diktatur*: „In der Arbeiterschaft und ihren Gewerkschaften ist der NSDAP ein ähnlicher Durchbruch wie bei den Bauern und Angestellten nicht gelungen. Allen Anstrengungen des ‚linken' Flügels zum Trotz, blieb der Anspruch der NSDAP, vor allem eine ‚sozialistische Arbeiterpartei' zu sein, eine propagandistische Fassade... Diese Tatsache wurde allerdings bewußt verwischt, und zwar durch den Anspruch des Nationalsozialismus, die klassenkämpferische Kluft zwischen Bürger und Arbeiter im Begriff der ‚Volksgemeinschaft' aufzuheben. Hitlers Parole ‚Arbeiter der Stirn und Arbeiter der Faust' bildete die Formel, mit der die NSDAP ihre Mißerfolge im Kampf gegen den ‚Marxismus' vor und nach dem Aufstieg zur Massenpartei zu verbrämen suchte."

Gustav Gäde berichtet, in der Bergarbeitersiedlung, in der er lebte, seien nur wenige Kollegen der Nazipartei beigetreten. „Wir Arbeiter wußten doch, daß wir von der Sippe nichts zu erwarten hatten. Es stimmt schon, auch Arbeiter sind in die Nazipartei gegangen, besonders nach der großen Krise 1929. Aber das waren nur ein paar arme Teufel, die jahrelang keine Arbeit bekommen hatten und die nun glaubten, die Nazis wüßten einen Weg aus der Misere. Zum Beispiel der Sengotta, der konnte einem leid tun, hatte fünf Kinder zu Hause und mußte von der Wohlfahrt leben. Ist doch verständlich, daß er das braune Hemd angezogen hat, als die ihm versprachen, er bekäme jetzt bald Arbeit."

Gustav Gäde berichtet weiter, in den Zechenbetrieben des Ruhrgebietes seien für NS-Parteimitglieder Stellen freigemacht worden. „An jedem Ersten und jedem Fünfzehnten eines Monats wurde 49 unserer Kollegen gekündigt, als die große Krise ausbrach. Das waren fast ausschließlich unsere Leute, Kommunisten und Sozialdemokraten. Und dafür nahm man dann ein paar Nazileute auf. So hat man die geködert."

Obwohl Sengotta auf ihn geschossen hat, war Gustav Gäde zur nachbarschaftlichen Hilfe bereit, denn er verstand die Not der siebenköpfigen Familie. „Das war wenige Tage nach dem Zusammenstoß mit den Nazis bei der Maifeier. Da hörte ich von nebenan lautes Geschrei, und ich bin natürlich gleich auf die Straße gerannt, um zu sehen, was los ist. Beim Sengotta war der Gerichtsvollzieher, der wollte gerade das kleine Schwein, das die Sengottas sich gezogen hatten, wegführen. Da bin ich dazwischengegangen und habe dem Mann eine Tracht Prügel angedroht, wenn er das Schwein mitnimmt. Der Gerichtsvollzieher ist dann auf und davon, und ich habe das Schwein dann sofort geschlachtet, damit sich die Blagen richtig satt essen konnten. Natürlich, der Sengotta war ein Nazi, aber unter seiner Dummheit sollte doch seine Familie nicht auch noch leiden müssen."

Von einigem Erfolg begleitet waren die Versuche der NSDAP, die seit 1928 anwachsenden Massen der Arbeitslosen zu gewinnen. Vor den Stempelstellen, an denen sich die Erwerbslosen in regelmäßigen Abständen einzufinden hatten, um ihre staatliche Unterstützung zu kassieren, verteilten NS-Propagandatrupps das Naziblatt *Der Erwerbslose*. Darauf reagierten die Arbeiterparteien zwar mit eigener Agitation an den Stempelstellen, und es kam hin und wieder auch zu handgreiflichen Auseinandersetzungen zwischen Kommunisten und Nazis, doch gelangen der NSDAP hier Einbrüche in die Arbeiterschaft, wenn sie auch im wesentlichen nur den Treibsand junger, ungefestigter Arbeiter oder abgesunkener Kleinbürger und entlassener Angestellten zu gewinnen verstand.

Die NSDAP blieb die Partei des Mittelstandes, denn während sich die Mehrheit der Arbeiter eine grundlegende Wandlung der bürgerlichen Gesellschaft wünschte, wollte der antikapitalistisch orientierte Mittelstand nichts weiter als den Schutz des Kleineigentums vor der erdrückenden Macht des großen Kapitals. In diesen Gruppen konnte die NS-Propaganda deshalb ihre größten Triumphe feiern. In der Schlußphase der Weimarer Republik schwenkten Goebbels' Agitatoren ganz auf die vermeintlichen Interessen der Kleinbürger um und begruben die Hoffnungen, in der Arbeiterschaft Fuß zu fassen.

Ende 1928 erkannten auch die führenden Kreise der deutschen Wirtschaft, daß dem kapitalistischen System wieder einmal eine Krise ins Haus stand. Die Hochkonjunktur der vergangenen Jahre war merklich abgeflaut, die Kapitalinvestitionen hatten sich aufgrund der eingeschränkten Kapitalzufuhr aus dem Ausland deutlich verringert. Die Zahl der Arbeitslosen zeigte steigende Tendenz; sie sollte sich innerhalb von vier Monaten nahezu verdoppeln und im Februar 1929 drei Millionen betragen. Für das laufende Haushaltsjahr stand außerdem die Zahlung weiterer 2,5 Milliarden Reichsmark an die Alliierten zur Tilgung der Kriegsschuld an, und die Zinsen und Tilgungsraten für die im Ausland aufgenommenen Kredite drückten weiter auf den Staatshaushalt.

In den Rechtskreisen spürte man, daß eine entscheidende Auseinandersetzung mit der Arbeiterschaft bevorstand. Die Industrieführung erkannte, daß man jetzt handeln und eine „härtere Gangart“ gegenüber der Arbeiterbewegung anschlagen mußte, wenn man das angestrebte Ziel – die Rechtsdiktatur – verwirklichen wollte. Symptom für diese Hoffnungen der Rechtskräfte waren die Leitungswechsel in den bürgerlichen Parteien: Im Zentrum wurde mit Ludwig Kaas ein entschiedener Reaktionär in den Sattel gehoben, und in der DNVP wurde der Medienindustrielle Alfred Hugenberg Parteichef.

Hugenberg, ehemaliger Krupp-Direktor und Reichstagsabgeordneter der Deutschnationalen, war in der Weimarer Republik zum unumstrittenen Zeitungszaren aufgestiegen. Die in seinem Unternehmen erscheinenden Blätter übernahmen die für den Machtantritt der NSDAP notwendige ideologische Berieselung des Kleinbürgertums. Mit täglichen Boulevardsensationen und Zeitungsenten garniert, verbreitete die Hugenberg-Presse das Kreuzzugsmärchen vom „Volk ohne Raum“ und erzeugte das Feindbild des „Untermenschen“. Unbehelligt konnte Hugenberg die republikanische Regierung als „Judenpack“ und „Novemberverbrecher“ beschimpfen. In seinen Zeitungen wurde die „Dolchstoßlegende“ zum publizistischen Dauerbrenner, die Hetze gegen die sozialistische Gesellschaft in der UdSSR und gegen die „Untermenschen“ im eigenen Land – Juden und Kommunisten – nahm in der Berichterstattung der Hugenberg-Presse breiten Raum ein.

Hugenberg, der zu den wichtigsten Steigbügelhaltern Hitlers werden sollte, kontrollierte Banken, Papiergroßbetriebe und Filmgesellschaften, Verlage, Druckereien und Zeitungshäuser mit seinem Kapital. Mit Hilfe seines Freundeskreises, der Wirtschaftlichen Vereinigung, konnte der Mediengigant ökonomischen und politischen Druck auf die Regierung ausüben und in Deutschland ein Klima erzeugen, das die Etablierung einer rechtsgerichteten Diktatur begünstigte. Mitglieder der Wirtschaftspolitischen Vereinigung waren u.a. der Schwerindustrielle Kirdorf, der ehemalige Wirtschaftsminister Becker, Zechenverbandsvorsitzender Winkhaus, Commerzbank-Chef Witthoeft, Freiherr von Löwenstein und andere namhafte Vertreter des Geldadels.

Diese Kreise waren es auch, die kurz nach Hugenbergs Wahl zum Parteichef der DNVP ihren Einfluß auf die Regierung Müller geltend machten und die weitere Entlastung der Industrie sowie die Kürzung der Sozialleistungen durchzusetzen versuchten. DVP und

Zentrum machten ihre weitere Mitarbeit im Kabinett von der Erfüllung dieser Forderungen abhängig, woraufhin der sozialdemokratische Finanzminister einen Etatentwurf präsentierte, der die weitere Senkung der Besitzsteuer und die Erhöhung der Massenkonsumsteuer vorsah.

Obwohl die Sozialdemokraten in der Regierung sowohl nach innen als auch nach außen alles unternahmen, um nicht den Eindruck aufkommen zu lassen, die SPD könnte Verbesserungen für die Arbeiterschaft herausholen wollen, nahmen Unternehmer wie Kirdorf, Krupp, Schacht und Thyssen Kurs auf die Beseitigung der Regierung und liebäugelten mit einem rechten Kabinett mit diktatorischen Vollmachten. Die Herren von Kohle und Stahl, die mit der Hugenberg-Presse über einflußreiche Mittel zur Meinungsmanipulation verfügten, verlangten immer offener ein Ermächtigungsgesetz, mit dessen Hilfe die Interessen des Großkapitals auf aggressive Weise durchgesetzt werden sollten. Die *Deutsche Allgemeine Zeitung,* die sich den Förderern Hitlers verpflichtet fühlte, forderte unverblümt, ein neues Kabinett zu bilden, das „für den Reichstag über die Auflösungsorder verfügen" müßte.

Mit Hilfe einer Regierung, die den Reichstag auflösen und nach eigenem Gutdünken schalten und walten konnte, wollte man mit den Belegschaften der rheinisch-westfälischen Eisenindustrie fertig werden, die die Angleichung der Löhne an die Lebenshaltungskosten forderten und die gesetzliche Verankerung des Achtstundentages durchzusetzen versuchten. In Industriekreisen wurde der Ruf nach dem starken Mann immer lauter; man wünschte sich eine Kraft herbei, die in der Lage war, den „inneren Frieden" wiederherzustellen, günstige Bedingungen für die Geschäftsinteressen des Großkapitals zu schaffen und die imperialistischen Ansprüche der deutschen Industrie durchzusetzen. Nun flossen die ersten Geldspenden der Industrie auch in die Kassen der Nazipartei.

Auf ihrem 12. Parteitag zog sich die KPD im Juni 1929 öffentlichen Spott zu, weil sie mit ihren Warnungen vor der Gefahr des deutschen Faschismus angeblich nur von der eigenen Propaganda heraufbeschworenen Schreckgespenstern nachjagte. Während die SPD auf ihrem Mannheimer Parteitag die Auffassung vertrat, „wir leben nicht mehr im reinen Kapitalismus, sondern bereits im Übergang zum Sozialismus", beschloß die KPD „den tatkräftigen Kampf für alle demokratischen Rechte der Arbeiterklasse" und kündigte an, die „Massen in einer breiten Aktion gegen die drohende faschistische Entwicklung in Deutschland" zu führen.

In den 1945–1949 stattfindenden Nürnberger Kriegsverbrecher-Prozessen kam der amerikanische Hauptankläger T. Taylor zu dem Schluß, die „Machtergreifung" des Faschismus in Deutschland sei ohne die massive Unterstützung der NSDAP durch deutsche Großindustrielle nicht möglich gewesen. Hitler kam nicht durch Wahlen zur Macht, wenn auch die Reichstagswahlen in seinem Konzept der „legalen Machtergreifung" eine wichtige Rolle spielten.

Sicher hatte die NSDAP anfangs große Schwierigkeiten, bei den Konzernherren die gewünschten Millionenbeträge lockerzumachen. Nicht jeder war schon kurze Zeit nach der Gründung der NSDAP so spendabel wie der Stahlindustrielle Thyssen, der Hitlers Braunes Haus in München finanzierte. Die meisten Industriechefs wollten erst garantiert sehen, daß die Nazipartei die Investitionen, die man tätigen wollte, auch lohnte. Kirdorf etwa, der schon 1923 auf eine rechtsgerichtete Diktatur gesetzt hatte, wurde von seinen Kollegen aus Unternehmerkreisen belehrt, es lohne unter den gegebenen Verhältnissen nicht, die Faschisten zu unterstützen, weil sie „dieselbe Entwicklung nehmen wie bisher alle nationalsozialistischen Versuche. Es gelingt nicht, aus der Arbeiterschaft in nennenswertem Maße Zuzug zu bekommen."

Bis zur Wirtschaftskrise, die mit dem „Schwarzen Freitag" 1929 einsetzte, finanzierte sich die NSDAP vorwiegend durch Mitgliedsbeiträge, kleinere Spenden und die Eintrittsgelder der von ihr organisierten Massenveranstaltungen. Die finanzielle Unterstützung aus Unternehmerkreisen bildete nur einen geringen Anteil der Gelder, die der Partei zur Verfügung standen. Solche Spenden kamen unter anderem von Aust (Bayerischer Industriellenverband), Borsig (Arbeitgebervereinigung) sowie von den Industriellen Grandel, Becker, Bechstein oder Bruckmann.

Der Vorstoß in Unternehmerkreise gelang Hitler auch nicht, als er Vortragsveranstaltungen vor den Führern der Industrie im Ruhrgebiet hielt, denn dort sprach er anfangs vor leeren Bänken. Das änderte sich erst, als Otto Dietrich heimlich der Nazipartei beitrat und Verbindungen für den Nazichef zu knüpfen begann. Dietrich gehörte nicht nur dem Leitungsgremium der deutschnationalen *München-Augsburger Abendzeitung* an, er hatte auch in die Familie des Herausgebers der schwerindustriellen *Rheinisch-Westfälischen Zeitung,* Dr. Reismann-Grone, eingeheiratet und verfügte über ausgezeichnete Verbindungen zu den Alldeutschen Verbänden und den Spitzen des deutschen Industriekapitals.

Emil Kirdorf, Gründer des deutschen Kohlesyndikats und Beherrscher der Gelsenkirchener Bergwerks AG, kam durch Dietrichs Vermittlung mit Hitler zusammen. Seit seinem Aufstieg in der großen Krise der siebziger Jahre des neunzehnten Jahrhunderts träumte er davon, eines Tages eine Regierung zu installieren, die die Organisationen der Arbeiterklasse zerschlagen und „Ruhe und Ordnung" in den Betrieben schaffen konnte. Die Begegnung mit Hitler ließ ihn neue Hoffnungen schöpfen, und so bemühte er sich in den kommenden Monaten, der Nazipartei die Türen zu den Direktionsetagen der Großindustrie zu öffnen. 1928 schickte er den späteren Stellvertreter des „Führers", Rudolf Heß, auf Bettelfahrt zu den deutschen Großunternehmern.

Gleichzeitig versuchte er mit Erfolg, Hitler zu Kurskorrekturen zu bewegen; auf seinen Ratschlag hin wurde noch im Oktober 1928 die regionale Organisation der Partei nach dem Willen der Ruhrindustriellen umgestaltet. Die Parteileiter an der Ruhr, Karl Kaufmann und Erich Koch, die der Industrie als zu radikal galten, wurden durch die fügsamen Funktionäre Florian und Terboven ersetzt. Noch vor dem US-Börsenkrach bekannte sich Kirdorf in aller Öffentlichkeit zur NSDAP, dem Nürnberger Parteitag stattete er 1929 einen vielbeachteten Besuch ab, und in einem offenen Brief sprach er Hitler seine Anerkennung aus.

Das tote Parlament

Wallstreet, 29. Oktober 1930: An der New Yorker Börse kam es zu so gewaltigen Kursstürzen, daß an diesem einen „Schwarzen Freitag" Verluste in Höhe von 25 Milliarden US-Dollar zu verzeichnen waren. Dennoch meldete nicht nur die Regenbogenpresse unverdrossen, „eine allgemeine Wirtschaftskrisis (sei) nicht zu erwarten".

Deutschlands Industrie hatte ein Volumen erreicht, das bereits mehr als eineinhalb Mal so groß war wie vor dem ersten Weltkrieg. Zwölf Prozent aller in der Welt produzierten Industriewaren kamen aus deutschen Firmen. Zudem war das Reich zusammen mit den Vereinigten Staaten das Land mit der am weitesten fortgeschrittenen Kapitalkonzentration. Kein Wunder, daß die ökonomische Krise die deutsche Wirtschaft besonders hart traf.

In den wichtigsten Produktionszweigen – Stahl, Kohle, Elektrotechnik und Chemie – kontrollierten Monopole Produktion und Markt. Im Kohlenbergbau hatten Syndikate den Inlandsmarkt völlig unter sich aufgeteilt. Die Schwerindustrie wurde von einem halben Dutzend Konzernen beherrscht. In der elektrotechnischen Industrie hatten der Siemens-Konzern und die AEG alle anderen nennenswerten Betriebe unter ihre Kontrolle gebracht.

Die Chemiebranche hatte sich durch die Bildung der IG Farben in einem Riesentrust organisiert, der 1928 über ein Aktienkapital in Höhe von 400 Millionen Reichsmark verfügte und rund 100 000 Arbeiter und Angestellte beschäftigte. Wie stark der deutsche Chemiegigant, der auch zahlreiche ausländische Unternehmen kontrollierte, in das politische Geschehen eingriff, macht die Aussage des Vorstandsmitglieds Georg von Schnitzler in den Nürnberger Kriegsverbrecherprozessen deutlich: Schnitzler gab zu, jede Reichstagswahl habe die IG-Farben schätzungsweise 400 000 Mark gekostet.

Die Interessen der Chemieunternehmer verdeutlichte der Vorstandsvorsitzende der IG-Farben, Duisberg, bei der 100-Jahr-Feier der Industrie- und Handelskammer: „Fortwährend ruft das deutsche Volk nach einem Führer, der es aus seiner unerträglichen Lage befreit", sagte er in seiner Eigenschaft als Vorsitzender des Reichsverbandes der Deutschen Industrie und orakelte: „Kommt nun ein Mann, der bewiesen hat, daß er keine Hemmungen hat, und der gesonnen ist, den Geist der Frontgeneration in friedlicher

Befreiungsarbeit einzusetzen und zu verwirklichen, so muß diesem Mann auch unbedingt Folge geleistet werden."

Auch im Bankwesen ließ sich ein hoher Monopolisierungsgrad erkennen: Die deutschen Großbanken waren noch mächtiger geworden, sie hatten ihre kleinen und mittleren Konkurrenten aus dem Ring gedrückt. Deutsche Bank, Disconto-Gesellschaft, Dresdner Bank und Nationalbank kontrollierten das Geschäft mit dem Geld, das sich nur für die ganz großen Finanzierungsinstitute noch lohnte.

Die Schlüsselpositionen der deutschen Wirtschaft und Finanzwelt wurden von einer kleinen Elite besetzt, von den Schwerindustriellen Friedrich Flick, Karl Haniel, Peter Klöckner, Gustav Krupp von Bohlen und Halbach, Paul Reusch, Alfred Mannesmann und Fritz Springorum (Hoesch), von den IG-Farben-Bossen Carl Bosch und Carl Duisberg, von den Bankiers Hjalmar Schacht und Emil Strauß. Sie beherrschten nicht nur die wirtschaftliche Entwicklung Deutschlands, sondern unterbreiteten der Regierung ihre Vorstellungen und schleusten ihren Hofstaat in Regierungsämter. Sie sorgten im stillen dafür, daß der staatliche Apparat auf allen Ebenen mit den Großkonzernen verschmolz und zu einer machtvollen Agentur ihrer Interessen wurde. Wer sich als Minister oder Staatssekretär mit ihnen anlegte, der mußte bald sein Büro für einen wendigeren Politiker räumen.

Von der Wirtschaftskrise, die sie anfangs für eine der vielen zyklischen Krisen des Kapitalismus hielten, erhofften sich diese Kreise eine günstige Wirkung auf die innenpolitische Situation im Land. Sie hatten zwar schon in den vergangenen Jahren geschickt ihre Vorteile genutzt und alle Zugeständnisse, die sie den Arbeitern in der Novemberrevolution hatten machen müssen, zurückgenommen, doch immer noch lagen die Löhne nach ihrer Ansicht weit über dem Erträglichen, immer noch investierte der Staat zu viel in die Sozialetats, immer noch verfügten die Arbeiter über starke Gewerkschaften, und immer noch hatten sie zu viele politische Freiheiten.

Das sollte nun anders werden. Deshalb wandten sich die führenden Vertreter des deutschen Kapitals Ende 1928 mit einem Forderungskatalog an die Regierung. Deshalb einigten sich Kirdorf, Krupp, Thyssen, Schacht, Vögler und andere Wirtschaftsführer im Mai 1929 darauf, eine rechtsgerichtete Diktatur in Deutschland zu installieren. Deshalb forderte der Reichsverband der deutschen Industrie Ende 1929 in einer Denkschrift mit dem Titel *Aufstieg oder Niedergang* sofortige Maßnahmen des Staates zur Sicherung der Unternehmerprofite: Steuersenkungen für die Großindustrie, Erhöhung der Massenkonsumsteuer, Abbau der Sozialleistungen, Revision des Tarifrechts, kurzum: ein staatliches Programm zur weiteren Umverteilung des Nationaleinkommes, ein Rotstiftprogramm in nie gekannter Dimension, ein organisierter Raubzug auf die Taschen der Kleinverdiener, der arbeitenden Menschen.

Für das Jahr 1930 erwartete man in der deutschen Industrie eine allmähliche Wiederbelebung und eine neue Phase der Hochkonjunktur. Für diese Entwicklung mußte man gerüstet sein, die kurze Zeit der wirtschaftlichen Flaute mußte man gewinnbringend überbrücken.

Doch die Unternehmer hatten falsch kalkuliert: Die ökonomischen Bedingungen verschlechterten sich rapide, denn die Gläubigerstaaten USA und Großbritannien zogen, um ihre eigenen wirtschaftlichen Schwierigkeiten zu überstehen, kurzfristig ihre Gelder aus den deutschen Unternehmen ab und lösten damit eine tiefgreifende Strukturkrise der deutschen Wirtschaft aus, die im Sommer 1931 zur Zahlungsunfähigkeit der deutschen Großbanken und zum Zusammenbruch des gesamten wirtschaftlichen Gefüges führen sollten.

„Für uns Arbeiter bedeutete die Krise, die der Börsenkrach in New York ausgelöst hatte, eine aktuelle Bedrohung unserer Existenz", urteilt Gustav Gäde. „Überall wurden die Leute arbeitslos, sie konnten dann ihre Mieten nicht mehr bezahlen, mußten ihre Wohnungen räumen, landeten im Elend. Millionen ist es so gegangen. Die Schlangen vor den Stempelstellen waren oft nicht zu übersehen. Wir Werktätige sollten die Krise wieder einmal auf unseren Knochen ausbaden, wir sollten die Opfer bringen, während es den Unternehmern um so leichter gemacht wurde, Profite aus uns herauszuholen."

In zahlreichen Betrieben des Reichs kam es in dieser Zeit der Existenzbedrohung zu Streiks, mit deren Hilfe sich die Arbeiter gegen den Abbau ihrer politischen Rechte und die Gefährdung ihres Lebensstandards zur Wehr zu setzen suchten. Ungeachtet staatlicher Unterdrückungsmaßnahmen und der von den Unternehmern vorgenommenen Aussperrungen wehrten sich die Beschäftigten ihrer Haut, und selbst die Erwerbslosen – Anfang 1929 waren das 3,2 Millionen Arbeiter und Angestellte – setzten sich in politischen Aktionen zur Wehr.

Der Widerstand der arbeitenden Bevölkerung verstärkte in Unternehmerkreisen den Wunsch, eine Regierung an die Macht zu bringen, „die durchzugreifen ernsthaft gewillt ist“ und die mit Notverordnungen und Ausnahmerecht regieren sollte. Streiks sollten von der Polizei und ihren faschistischen Hilfstruppen niedergeknüppelt werden.

Die SPD-Politiker versuchten verzweifelt, die Regierung der Großen Koalition am Leben zu erhalten, doch in den Vorstandszimmern der Großkonzerne waren die Würfel längst gefallen: Die SPD hatte ihre Schuldigkeit getan, jetzt konnte sie abserviert werden. Die großbürgerliche *Deutsche Allgemeine Zeitung* schrieb, die Politik der SPD drohe „die Wirtschaft... zu ersticken“. Man müsse die „Dinge im Jahr 1930 unbedingt zur Entscheidung führen“. Zur Wiederherstellung der Rentabilität und zur „Förderung der Kapitalbildung“ müsse man die Koalition mit der Sozialdemokratie aufgeben, denn es erscheine „nicht zweckmäßig..., die künftige Regierung auf einer koalitionsmäßigen Bildung aufzubauen“.

Die „Machtergreifung“ der Rechtskräfte war also schon für das Jahr 1930 geplant.

Um die gewünschte Diktatur aufbauen zu können, mußte erst die alte Regierung beseitigt werden. Man brauchte eine Regierungskrise, die man für die geplante Wende benutzen konnte. Die Krise auf Bestellung ließ nicht lange auf sich warten; sie entzündete sich in der Frage der Sozialversicherung, einer der wichtigsten Errungenschaften der Weimarer Republik. Die bürgerlichen Parteien der Großen Koalition verlangten die Kürzung der Erwerbslosenunterstützung, während die SPD die Erhöhung der Beiträge zur Arbeitslosenversicherung um ein halbes Prozent vorschlug. Da keine Einigung zustande kam, sah sich Müller dazu gezwungen, dem Reichspräsidenten die Demission des Kabinetts mitzuteilen.

Die Koalitionspolitik der SPD war mit dem Scheitern der Regierung Müller an ihrem Ende angelangt. Der Versuch, in Zusammenarbeit mit den bürgerlichen Parteien und Gruppierungen der Großunternehmer die gesellschaftlichen Beziehungen grundsätzlich zu verändern, war mißlungen. Der Kapitalismus ließ sich mit Reformen nicht in eine humane Gesellschaftsordnung verwandeln, zwischen kapitalistischer und sozialistischer Gesellschaftsordnung fand sich kein „dritter Weg“.

„Die Gewinner der Weimarer Republik“, schätzt Gustav Gäde ein, „waren die Großunternehmer. Die Stillhaltepolitik der Führung unserer Partei hat der Arbeiterbewegung die Hände gebunden. Mit dem November 1918 stand der Sozialismus auf der Ta-

Gustav Gäde und seine Familie

gesordnung, aber die SPD verspielte unsere Chance. Sie hat den Unternehmern die Zeit verschafft, die sie brauchten, um ihre Hilfstruppen zu sammeln. Am Schluß blieb die Sozialdemokratie selbst auf der Strecke, denn als die Wirtschaftsführung sich vom Schlag der Novemberrevolution erholt hatte, hieß die Devise: Keine Rücksicht mehr auf die Sozialdemokraten, Beseitigung der Republik, faschistische Diktatur, Krieg gegen die Arbeiterbewegung."

Eine wichtige Rolle beim Sturz der Regierung Müller spielte Reichsbankpräsident Hjalmar Schacht. Wie falsch die SPD die politische Haltung dieses Mannes eingeschätzt hat, macht die Aussage des langjährigen preußischen Ministerpräsidenten Otto Braun (SPD) deutlich, dessen Stimme bei der Wahl Schachts zum Reichsbankpräsidenten den Ausschlag gegeben hatte: „...ich stand vor der Alternative Helfferich oder Schacht. Dort der giftgeschwollene deutschnationale Feind der demokratischen Republik, hier ein ihm bankfachlich gleich zu bewertender Fachmann, der als entschiedener Demokrat auftrat."

Schacht war alles andere als ein entschiedener Demokrat. Er unterhielt nicht nur beste Kontakte zu den deutschen Kohle- und Stahlbaronen an der Ruhr, er verschaffte auch der amerikanischen Morgan-Bank maßgeblichen Einfluß auf die deutsche Politik. Bis zur Weltwirtschaftskrise befürwortete er die Taktik, die SPD durch Beteiligung an der Regierung ihrer Kraft als Arbeiterpartei zu berauben und sie für die Interessen des Großkapitals einzusetzen.

1929 schwenkte er auf den Kurs einer harten ökonomischen Politik und machte sich die Forderungen des Reichsverbandes der Deutschen Industrie zu eigen, der eine allseitige „Förderung der Kapitalbildung" und eine Befreiung der Produktion „von allen unwirtschaftlichen Hemmungen" verlangte. Sein Angriff auf die Reichsregierung, der sich für die Öffentlichkeit unsichtbar vollzog, erfolgte zu einem Zeitpunkt, als sich die Staatsfinanzen in einer prekären Situation befanden, für 1,7 Milliarden Haushaltsdefizit nur 1,37 Milliarden Reichsmark zur finanziellen Stützung vorhanden waren.

Die Regierung beeilte sich deshalb, ein Finanzierungsprogramm zur Sanierung des Staatshaushalts vorzulegen, mit dessen Hilfe die Kreditwürdigkeit des deutschen Staates wiederhergestellt werden sollte. Finanzminister Hilferding versuchte, die Deckungslücke von rund 300 Millionen Reichsmark durch einen Kredit der amerikanischen Bank Dillon Read und Co. auszugleichen. Doch er wartete vergeblich auf die Kreditzusage der US-Bank, denn die fragte beim deutschen Reichsbankpräsidenten nach, ob er grünes Licht für die bevorstehende Transaktion geben könne. Als der Reichsbankpräsident nicht zu erkennen gab, daß er die Regierung seines Landes für kreditwürdig hielt, ließ die amerikanische Bank das Geschäft platzen.

In ihrer bedrängten Lage wandte sich die Reichsregierung mit einem Hilferuf an die Reichsbank selbst und bat Schacht um den Finanzierungszuschuß. Der Reichsbankpräsident zog die Schlinge enger: Er verlangte die sofortige Bewilligung eines Schuldentilgungsfonds in Höhe von 450 Millionen. Als die Regierung sich außerstande sah, dieser Forderung nachzukommen, versetzte Schacht ihr den Todesstoß; einen Kredit aus Reichsbankmitteln könne er nicht vergeben, ließ er erklären. In der radikaldemokratischen Zeitschrift *Die Weltbühne* schrieb Carl von Ossietzky zu dieser planvollen Exekution: „Die Regierung ist gründlich in den Schacht gefallen. Man läßt sie einstweilen liegen, obwohl man weiß, daß es ein paar ernste Knochenbrüche gegeben hat, und tut so, als wäre sie noch vorhanden. Sie ist aber nicht mehr da."

Die Zeit, in der die Unternehmer ein Parlament geduldet hatten, war vorüber. Ohne Rücksicht auf den Reichstag, allein getragen vom „Vertrauen des Reichspräsidenten" sollte die neue Regierung unter Reichskanzler Brüning (Zentrum) die Staatsgeschäfte führen. Schon in der ersten Regierungserklärung drohte Brüning unmißverständlich, er werde den Reichstag auflösen, wenn dieser den Maßnahmen der Regierung nicht seinen Segen erteile.

Der Plan, den Reichstag kaltzustellen und seiner politischen Möglichkeiten weitgehend zu berauben, war schon vor dem Amtsantritt des neuen Kanzlers entstanden. Im Frühjahr 1929 hatte Generalmajor Schleicher diesen Plan erstmals mit Brüning erörtert. Der Reichswehrminister, so berichtete Brüning später, habe einer Unterredung mit Hindenburg entnehmen müssen, daß der „alte Herr" entschlossen sei, noch vor seinem Tod die „Dinge in Ordnung zu bringen. Ich fragte, ob der Reichspräsident das mit oder ohne Parlament machen wolle. Darauf Schleicher: Der Reichspräsident würde nicht die Verfassung verletzen, aber er würde das Parlament im gegebenen Zeitpunkt für eine Zeit nach Hause schicken und in dieser Zeit mit Hilfe des Artikels 48 die Sache in Ordnung bringen."

Brüning und Schleicher erwogen auch die Wiedererrichtung der Monarchie. Brüning erinnert sich: „Meine Antwort: ‚Mich stört die Frage der Wiedereinführung der Monarchie nicht, aber die Dinge, die gemacht werden müssen in bezug auf die Ordnung der Finanzwirtschafts- und Sozialpolitik werden so unpopulär sein, daß man die Monarchie damit nicht belasten darf... Dann stimmen wir darin überein, daß die Monarchie unter keinen Umständen im Kampfe gegen die Masse der geschulten Arbeiterschaft eingeführt werden darf. Die Monarchie muß am Ende der Reformen stehen.'"

Die Regierung Brüning, von Hindenburg mit allen Vollmachten ausgestattet und vom Reichspräsidenten persönlich darauf verpflichtet, die SPD von jeder Regierungsverantwortung auszuschließen, wollte die Wirtschaftskrise außenpolitisch dazu nutzen, der Welt die Zahlungsunfähigkeit Deutschlands zu demonstrieren, um so aus dem Versailler Vertrag aussteigen zu können. Außerdem wollte sie nach dem erwarteten Scheitern der Abrüstungsverhandlungen die vollständige Gleichberechtigung Deutschlands durchsetzen, um Raum für die expandierende Rüstungswirtschaft zu schaffen.

„Brüning ging gleich zur Sache", erinnert sich Gustav Gäde. „Mit Notverordnungen startete er eine Hungeroffensive gegen die Bevölkerung. Zuerst wurden die Zölle erhöht, dann wurden neue Steuern eingeführt, eine Bürgersteuer, eine Ledigensteuer, eine Sondersteuer für Beamte. Die Beiträge zur Arbeitslosenversicherung wurden um eineinhalb Prozent erhöht, die Leistungen der Krankenversicherung wurden abgebaut. Berufstätige Frauen bekamen keine Unterstützung mehr. Aber das waren nur die ersten Schritte der neuen Regierung, um uns Arbeiter an die Wand zu drücken."

Als Brüning seine Vorstellungen zur Beseitigung der Wirtschaftskrise dem Parlament vortrug, warnte ihn der SPD-Abgeordnete Breitscheid davor, den Weg in die Diktatur zu gehen. Da eine Mehrheit für Brünings Programm im Reichstag nicht zu erzielen war, versuchte der Reichskanzler, dieses Programm unter Berufung auf Artikel 48 der Verfassung zu diktieren. Er erklärte öffentlich, die Regierung lege auf eine weitere parlamentarische Verhandlung des Finanzprogramms keinen Wert, und setzte das sozialreaktionäre Gesetzesbündel per Notverordnung in Kraft.

Mit 256 von 491 Abgeordnetenstimmen sprach sich das höchste deutsche Parlament gegen Brünings Sozialplan aus und verlangte die Aufhebung der Notverordnung, woraufhin Hindenburg den Abgeordneten mitteilen ließ, der Reichstag sei aufgelöst.

Blutmai 1929 – Zörrgiebels Polizei beseitigt die Barrikaden am Wedding.

Diese Erklärung Hindenburgs war verfassungswidrig, denn nach der Weimarer Verfassung war die gleichzeitige Anwendung der Artikel 25 und 48 unmöglich. Dennoch wurde der Artikel 48 von nun an immer wieder angewandt, um reaktionäre Gesetzesvorhaben gegen den Willen der gewählten Volksvertreter und unter Umgehung einer öffentlichen Aussprache durchzusetzen. Zwischen 1925 und Frühjahr 1930 war keine Notverordnung erlassen worden, aber schon im Jahr 1931 sollten den 19 Reichsgesetzen, die auf legale Weise zustande kamen, 41 per Notverordnung verfügte Gesetze gegenüberstehen. 1932 sollte der Reichstag nur noch bei fünf von 65 neuen Gesetzen um seine Meinung gefragt werden.

Die unternehmerfreundliche Politik der Regierung Brüning fand ihren Niederschlag in Millionengeschenken, die der Großindustrie aus dem Steueraufkommen zuflossen. Demgegenüber fiel das durchschnittliche Wocheneinkommen des Industriearbeiters von 42,20 Reichsmark im Jahr 1929 auf 36,95 Reichsmark im Jahr 1930 und lag damit schon um mehr als 22 Prozent unter dem amtlich errechneten Existenzminimum. Die Arbeitshetze in den Betrieben nahm weiter zu, immer mehr Menschen verloren ihre Arbeit und mußten vom karg bemessenen Stempelgeld leben.

Die Arbeiterparteien analysierten und bewerteten die politischen Veränderungen unterschiedlich. Im Aufruf der SPD zu den Reichstagswahlen, die für den 14. September 1930 anberaumt wurden, hieß es: „Der Bürgerblock hat seine Diktatur errichtet! ... Das Kapitel will herrschen durch Diktatur. Demokratie aber ist die Herrschaft des arbeitenden Volkes. Ohne Demokratie kein sozialer Fortschritt, keine Gesundung der Wirtschaft, keine Beseitigung von Not und Elend."

Die KPD, die die Notwehraktionen der arbeitenden Menschen unterstützte und bei der Organisation von Streiks half, rief die deutsche Arbeiterschaft dazu auf, „den Faschismus und seine Terrorbanden bis zur vollständigen Vernichtung niederzukämpfen."

„Dabei machte man in der KPD allerdings den Fehler, schon das Kabinett Brüning mit Faschismus gleichzusetzen", kommentiert Gustav Gäde. „Doch Brüning war noch kein Faschismus, das war eine autoritäre bürgerliche Regierung, die mit Gewalt ein reaktionäres Programm durchpeitschen wollte, aber da gab es immerhin noch Möglichkeiten, einen Widerstand zu organisieren, öffentlich. Man mußte zwar mit harten Gegenmaßnahmen der Regierung und ihrer Organe rechnen, wenn man sich zur Wehr setzte, aber Faschismus sieht doch wohl anders aus.

Sicher, aus der Rückschau hat man es immer leicht, so etwas zu beurteilen. Da weiß man ja, wer den Faschismus in Deutschland etabliert hat. Zu der Zeit konnte man solche klaren Analysen nicht treffen, denn man wußte nicht, wie sich die Dinge weiterentwickeln würden; auch hat man nicht viel mitbekommen von dem, was hinter geschlossenen Türen ausgehandelt wurde. Aber man muß mit solchen Begriffen immer vorsichtig sein, denn sonst schleifen sie sich ab und werden unscharf. Dann weiß nachher keiner mehr, was man eigentlich gemeint hat."

Diese Begriffsunklarheit der KPD und ihr Hang, die „Sozialfaschismusthese" am Leben zu halten, behinderte die Entfaltung einer breiten antifaschistischen Aktionseinheit. Während die KPD jedoch zumindest seit dem 24. August 1929, an dem in der *Roten Fahne* die Programmerklärung der Kommunisten erschien, auf einen konsequent antifaschistischen Kurs orientierte und den „schärfsten ... Massenkampf gegen die NSDAP" zu entfalten versuchte, erschöpften sich zahlreiche Politiker der SPD und der Gewerkschaften in Appellen und verbalen Angriffen auf die Nazipartei. Indem die SPD-Führung die Notverordnungspolitik Brünings tolerierte und selbst nichts unternahm, um den Widerstand gegen die Gefahr von rechts zu organisieren, förderte sie den Prozeß der allmählichen Faschisierung des öffentlichen Lebens. Von der SPD gingen keine Impulse für eine gemeinsame Abwehr des Faschismus aus. Mit der Ablehnung kommunistischer Angebote zur gemeinsamen antifaschistischen Aktion wurde die letzte Chance zur Verhinderung der Nazidiktatur vertan.

In der KPD-Erklärung vom 24. August hieß es, die NSDAP sei eine „nationalverräterische, antisozialistische, arbeiterfeindliche" Partei. In der Sozialdemokratie schwadronierte man dagegen, ein baldiger, leichter Sieg über den „kleinen Hitler" stehe bevor. Sogar Breitscheid, der später zu einem entschiedenen Verfechter der Einheitsfrontpolitik in seiner Partei wurde, hielt in diesen Tagen die „kommunistische Welle" für „bedrohlicher als die nationalsozialistische".

Das Ergebnis der Reichstagswahlen war ein Alarmzeichen, das sowohl in Deutschland als auch im Ausland als sichtbarer Ausdruck der ökonomischen und politischen Krise des Reiches gewertet wurde: Die NSDAP erhielt 107 statt der bisherigen zwölf Sitze im Parlament, sechs Millionen Wähler gaben ihr die Stimme und machten sie zur zweitstärksten Partei im höchsten deutschen Parlament.

Das Ergebnis der Reichstagswahlen vom 14. September 1930:

	Stimmen (Millionen)	Prozent	Sitze
SPD	8,578	24,5	143
KPD	4,592	13,1	77
Zentrum	4,128	11,8	68
BVP	1,059	3,0	19
DVP	1,578	4,5	30
DDP	1,322	3,8	20
Konservative Volkspartei	0,291	0,8	4
Christlich-soz. VD	0,869	2,5	14
Landbund	0,194	0,6	3
Landvolkpartei	1,108	3,2	19
Bauernpartei	0,340	1,0	6
Wirtschaftspartei	1,362	3,9	23
Deutsch-Hann. P.	0,144	0,5	3
DNVP	2,458	7,0	41
NSDAP	6,410	18,3	107

Um eine zweite Auflösung des Reichstags zu verhindern, entschied sich die SPD zur Tolerierung des Brüning-Kurses. Ein entschiedener Befürworter der Stillhaltetaktik gegenüber der Notverordnungspolitik des Reichskanzlers war der sozialdemokratische Ministerpräsident Preußens, Otto Braun, der seine Haltung mit den Worten rechtfertigte: „War man im März 1930 ohne zwingenden Grund aus dem Reichskarren ausgestiegen und hatte Brüning die Zügel in die Hand gespielt, so mußte man nun eben neben dem Karren hertrotten und verhüten, daß er in den reaktionären Abgrund glitt."

Demgegenüber erwogen führende Industriekreise, die Nazis baldmöglichst in die Regierungsverantwortung einzubinden. Fritz Thyssen, der vor dem Hauptausschuß des Reichsverbandes der Deutschen Industrie am 27. November 1930 den Wahlerfolg der NSDAP begrüßte, empfahl Heinrich Brüning, die Regierung weiter nach rechts zu orientieren und die Hitler-Partei zur Mitarbeit zu gewinnen.

Zu diesem Zeitpunkt wollten jedoch die Nazis nicht an einer Kabinettbildung teilnehmen. Hitler ließ erklären, „ihm liege nichts an einer Regierungsbildung und an der Sanierung der Steuern, sondern zunächst nur an einem weiteren Machterwerb durch Zuwachs von Mandaten." Der Naziführer hoffte, die sozialen und ökonomischen Schwierigkeiten der Weimarer Republik würden das System an den Rand des Absturzes treiben und ihm dadurch günstigere Ausgangsbedingungen für die Durchsetzung seiner Ziele schaffen. Also lehnte er die ihm angebotenen Plätze im Kabinett ab.

Die SPD erreichte mit ihrer Stillhaltetaktik gegenüber der Regierung Brüning zwar, daß der Reichstag vorerst nicht wieder aufgelöst wurde, doch zugleich wurde das Parlament seiner eigentlichen Funktion beraubt. Der Reichstag hatte keine andere Aufgabe mehr, als die Gesetze, die Brüning ihm vorlegte, abzusegnen.

Ihren „gesetzmäßigen" Kurs begründete die SPD in der Öffentlichkeit mit der These, man müsse die Regierung Brüning über die Zeit retten, da ansonsten nur noch die Alternative Hitler oder Hugenberg bliebe. Man toleriere die Regierung Brüning nicht, weil man etwa mit der Politik des Kabinetts einverstanden sei, sondern weil man Brüning für das kleinere Übel halte. Tatsächlich zerstörte die Brüning-Regierung jedoch Stück für Stück die Grundlagen der Weimarer Republik, und es war abzusehen, daß eine faschistische Regierung den derart bereiteten Boden nutzen würde.

Die braune Front formiert sich

Mitte 1930 schloß sich Gustav Gäde dem auf Initiative der KPD gebildeten Kampfbund gegen den Faschismus an. Unter der Leitung Hermann Remmeles sollte diese bewaffnete Notwehrorganisation den Schutz der Arbeiterwohnsiedlungen vor Überfällen nationalsozialistischer Schlägerkommandos organisieren. Allein 1930 ermordeten Nazis 41 Arbeiter. Die Zahl der Zusammenstöße, der Verletzten und Toden wuchs ständig.

„Ich spielte damals in einer Schalmeiengruppe, die fast ausschließlich aus Kommunisten bestand. Ich habe immer gern Musik gemacht, aber in unserem Ortsverband gab es keine solche Gruppe, nur einen Arbeiterchor. Dort wollte ich aber nicht mitmachen, denn singen kann ich nicht. Also bin ich zu meinem Gruppenvorsitzenden gegangen und habe ihn gefragt, ob er nicht eine Ahnung hätte, wo ich ein Instrument spielen könnte. ‚Wir hier haben so was nicht', hat er gesagt. ‚Das ist was für die Großstädte.'

Ich habe aber nicht lockergelassen, und da hat er mit mir geschimpft: ‚Du mußt immer aus der Reihe tanzen, Gustav. Wo soll ich denn eine Musikgruppe hernehmen? Du kannst dich ja bei den Kommunisten melden.'

Das hat er natürlich nicht ernst gemeint, aber ich habe ihm geantwortet: ‚Weißt du, das mache ich', und habe ihn stehenlassen. Drei Tage später war ich Mitglied der Schalmeiengruppe. Ich habe da etwa zwei Jahre gespielt, als mich einer unserer beiden Leiter zur Seite nahm und zu mir sagte: ‚Gustav, du bist ein Kerl wie ein Baum, und du hast keinen Schiß. Wir machen da gerade eine Gruppe des Kampfbundes auf. Leute wie dich könnten wir noch gebrauchen.'

Ich habe mir die Sache nicht lange überlegt. ‚Gut', habe ich gesagt, ‚wenn es gegen die Braunen geht, bin ich dabei.' Und so wurde ich als einziger Sozi bei uns Mitglied des Kampfbundes gegen den Faschismus."

Wie notwendig die Organisation antifaschistischen Widerstandes war, sollte sich im Oktober 1931 endgültig zeigen. Auf Initiative Hitlers und Hugenbergs trafen sich am 11. Oktober nationale und faschistische Verbände in Bad Harzburg, Hitlers Braunhemden, Hugenbergs Deutschnationale, der Frontkämpferbund Stahlhelm, Teile der DVP sowie mehrere Großindustrielle und einflußreiche „Privatpersonen", die ein Millionenvermögen repräsentier-

Gustav Gäde (1. von links) mit der Schalmeienkapelle Dorsten-Holsterhausen. Die Schalmeienkapelle diente zugleich als Tarnung für den Kampfbund gegen den Faschismus.

ten. Ziel dieses Treffens war es, die Rechtskräfte im Land zur „nationalen Opposition“ zusammenzuschließen, um den politischen Druck auf den Reichspräsidenten zu verstärken und ihn zur Ernennung einer Regierung Hitler/Hugenberg zu bewegen. Die Harzburger Front formierte sich zum Generalangriff auf das verhaßte Weimarer „System“. In einer gemeinsamen Schlußerklärung forderten die Rechtsgruppen den sofortigen Rücktritt der Regierung Brüning, Wiederherstellung der deutschen „Wehrhoheit“ und die „Berufung einer wirklichen Nationalregierung“, die den „rettenden Kurswechsel“ herbeiführen sollte.

Hugenberg und Hitler waren sich einig, gegen welchen Feind die Rechtskräfte zu mobilisieren hatten. Unter dem Jubel der versammelten Nationalisten nannte Hitler die Parole: „Wir sind daher entschlossen, die Auseinandersetzung zwischen Bolschewismus und Antibolschewismus in Deutschland mit allen Mitteln bis zur letzten Konsequenz im Sinne der Erhaltung der deutschen, abendländischen und christlichen Kultur durchzuführen.“ Die Parole hieß: Vernichtung des Marxismus, und unter Marxismus verstanden diese Kräfte alles, was sich links von ihnen selbst politisch artikulierte.

Längst hatte sich die NSDAP von den Resten scheinsozialistischer Programmatik freigemacht und war offen ins Lager des Großbürgertums übergelaufen, nachdem der Versuch, größere Gruppen der Arbeiterklasse zu gewinnen, kläglich gescheitert war. NS-Pressechef Dietrich beschrieb die Entwicklung: „Im Sommer 1931 faßte der Führer plötzlich den Entschluß, die im Zentrum des Widerstandes stehenden maßgeblichen Persönlichkeiten der Wirtschaft ... systematisch zu bearbeiten, um hier Stein für Stein aus dem Regierungsgebäude herauszubrechen... In den folgenden Monaten durchquerte der Führer mit seinem Mercedes-Kompressor ganz Deutschland. Überall tauchte er auf zu vertraulichen Besprechungen mit führenden Persönlichkeiten. Vertraulichkeit war dringend geboten, um der Presse keinen Stoff zur Hetze zu liefern."

Doch die Kontakte, die Hitlers Partei mit den Spitzen der deutschen Wirtschafts- und Finanzwelt pflegte, konnten nicht geheim bleiben. Schon 1930 entlarvte Wilhelm Pieck im Reichstag die Zusammenarbeit der Nazipartei mit der Großindustrie: „Eine Partei,

Beim Treffen der Harzburger Front 1931 marschieren SA-Kolonnen am Führer der DNVP, Alfred Hugenberg, vorbei.

die einen Textilfabrikanten Mutschmann zum Mitglied hat, die kann doch niemandem weismachen, daß sie den Kapitalismus bekämpft. Oder wer mit dem Bankdirektor von Strauß frühstücken geht oder mit Herrn Hugenberg sich gegen das werktätige Volk verbindet, der kann selbst dem Dümmsten nicht mehr begreiflich machen, daß die Nazis gegen das kapitalistische System sind."

Als sich die Rechtskräfte zur Harzburger Front zusammenschlossen, befand sich die Regierung Brüning in einer schwierigen politischen Situation. Von der ökonomischen Krise hart bedrängt, forderten führende Großindustrielle erneut die Verschärfung des reaktionären Regierungskurses. Sie wandten sich nach und nach von der Politik des Reichskanzlers ab und orientierten auf die Bildung einer Regierung Hitler/Hugenberg. Die Wirtschaftspolitische Vereinigung in Frankfurt verlangte am 27. Juli 1931, Hindenburg solle Deutschnationale, NSDAP und Stahlhelm mit der Regierungsbildung betrauen. Carl Friedrich von Siemens erklärte bei einem Galaempfang des US-Konzerns General Electric am 27. Oktober 1931 in New York: „Die Wurzel der Hitlerschen Bewegung ist der Kampf gegen den Sozialismus ... Der Hitlerismus ... ist gegen die ungezügelte Vorherrschaft des Parlamentarismus, wie sie leider in unserer Verfassung vorgesehen ist."

Heinrich Brüning versuchte, der immer lauter werdenden Forderung nach schärferen Gesetzen gegen die Arbeiterklasse dadurch entgegenzukommen, daß er Löhne und Gehälter der arbeitenden Menschen per Notverordnung weiter herabsetzen ließ. Doch auch diese Maßnahme konnte nicht verhindern, daß Minister seines Kabinetts ihren Hut nahmen.

„Für uns Arbeiter war das ein schlimmes Jahr", erinnert sich Gustav Gäde. „1931 war schon jeder dritte arbeitslos, im Winter erreichte die Arbeitslosenrate mit 44,4 Prozent ihren Höchststand. Die Schlangen vor den Stempelstellen wuchsen. Da haben sich in den Familien der Arbeitslosen viele Tragödien abgespielt, aber dafür hatten die Herrschenden keinen Blick. Ihnen ging es nur darum, ihre Schäfchen ins trockene zu bringen. Wir konnten ruhig verhungern, wenn nur die Dividende stimmte."

Die Unterstützung der Arbeitslosen durch den Staat ging deutlich zurück, je schwieriger die Lebensverhältnisse im Land wurden. Während der Staat 1928/29 noch 849 Mark pro Jahr und Arbeitslosen aufwendete, gab er 1932/33 nur noch 569 Mark jährlich an jeden einzelnen Arbeitslosen ab, das heißt rund 47 Mark monatlich. Die Lebenshaltungskosten einer fünfköpfigen Familie gab das

Statistische Reichsamt im November 1931 schon mit 90 Mark an. Der staatliche Unterstützungssatz lag also deutlich unter dem offiziellen Existenzminimum. Die folgende Statistik belegt die Kürzungen der Erwerbslosenfürsorge:

	Februar 1931/RM	April 1932/RM
Einzelperson	41,00	35,00
Ehepaar	61,50	52,50
Kind unter 16 Jahren	18,00	12,00–14,00

Eine Kinderkorrespondenz aus der *Roten Fahne* verdeutlicht die katastrophalen Lebensverhältnisse in den Erwerbslosenfamilien: „Mein Vater bezieht Wohlfahrtsunterstützung, 19,50 in der Woche, und zwar jeden Freitag. Dann ist großer Rechentag bei Muttern. Sofort 4 Mark für die Miete, bleibt 15,50 Mark. Dann geht es zum Kaufhaus, da wird das gekauft, was am billigsten ist. Margarine, das Pfund 33 Pfennig, dann noch Gemüse, Erbsen, Linsen, Bohnen, Graupen usw., auch etwas Speck für das Mittagessen. Nun hat Mutter noch 7 Mark. Davon müssen Brot, Fleisch, Kartoffeln, Licht bezahlt werden. Für das Wichtigste zum Leben, Kleider, Schuhe und Feuerung bleibt wenig oder fast gar nichts übrig. Die Kleider sind zerrissen. Mutter muß schon Fleck auf Fleck setzen. Was das Schuhwerk anbetrifft, gibt es immer großen Krach. Kein Geld. Die Wohlfahrt gibt keine Schuhe und Sohlen mehr. Jetzt ist es schon so weit, daß meine Schwester nicht mehr in die Schule gehen kann. Das nennt man Leben."

Schon im Oktober 1930, wenige Monate nachdem Hindenburg Brüning erstmals mit der Regierungsbildung beauftragt hatte, hatte der Reichskanzler versucht, die Nazipartei für ein gemeinsames Vorgehen gegen Weimar zu gewinnen. Sein Plan war, „Deutschland als erstes Land so zu rüsten, daß es jeden Druck von außen her aushalten könne und dazu noch in der Lage sein würde, seinerseits jederzeit die Weltkrise zu benützen, um durch sie einen Druck auf alle übrigen Mächte auszuüben."

Dabei hatte er Hitler vorgeschlagen, zur Erreichung dieses Fernziels vorerst mit verteilten Rollen zu spielen. Es komme darauf an, die „Welt über diese Lage hinwegzutäuschen..., das sei die erste Phase der Politik, für die eine schärfere außenpolitische Opposition seitens der NSDAP das Zweckmäßigste wäre. Eine Verständigung im einzelnen über die Formen der Opposition wäre natürlich eine Voraussetzung für ein späteres Zusammengehen."

Mit dem Sturz der Regierung Brüning witterte die „nationale Opposition" ihre Chance, selbst die Regierungsgewalt zu übernehmen. Doch Brüning machte Hitler in einer vertraulichen Unterredung klar, daß es noch nicht so weit sei. „Ich käme über den schwersten aller deutschen Winter hinweg, wenn (Hitler) ... bis dahin, noch in der Opposition bleibend, ein Gegengewicht gegen den Kommunismus schaffen helfe, der nur dann während dieses Winters zu einer ernsten Gefahr werden könnte, wenn bereits vorher eine Rechtsregierung bestehe." Bevor der Nationalsozialismus an die Macht gelangen könne, müsse erst die SPD „verbraucht" werden. Brüning befürchtete, die Masse der kleinbürgerlichen Kräfte, die durch die Weltwirtschaftskrise ins Elend gestürzt worden war, könnte zu den Kommunisten übergehen, wenn man schon zu diesem frühen Zeitpunkt losschlagen würde.

Nach der Demission des ersten Kabinetts Brüning beauftragte Reichspräsident Hindenburg den Reichskanzler mit der Bildung einer neuen Regierung. Brüning holte sich weitere Vertreter seiner „harten Gangart" ins Kabinett, so Hermann Warmbold, Vorstandsmitglied der IG-Farben, der als Wirtschaftsminister die Hungerpolitik Brünings gegenüber den arbeitenden Menschen und den Erwerbslosen durchzusetzen hatte und der den Einfluß der Industrie auf die Politik Brünings weiter auszubauen half.

Wie sehr die Nazis im übrigen Brünings Politik schätzten, obwohl sie zugleich im Reichstag und in der Öffentlichkeit den Eindruck zu erwecken suchten, sie bildeten eine oppositionelle Kraft gegenüber der Reichsregierung, verdeutlicht ein Ausschnitt aus Brünings Memoiren, in denen er über einen Besuch Hermann Görings berichtet: „Unter vier Augen könne er mir vertraulich mitteilen, daß Hitler und seine Freunde gegen meine Außen- und Wirtschaftspolitik im Grunde gar nichts einzuwenden hätten. Ich solle ihre scharfe Agitation im Lande gegen mich nicht als gegen meine Person oder gegen meine persönliche Politik gerichtet auffassen."

Auch aus dem Vatikan wurde Brüning ermutigt, seine Politik fortzusetzen und mit den Nazis zu kooperieren. So schrieb der Staatssekretär des Vatikans, Pacelli, der spätere Papst Pius XII., an den deutschen Reichskanzler, er solle „mit Rücksicht auf ein Reichskonkordat eine Regierung der Rechten bilden". Brüning zitiert in seinen Memoiren aus dem Brief, der Vatikan glaube, „mir wieder eine Einigung mit den Nazis wünschen zu können".

Im neuen Kabinett Brüning wurde die Macht weiter konzentriert: Der Reichskanzler übernahm selbst das Außenministerium, Reichswehrminister Groener das Innenressort, um in seiner Hand die polizeilichen und militärischen Machtmittel des Staates zu vereinigen. Zugleich wurden die letzten demokratischen Politiker, die Zentrumsabgeordneten Wirth und Guérard, nicht mehr mit Ministerämtern betraut.

Im Land trafen SA und SS zugleich die letzten Vorbereitungen für einen Bürgerkrieg, wie ein Bericht des SPD-Bezirksvorsitzenden von Niederschlesien, Otto Buchwitz, belegt:

„Etwa um die Mitte des jahres 1932 hatten mir unsere treuen Landarbeiter acht geheime Waffenlager gemeldet, welche SA und SS auf junkerlichem Grundbesitz angelegt hatten. Darunter waren Kisten mit Handgranaten und Maschinengewehren. Wiederum ging ich zu Severing und forderte die Aushebung der Lager und Aushändigung an das Reichsbanner. Severing erklärte, daß er dies nicht könne, er würde mir aber einen Hauptmann der Breslauer Reichswehr senden, dem solle ich die Lager angeben, und er würde die Waffen sicherstellen, damit sie den Händen der Nazis entzogen würden. Ich lehnte ab, da ich zur Reichswehr nicht das geringste Vertrauen hatte. In einer Versammlung in der Stadthalle in Görlitz sagte ich in meinem Referat, daß mir sehr wohl bekannt sei, daß geheime Waffenlager bei den schlesischen Junkern vorhanden seien, ob die Regierung nicht dagegen einschreiten wolle? Kurze Zeit danach erhielt ich von dem Kommandeur der Reichswehr in Breslau ein Schreiben, in welchem ich zwar höflich, aber doch mit versteckter Drohung ersucht wurde, in Versammlungen nicht über solche Waffenlager zu sprechen. Wiederum nach einigen Tagen erschien bei mir ein Hauptmann der Breslauer Reichswehr ... dieser stellte sich als Vertrauensmann des Preußischen Innenministeriums vor und ersuchte mich, ihm die mir bekannten Waffenlager zu nennen. Das lehnte ich mit dem Hinweis ab, daß er sie wohl besser kenne als ich. Er meinte, es könne doch sein, daß die Nazis Waffenlager besäßen, von denen die Reichswehr keine Kenntnis habe. Ich schlug – wie man im Volksmund sagt – auf den Strauch, zog mein Notizbuch, in welchem aber die mir bekannten Waffenlager nicht eingetragen waren, zitierte aus dem Gedächtnis zwei davon und nannte alsdann eine Reihe Junker, von denen ich wußte, daß SA-Abteilungen auf ihren Gütern untergebracht waren.

Prompt fiel der Hauptmann darauf herein und nannte von sich

aus eine Reihe anderer Güter, wo solche Lager seien, die ich noch nicht kannte. Der Hauptmann erklärte zum Schluß, daß er die Lager ausheben und bei der Reichswehr sicherstellen würde. Was begab sich nun? Ich beauftragte unsere Genossen Landarbeiter, scharf zu beobachten, ob die Waffen geholt, und von wem und wohin sie gebracht würden. Sehr bald liefen Meldungen ein, daß die Reichswehr die Waffen geholt und sie in die Infanteriekaserne in Görlitz gefahren hätte. In derselben Stunde beauftragte ich Görlitzer Genossen, diese Kaserne zu beobachten... Schon am anderen Morgen kam die erste Meldung: Jene Waffen wurden nicht erst entladen, sondern bei Morgengrauen nach einem anderen Gutshof gebracht."

Auf dem Berliner Kurfürstendamm kam es 1932 zu Ausschreitungen der Nazis gegen jüdische Bürger. Organisator der Judenpogrome war der spätere Teilnehmer an der Reichstagsbrandstiftung Helldorf. Helldorf und Komplizen wurde der Prozeß gemacht, woraufhin Goebbels aufgeregt zu Brüning fuhr, um ihn um seine Hilfe zu bitten. Brüning erinnert sich: „Er erzählte mir, sein Freund, Graf Helldorf, schwebe in Gefahr. Sein Chauffeur sei schon verurteilt, das Verfahren gegen Helldorf wegen dessen Nichterscheinen abgetrennt, aber eine neue Verhandlung gegen den Grafen von denselben Richtern anberaumt, so daß seine Verurteilung sicher wäre... Ich erklärte Goebbels, daß ich eine Verhandlung des Sonderprozesses gegen Helldorf von denselben Richtern nicht für das richtige hielte. In ein schwebendes Verfahren könnte ich aber nicht eingreifen. Darauf bat ich ihn zu warten, ließ (die Staatssekretäre) Joel und Weißmann kommen und fand zusammen mit ihnen einen Ausweg, ohne eine Verletzung des Gerichtsverfahrens den Prozeß Helldorf zu verschieben, so daß er von anderen Richtern verhandelt werden mußte."

Das Zusammenspiel zwischen Brüning und der NSDAP ging noch weiter: Nationalsozialisten konnten sich auch dann der Rückendeckung durch die Regierung sicher sein, wenn gegen sie wegen Hochverrat ermittelt wurde. Dr. Schäfer, der einst ein Anhänger Hitlers gewesen war, übergab der Polizei 1931 Beweise für einen Putschplan der Nazipartei gegen die Regierung. Obwohl die *Boxheimer Dokumente* die hochverräterischen Bestrebungen der NSDAP aufdeckten und die Partei daraufhin hätte verboten werden müssen, intervenierte Brüning und wies den Oberreichsanwalt an, „in der Angelegenheit vorsichtig vorzugehen, und vor allem den Anschein zu vermeiden, als überschätze die Reichsregierung die Bedeutung dieser Dokumente". Es kam nie zu einem Hochverratsprozeß gegen die NSDAP.

Düsseldorf, den 12. Januar 1932.

An unsere Mitglieder!

Am Dienstag, dem 26. Januar 1932, abends 6 Uhr, wird

Herr Adolf Hitler
München

im Industrie-Club einen

Vortrag

halten.

Nach dem Vortrage soll ein gemeinsames einfaches Abendessen in den vorderen Räumen unseres Park-Hotels stattfinden. Von der Aufstellung einer Tischordnung mußte diesmal leider abgesehen werden. Die Anmeldung zum Vortrag sowohl als auch zum Essen wollen Sie uns bis spätestens Freitag, den 22. Januar, vormittags, auf beigefügter Postkarte, zukommen lassen. Die Zusage für das Essen ist bindend, falls nicht bis spätestens am Vortragstag, mittags 12 Uhr, eine Abmeldung in unseren Händen ist. Die Tischkarte muß aufbewahrt werden, da dieselbe während des Essens eingefordert wird.

Es können nur solche Anmeldungen berücksichtigt werden, welche bis zum genannten Termin in unserem Besitz sind. Die Annahme späterer Zusagen müssen wir von der Anzahl der rechtzeitig eingelaufenen Anmeldungen abhängig machen.

Mit ergebenstem Glückauf!
Industrie-Club

Mit Rücksicht auf den verfügbaren Raum bitten wir, von der Einführung von Gästen abzusehen. Wir nehmen Veranlassung, besonders darauf hinzuweisen, daß die Einladung nur für unsere Mitglieder bestimmt und nicht übertragbar ist.

Dunkler Anzug.

Eingang nur Elberfelder Straße 6 8.

Entscheidenden Einfluß auf das politische Geschehen im letzten Jahr der Weimarer Republik übte der Reichswehrgeneral Kurt von Schleicher, der sich zunehmend von Brüning absetzte und eine rasche Beteiligung der Hitlerpartei an der staatlichen Machtausübung befürwortete.

Anfang Oktober 1931 traf er zu einer Geheimbesprechung mit Hitler zusammen. In der Folgezeit verhandelte er mehrfach mit Hitler und Hugenberg, um eine rechtsgerichtete Koalitionsregierung unter Einschluß der NSDAP zustande zu bringen. Bislang hatte die Reichswehrführung die nationalsozialistische Partei zwar mit einiger Skepsis betrachtet, weil sie sich durch die paramilitärischen Verbände SA und SS in ihrem Alleinvertretungsanspruch militärischer Gewalt bedroht sah. Doch die Führer der Reichswehr erkannten in zunehmendem Maße, daß sich die Schlägertrupps der NSDAP ausgezeichnet dazu eigneten, der Reichswehr zusätzliches militärisches Potential zuzuführen. Schleicher setzte sich bei seinen Verhandlungen mit der Naziführung allerdings das Ziel, den Massenanhang der NSDAP von der Partei abzuspalten und sich diese Kräfte selbst in einem staatlich organisierten Wehrverband zunutze zu machen, um der Reichswehr die Verfügungsgewalt über die militärischen Organisationen im Reich zu erhalten.

Bedeutsamer noch als die zwielichtigen Verhandlungen Schleichers mit Hitlers war der Durchbruch, der der NSDAP Ende 1931 in den Kreisen des Großunternehmertums gelang. Am 9. Dezember traf Hitler im Berliner Hotel „Kaiserhof" mit den Schwerindustriellen Thyssen und Vögler zusammen, um über ein gemeinsames Konzept zur Errichtung der Diktatur zu beraten. Mitte Dezember forderte die ostpreußische Landwirtschaftskammer den Reichspräsidenten auf, Hitler mit der Bildung einer neuen Regierung zu betreuen.

Noch immer waren die Spenden der Industrie für die Nazipartei relativ gering. Zwar hatte Fritz Thyssen der Partei 100000 Goldmark zugesteckt, und Kirdorf war es gar gelungen, im Bergbau-Verein den Beschluß durchzusetzen, daß alle dem Rheinisch-Westfälischen Kohlesyndikat angeschlossenen Firmen zur Finanzierung der NSDAP ab 1. Januar 1931 pro Tonne verkaufter Steinkohle fünf Pfennige zahlen sollten. Auch Otto Steinbrinck von der Friedrich Flick AG und August Rosterg von der Wintershall AG waren zur Gruppe der Hitler-Finanziers gestoßen und hatten ihren Beitrag geleistet.

Doch ein großes Unternehmen wie die geplante Machtübernahme im Staat verlangte mehr als die gelegentlichen Finanzspritzen einzelner Industriemagnaten. Um die Mehrheit der Industriekapitäne und Bankchefs endgültig auf seine Seite zu ziehen, traf Hitler im Dezember 1931 zwei wichtige Entscheidungen: Auf Vorschlag Thyssens übernahm er selbst das Referat, das für Ende Januar vor den Spitzen der deutschen Wirtschaft geplant war und das eigentlich der Herausgeber des *Wirtschaftspolitischen Informationsdienstes,* Walther Funk, halten sollte. Außerdem ernannte er mit Wilhelm Keppler einen Mann zu seinem neuen Wirtschaftsberater, der über weitreichende Verbindungen und einiges Ansehen in Industriekreisen verfügte.

Mit seiner Rede vor dem Düsseldorfer Industrieclub vor 300 der bedeutendsten Vertreter des deutschen Großkapitals gelang Hitler am 26. Januar 1932 der erhoffte Vorstoß zu den Banksafes der Wirtschafts- und Finanzführer. Zwar gab es über die Wirkung seiner Rede auf die versammelten Industriechefs unterschiedliche

Hitler, Göring und Thyssen machen im Düsseldorfer Industrieclub Millionen für die NSDAP locker.

Meinungen, doch der Kampfruf „Ausrottung des Marxismus" entzückte die Mehrzahl der Konzernchefs so sehr, daß ihnen der Griff zu Scheckbuch und Füllhalter in Zukunft leichter fiel.

Wilhelm Keppler, Mitbesitzer der Chemischen Werke Odin GmbH, begann mit dem Aufbau eines Kreises von Industriellen, die bei der Machtübernahme Hitlers unschätzbare Dienste leisten sollten. Zuerst holte er einen alten Bekannten aus den Odin-Werken, Fritz Kranefuß, der gerade seine ersten Berufserfahrungen in einer jüdischen Bankfirma sammelte. Beide traten an etwa zwanzig Wirtschaftskapitäne mit der Bitte heran, Hitler finanziell zu unterstützen. Zwölf sagten sofort ihre Mithilfe zu, baten sich jedoch Stillschweigen aus, da sie ihre guten Beziehungen zur Reichsregierung, die Aufträge und Kredite verschaffte, nicht gefährden wollten.

Die ersten zwölf Mitglieder des Keppler-Kreises, der später in Freundeskreis Himmler umbenannt wurde, waren:

- Dr. Hjalmar Schacht, Reichsbankpräsident a.D.
- Freiherr von Schroeder, Bankier
- Dr. Albert Vögler, Generaldirektor der Vereinigten Stahlwerke
- August Rosterg, Generaldirektor des Kali-Syndikats
- Gottfried Graf von Bismarck, Aufsichtsratsmitglied der HAPAG
- Otto Steinbrinck, Direktor der Maximilianshütte und der Mitteldeutschen Stahlwerke, Aufsichtsratsmitglied des Flick-Konzerns
- Dr. Heinrich Schmidt, Aufsichtsratsmitglied der Dresdner Bank
- Ewald Otto Hecker, Aufsichtsratsvorsitzender der Ilseder Hütte, Präsident der Industrie- und Handelskammer Hannover
- Kommerzienrat Ringel, Generaldirektor der Siemens-Werke
- Emil Helfferich, Aufsichtsratsvorsitzender der HAPAG und der Deutsch-Amerikanischen Petrolgesellschaft
- Emil Meyer, Vorstandsmitglied der Dresdner Bank
- Friedrich Reinhardt, Vorstandsmitglied der Commerzbank.

Auch mit Friedrich Flick verhandelte man, doch der Großindustrielle mußte Hitler vorerst absagen, denn er steckte in ernsten wirtschaftlichen Schwierigkeiten. Ausländische Kredite waren kurzfristig aus seinem Unternehmen abgezogen worden, und die Produktion in seinem Betrieb war stark rückläufig. Das veranlaßte ihn, sein Aktienpaket Gelsenberg, mit dem er die Mehrheit bei der Gelsenkirchener Bergwerks AG hielt, abzustoßen. Das Reich übernahm die Aktien Flicks zu 90 Prozent des Nennwerts bei einem Börsenstand von 22 Punkten. Diese Hilfe in höchster wirtschaftlicher Not honorierte Flick, indem er dem Hindenburg-Wahlfonds 450000 RM, dem Sonderfonds Schleichers und dem Sonderfonds Papens weitere 100000 RM zukommen ließ. Über Steinbrinck blieb er jedoch mit dem „Führer" in Verbindung.

Um Finanzmittel brauchte man sich in der Naziführung von nun an keine Sorgen mehr machen. Kirdorf zahlte jährlich zwischen 600000 und 700000 Mark, Sir Henry Deterding, Chef der Shell, entrichtete seinen Obolus ebenso wie Thyssen und Hugenberg.

„Wir wählen Hindenburg!“

„Aber nicht nur die Rechtskräfte rückten zusammen“, berichtet Gustav Gäde. „Auch in den Linksparteien entwickelten sich wichtige Ansätze zu gemeinsamer Aktion. Die Führung des Reichsbanners schlug vor, die sozialdemokratischen Gruppen und Organisationen straffer zusammenzufassen. Am 16. Dezember 1931 wurde deshalb die Eiserne Front gebildet, die als antifaschistischer Verband den Widerstand gegen die Nazis leiten sollte.

Die Bildung der Eisernen Front hat bei uns linken Sozialdemokraten für kurze Zeit noch einmal die Hoffnung genährt, unsere Partei würde nun auch zum aktiven Widerstand gegen die Braunen übergehen, aber diese Hoffnung blieb Wunschtraum. Die Eiserne Front kam über defensive Aktionen nicht hinaus, und damit allein waren die Faschisten nicht mehr aufzuhalten.“

In der SPD tobte wieder der alte Richtungskampf zwischen Parteibasis und leitenden Funktionären, denn die Toleranz der SPD-Führung gegenüber der Regierung Brüning und ihre scharfe Offensive gegen Lebensstandard und politische Rechte der Arbeiterschaft wurde von einem großen Teil der Mitgliedschaft abgelehnt. An der Parteibasis regte sich der Widerstand gegen die verhängnisvolle Stillhaltepolitik der Parteileitung. Viele Mitglieder schlossen sich der Meinung des Sozialdemokraten Kurt Rosenfeld an: „Nichts schwächt den Kampfwillen der Arbeiterschaft so sehr wie die Taktik der ewigen Zugeständnisse, die zugleich den Heißhunger der Bourgeoisie nach immer neuen und immer größeren Zugeständnissen noch verstärkt.“

Der Streit brach offen aus, als die Reichstagsfraktion der Regierung Brüning durch ihre Stimmenthaltung ermöglichte, sich auch die letzte Rate für den Panzerkreuzer A und die erste Rate für den Panzerkreuzer B vom Reichstag bewilligen zu lassen. Neun SPD-Abgeordnete verweigerten die Zustimmung zu dem Fraktionsbeschluß und stimmten gemeinsam mit den Kommunisten gegen die Regierungsvorlage.

Am 31. Mai 1931 begann in Leipzig der Parteitag der SPD, auf den es zu heftigen Zusammenstößen zwischen Parteivorstand und oppositionellen Delegierten kam, die die Aufgabe der Tolerierungspolitik gegenüber Brüning verlangten. Der Parteitag erwies sich jedoch als unfähig, Kampfmaßnahmen gegen den Faschismus zu entwickeln, sondern erschöpfte sich darin, längst gescheiterte

Kundgebung der Eisernen Front auf dem Frankfurter Opernplatz am 20. Juli 1932

Theorien von der Reformierbarkeit des Kapitalismus zu wiederholen. Der Hauptreferent Fritz Tarnow nannte die zunehmende Monopolisierung der kapitalistischen Wirtschaft sogar „starke Fundamente und tragende Konstruktionen für den sozialistischen Aufbau der Zukunft". Tarnow behauptete, die Arbeiterbewegung müsse an der Sanierung des Kapitalismus interessiert sein, denn ohne die Besserung der kapitalistischen Rahmenbedingungen sei keine Besserung der sozialen und politischen Lage der Werktätigen zu erreichen. Die faschistische Gefahr wurdc vom Parteitag weiter verharmlost, denn die Behauptung, die Nazipartei sei in die Defensive gedrängt, fand die Zustimmung der Parteitagsmehrheit.

„Die Nazis marschierten und prügelten die Leute zusammen, überall, im ganzen Reich und von Tag zu Tag frecher", sagt Gustav Gäde, „aber der Parteitag meiner Partei behauptete, der Faschismus sei in die Defensive gedrängt worden. Die Nazis und die anderen Rechtskräfte machten für den letzten Angriff auf Weimar mobil, aber unser Parteivorstand sah keine Gefahr."

Um die parteiinterne Opposition an die Kandare zu legen, beschloß die Parteileitung, die Rechte der Sozialistischen Arbeiterjugend, in der sich der Widerstand gegen die Parteilinie besonders heftig artikulierte, drastisch einzuschränken und den Verband der Jungsozialisten aufzulösen. Oppositionelle Gruppen, die dem Parteivorstand den Gehorsam verweigerten, als er die Einstellung jeder Kritik an der Parteidoktrin verlangte, wurden auf Betreiben der Parteispitze aus der SPD ausgeschlossen.

Für die kommunistische Aktionseinheitspolitik nennt Gustav Gäde Beispiele: Obwohl er Mitglied der SPD war, stellte ihn die RGO als Kandidaten für die Betriebsratswahlen auf. Obwohl er SPD-Mitglied war und die Kommunisten im Kampfbund gegen den Faschismus in der Mehrheit waren, hatte man ihn in diese Gruppe aufgenommen und machte ihn nun gar zum Gruppenleiter des Kampfbundes für das Gebiet Dorsten/Marl.

„In den ganzen Jahren, in denen ich als Sozialdemokrat mit Kommunisten zusammengearbeitet habe, ist man nicht ein einziges Mal auf mich zugetreten und hat mich gebeten, zur KPD überzutreten. Das war für mich ein Beweis, daß die Kommunisten es mit der Einheitsfront ernst gemeint haben."

Gustav Gäde berichtet noch weitere Einzelheiten von den Aktionen des Kampfbundes, die er leitete: „Der Kampfbund richtete sich gegen die Überfälle der Nazis. Es ging darum, die Faschisten aufzuhalten, egal mit welchen Mitteln. Die arbeiteten nur mit Terror. Wir wollten ihnen das Feld nicht kampflos überlassen, denn wir wußten doch, daß die ganze Gesellschaft um Krupp, Kirdorf und Thyssen dem Hitler Millionen zusteckte.

Bei uns gab es strenge Aufnahmebedingungen, denn wir mußten uns bei den Leuten, die wir in den Kampfbund aufnahmen, ganz sicher sein. Da mußten wir uns hundertprozentig drauf verlassen können. Der Kampfbund hatte überall im Reichsgebiet seine Gruppen, aber das war keine Massenorganisation im üblichen Sinn. In meiner Gruppe waren wir zum Beispiel gerade neun Leutchen, aber das waren alles hundertfünfzigprozentige Antifaschisten. Die meisten von denen sind später im KZ draufgegangen.

Wir haben den Faschisten Zunder gegeben, wenn es sein mußte, dann auch mit der Waffe in der Hand. Ich hatte zwei Pistolen, die hatte ich auf dem Speicher versteckt. Aber wir hatten auch agitatorische Aufgaben. Wir sollten die Bevölkerung darauf aufmerksam machen, daß es Krieg gibt, wenn Hitler an die Macht kommt. Arbeitslose gehen als Soldaten an die Front, haben wir gesagt. Hitler, das heißt Krieg!"

An einen Zusammenstoß mit der SA erinnert Gustav Gäde sich besonders gut. „Auf einmal kommt ein Kurier und sagt: ‚Gustav, in unserer Siedlung ist SA, die verteilen da Flugblätter!‘ Ich hatte da so eine Trillerpfeife, da habe ich dann gepfiffen, und dann kamen die Genossen angerannt. Im Fußmarsch sind wir nach Marl und haben uns in der Siedlung an strategisch günstigen Plätzen versteckt. Da haben wir dann in aller Ruhe abgewartet, bis die Braunen in unserer Reichweite waren, und dann sind wir mit einem Satz aufgesprungen und haben die anständig durchgeprügelt. Dann haben wir denen ihre braunen Uniformen ausgezogen. Die konnten wir gut gebrauchen, denn wir hatten Wind bekommen, daß die Nazis einen Aufmarsch in Recklinghausen planten. Da sind wir hingefahren, in den Uniformen der SA, und haben für einige Verwirrung gesorgt.“

Während sich die antifaschistischen Gruppen mit den Terrortrupps der NSDAP Straßenschlachten lieferten, lief die Uhr für die Regierung Brüning langsam, aber unaufhaltsam ab. Der Fortbestand des Rechtskabinetts hing immer stärker von der Haltung Hindenburgs ab, der deutliche Zeichen zunehmender Vergreisung zeigte und dessen Amtszeit im Jahr 1932 ablaufen sollte. Brüning versuchte, sich eine Galgenfrist zu verschaffen, und schlug vor, die Amtszeit des Reichspräsidenten mit Hilfe einer Verfassungsänderung um zwei Jahre zu verlängern. Dazu bedurfte es allerdings der Zweidrittelmehrheit im Reichstag. Hugenberg machte seine Zustimmung zur Verfassungsänderung vom Rücktritt der Regierung Brüning abhängig und durchkreuzte damit die Pläne des Reichskanzlers.

Nun versuchte Brüning, die Sozialdemokratie für die Verfassungsänderung zu gewinnen. Er führte deshalb mit dem SPD-Vorsitzenden Wels und den Abgeordneten Breitscheid und Hilferding am 7. Januar 1932 ein Sondierungsgespräch, über das er in seinen Memoiren schreibt: „Wels bat mich dann noch, auch mit den Führern der Freien Gewerkschaften zu sprechen, damit von dieser Seite der SPD keine Schwierigkeiten entstünden. Bei dieser Unterredung mit Graßmann, Leipart, Eggert fand ich ein hohes Maß an staatspolitischer Einsicht.“

Da die geplante Verfassungsänderung nicht klappte, verhandelte Brüning mit den Spitzen der SPD darüber, die Sozialdemokratie solle bei den Reichspräsidentenwahlen zur Wahl Hindenburgs aufrufen. „Von neun bis ein Uhr in der Nacht verhandelte ich mit den Führern des Gewerkschaftsbundes, um mit ihnen die Einzelheiten ihrer Agitation für den Reichspräsidenten durchzusprechen und ihnen klarzumachen, daß trotzdem ihre Namen, außer dem des Deutschnationalen Handlungsgehilfenverbandes, nicht ... erscheinen würden", erzählt Brüning.

Am 27. Februar 1932 rief der Parteivorstand der SPD auf: „Das deutsche Volk steht am 13. März vor der Frage, ob Hindenburg bleiben oder ob er durch Hitler ersetzt werden soll. Die Rechte hat vor sieben Jahren Hindenburg auf den Schild gehoben. Sie hoffte, er würde sein Amt parteiisch zu ihren Gunsten führen, seinen Eid verletzen und die Verfassung brechen. Es war selbstverständlich, daß wir Sozialdemokraten einen Bewerber, auf den unsere schlimmsten Feinde solche Hoffnungen setzten, entschieden bekämpften. Hindenburg aber hat seine einstigen Anhänger enttäuscht... Gegen Hitler! Das ist die Losung des 13. März. Es gibt kein Ausweichen! Hitler oder Hindenburg? Es gibt kein Drittes! Jede Stimme, die gegen Hindenburg abgegeben wird, ist eine Stimme für Hitler. Jede Stimme, die Thälmann entrissen und Hindenburg zugeführt wird, ist ein Schlag gegen Hitler!"

Das war für Gustav Gäde der Augenblick, in dem er sich entschloß, der SPD den Rücken zu kehren und sich den Kommunisten anzuschließen. Er berichtet: „Wir wurden eines Morgens früh aus den Betten gejagt: Plakate kleben, hieß es. Da hat uns der Stufaut von der Parteileitung einen ganzen Haufen Plakate gegeben. Die waren zusammengerollt, und deshalb wußte ich nicht, was da drauf war. Wir klebten immer in der Dunkelheit, weil Angriffe der Nazis zu befürchten waren. Ich nehme die Leiter, stelle sie mir an die Wand, nehme das Plakat, der Stufaut gibt mir den Kleistereimer und dann habe ich losgekleistert. Ich rolle das Plakat auf und sehe den Paul von Hindenburg vor mir. Ich habe zu dem Stufaut gesagt: ‚Was gibst du mir denn da für ein Plakat? Das ist doch der Hindenburg!'

‚Ja', sagt der. ‚Das ist ja auch unser Kandidat.'

‚Dann aber ohne mich!' habe ich gesagt und habe ihm die Brokken vor die Füße geworfen.

Zu Hause hat mich mein Vater dann gefragt: ‚Bist du schon fertig mit dem Plakatekleben?'

‚Nein', habe ich geantwortet. ‚Vater, wenn ich den Hindenburg ankleben soll, der während des Krieges gesagt hat: ‚Der Krieg bekommt mir wie eine Badekur' – das kann ich nicht.'

Noch am selben Tag habe ich mein Parteibuch zurückgegeben und bin zu den Kommunisten übergetreten. Das war einfach zuviel, da konnte ich nicht mehr zurückstecken."

Hindenburgs Gegenkandidaten waren Hitler als Kandidat der

NSDAP, Theodor Duesterberg (Stahlhelm) für die DNVP und Ernst Thälmann für die Kommunisten. Eine Alternative zum „Held von Tannenberg“ bot nur Ernst Thälmann, der mit einem antifaschistischen Programm unter der Losung „Wer Hindenburg wählt, wählt Hitler, wer Hitler wählt, wählt den Krieg!“ antrat. Auch einige klarsehende Demokraten, wie Carl von Ossietzky, der nicht vor dem Rechtsblock kapitulieren wollte, unterstützten deshalb Thälmanns Kandidatur, doch reichten diese Kräfte allein nicht aus, um den Sieg Hindenburgs zu verhindern. 18,7 Millionen Stimmen hatte die Arbeitsgemeinschaft zwischen rechten Sozialdemokraten und bürgerlichen Parteien für Hindenburg eingebracht. Hitler erhielt immerhin 11,3 Millionen Stimmen. Ernst Thälmann konnte zirka 5 Millionen Stimmen auf sich ziehen, Theodor Duesterberg bekam noch 2,6 Millionen. Da keiner der aufgestellten Kandidaten die absolute Mehrheit der abgegebenen Stimmen erhalten hatte, mußte ein zweites Mal gewählt werden. Den zweiten Wahlgang entschied Hindenburg dann knapp für sich.

Einen Tag nach seiner Wahl erklärte der Reichspräsident: „Getreu meinem Eide werde ich mein Amt weiterführen im Geiste der Überparteilichkeit und der Gerechtigkeit mit dem festen Willen, unserem Vaterlande zur Freiheit und Gleichberechtigung nach außen, zur Einigkeit und zum Aufstieg im Innern zu verhelfen. Die Zusammenfassung aller Kräfte ist notwendig, um der Wirrnisse und Nöte unserer Zeit Herr zu werden. Nur wenn wir zusammenstehen, sind wir stark genug, um unser Schicksal zu meistern. Darum: In Einigkeit vorwärts mit Gott!“

Routinegemäß bot Brüning dem Reichspräsidenten nach der Wahl die Demission des Kabinetts an. Zwar bat Hindenburg den Reichskanzler, im Amt zu bleiben und die Staatsgeschäfte fortzuführen, doch ließ er gleichzeitig durchblicken, daß er die Berufung eines neuen Kabinetts beabsichtigte. Damit wurde durchsichtig, daß die von der Industrie langersehnte Errichtung der faschistischen Diktatur vor der Tür stand. Brüning mußte sich damit abfinden, daß er nicht mehr gebraucht wurde und nur noch ein Kabinett auf Zeit führte, das zurückzutreten hatte, wenn dem Reichspräsidenten die Installierung einer weiter rechts gerichteten Regierung opportun erschien.

Das Verhältnis zwischen Reichswehrführung und der Regierung Brüning war gespannt. Zwar hatte die Reichswehr beim Sturz der Regierung Müller ihre Finger im Spiel und war damit an der Regierungsübernahme Brünings beteiligt gewesen. Inzwischen hatten sich die Beziehungen jedoch merklich abgekühlt. Brüning erinnert sich: „Meine Sorge, daß meine Telefongespräche abgehört würden, begann schon am zweiten Tag nach meiner Amtsübernahme. Tatsächlich bestätigte sich, daß meine telefonischen Unterhaltungen ... von der Reichswehr abgehört worden waren ... In den nachfolgenden Monaten häuften sich die Indizien, daß die jungen Offiziere die abgehörten Gespräche dann an die Nazis weitergaben."

Das Zusammenspiel zwischen Nazis und Reichswehrführung funktionierte schon seit einiger Zeit. Das wurde deutlich, als Reichswehr- und Innenminister Groener am 13. April per Notverordnung SA und SS verbot. Groener hatte sich zu diesem Schritt entschlossen, obwohl er Hitler persönlich schätzte und ihn für einen „bescheidenen, ordentlichen Menschen" hielt. Die 400000 bewaffneten SA-Leute schienen ihm jedoch eine akute Bedrohung des militärischen Alleinvertretungsanspruchs der Reichswehr.

Nach der Verkündung des Verbots brach ein Proteststurm los, selbst der Kronprinz sah sich zu einem wütenden Brief an den Minister veranlaßt, in dem er „die Ausschaltung des wunderbaren Menschenmaterials" bedauerte. Im Reichstag kam es zu einer erregten Debatte, in der Göring dem angeschlagenen Minister den Todesstoß versetzte. „Es stellte sich heraus, daß Göring für seine Rede vom Reichswehrministerium ein intimer und geheimer Briefwechsel zur Verfügung gestellt war, wobei Groener sofort erkannte, daß nunmehr Schleicher ihn restlos und rücksichtslos verriet und nicht die Scham hatte, vor einer Verletzung des Dienstgeheimnisses zurückzuschrecken", erinnert Brüning sich an diesen denkwürdigen Tag. „Ich sah mir jedes Gesicht einzeln an. Am widerwärtigsten war das des Generals Seeckt, der aus seiner Freude über den Zusammenbruch seines alten Konkurrenten nicht den geringsten Hehl machte."

Groener blieb keine andere Wahl, als seinen Abschied zu nehmen. Der Sturz der Regierung war damit nur noch eine Frage von wenigen Tagen. Das zeigte auch die Weigerung Schleichers, das ihm angebotene Reichswehrministerium zu übernehmen, denn er wollte sich nicht wenige Tage vor dem Zusammenbruch der Regierung noch durch eine Beteiligung am Kabinett Brüning in Meßkredit bringen lassen. Nach wie vor vertrat er das Konzept einer Rechtsregierung mit den Nationalsozialisten oder zumindest unter Tolerierung der NSDAP. Die Hitler-Partei verlangte dafür die Aufhebung des SA-Verbotes, wozu sich die Regierung Brüning jedoch nicht entschließen konnte, denn sie wollte ihr Gesicht vor der Öffentlichkeit nicht ganz verlieren. Damit war ihr Schicksal besiegelt.

Da nützte es Brüning auch nichts, daß er gute Kontakte zur Führung der deutschen Industrie unterhielt. Seit seinem Amtsantritt traf sich ein kleiner Kreis hochkarätiger Wirtschaftsführer zu Gesprächen mit dem Reichskanzler. Diesem Kreis gehörten neben anderen Hermann Schmitz und Wichard von Moellendorf von den IG-Farben an.

Auch diese Freunde ließen Brüning fallen, als die Zeit zur Etablierung einer Rechtsdiktatur reif schien. Schon in der Mitte des Jahres 1931 hatten sich die führenden Vertreter des deutschen Monopolkapitals an Hindenburg mit der Bitte gewandt, Brüning zur Umbildung des Kabinetts und zur Aufnahme der NSDAP in das Kabinett aufzufordern. Als Schwerindustrie und Chemie sich einig wurden, war Brüning am Ende.

Am 28. April notierte Joseph Goebbels in sein Tagebuch: „Der Führer ist bei Schleicher gewesen. Das Gespräch verlief gut."

Am 8. Mai: „Der Führer hat eine entscheidende Unterredung mit General Schleicher: Einige Herren aus der nächsten Umgebung des Reichspräsidenten sind dabei. Brüning soll in den nächsten Tagen schon fallen. Der Reichspräsident wird ihm das Vertrauen entziehen. Der Plan geht dahin, ein Präsidialkabinett zu installieren; der Reichstag wird aufgelöst, alle Zwangsgesetze sollen fallen, wir bekommen Agitationsfreiheit und liefern dann ein Meisterstück an Propaganda."

Am 13. Mai: „Wir bekommen Nachricht von General Schleicher: Die Krise geht programmgemäß weiter."

Am 18. Mai: „Wieder in Berlin. Hier ist alles in Pfingststimmung. Nur bei Brüning scheint der Winter eingekehrt zu sein. Die geheime Aktion gegen ihn geht unentwegt weiter. Er ist bereits vollkommen isoliert. Sucht händeringend nach Mitarbeitern. Ein Königreich für einen Minister. General Schleicher hat die Übernahme des Reichswehrministeriums geplant. Unsere Wühlmäuse sind an der Arbeit, die Brünings Position vollkommen zernagen."

Am 29. Mai traf Brüning mit Hindenburg zu einem Gespräch unter vier Augen zusammen, über das der Reichskanzler in seinen Memoiren berichtet: „Der Reichspräsident ließ mich reden. Ich setzte ihm auseinander, daß es mein Bestreben sei, die schrankenlose und planlos ausgeübte Macht des Parlaments so weit einzuschränken, daß es einer Regierung, die ohne Herausforderung des

Parlaments entschlossen und planvoll auftrete, keine Schwierigkeiten mehr mache. Die Regierung sei dadurch absolut überparteilich geworden... Wenn erst die Erfolge sichtbar wären, würde diese Unpopularität schwinden."

Hindenburg blieb unbewegt. Er verlas eine vorbereitete Erklärung, in der er der Regierung das Recht zur Verfügung von Notverordnungen entzog. Brüning schreibt: „Ich antwortete: ‚Wenn ich die mir soeben vorgelesenen Äußerungen richtig verstehe, so wünschen Sie, Herr Reichspräsident, die Gesamtdemission des Kabinetts.'

Antwort des Reichspräsidenten: ‚Jawohl. Diese Regierung muß weg, weil sie unpopulär ist.'

Ich erklärte: ‚Ich werde morgen das Kabinett zusammenrufen und die Gesamtdemission des Kabinetts beschließen lassen.'"

„Das Ganze war ein abgekartetes Spiel", meint auch Gustav Gäde. „Schritt für Schritt wurde die Verfassung unterhöhlt, wurde der Republik der Boden weggezogen. Ausgerechnet von den Leuten, die sich zu Hütern der Verfassung aufgeschwungen hatten. Das Schlimmste daran war: Die SPD-Führung bekam gar nicht mit, wie fest die Herrschenden schon wieder im Sattel saßen. Sie glaubte, die Stützen der Gesellschaft würden schon im entscheidenden Augenblick zur Verfassung stehen. Dabei war längst klargeworden, daß sich diese Leute um die Verfassung einen Dreck scherten."

Am 1. Juni 1932 ernannte Reichspräsident Hindenburg den vom Zentrum abgesprungenen Freiherrn Franz von Papen zum Reichskanzler und beauftragte ihn mit der Bildung eines Kabinetts. Franz von Papen, ehemaliger Militärattaché in New York, unterhielt wie Brüning enge Beziehungen zur Industrieführung, so zu den Haniels, zu Florian Klöckner, Ernst Poensgen, Fritz Springorum, Thyssen und anderen führenden Vertretern der rheinischen Schwerindustrie. Papen galt als Vertrauensmann der Reichswehr, und seine Ernennung kam auf Vorschlag Schleichers zustande. Zu Ministern seines Kabinetts ernannte er die Freiherrn Magnus von Braun und Wilhelm von Gayl, den ehemaligen Krupp-Direktor Hugo Schäffer, den IG-Farben-Vertreter Hermann Warmbold sowie den politischen Kopf der Reichswehr, General Kurt von Schleicher.

Das Kabinett der Barone

Auf der Tagung des ZK der KPD am 24. Mai 1932 schlug Ernst Thälmann eine „große antifaschistische Aktion in Deutschland“ vor, die dem Hitler-Faschismus in letzter Minute den Weg zur Macht versperren sollte. „Der KPD-Vorsitzende appellierte an alle Mitglieder unserer Partei, gegenüber den Sozialdemokraten das Einigende in den Vordergund zu stellen“, erinnert sich Gustav Gäde. „Es ging um den Kampf gegen den Faschismus, und da mußte man den Krieg zwischen den beiden Flügeln der Arbeiterbewegung begraben. Wenn die Kommunisten und Sozialdemokraten nicht zusammenfanden, dann stand über kurz oder lang Hitler an den Türen zur Macht.“

Am 25. Mai ereignete sich ein Zwischenfall im preußischen Landtag. Der KPD-Abgeordnete Wilhelm Pieck wurde von Mitgliedern der NSDAP-Fraktion tätlich angegriffen. Das nahm das ZK der KPD zum Anlaß, einen Aufruf zur Antifaschistischen Aktion zu publizieren. Darin wurden Sozialdemokraten, Gewerkschafter und Kommunisten aufgefordert, „alle Kräfte der Arbeiterklasse und der von ihr geführten Millionen Werktätigen in Stadt und Land zum Einsatz“ zu bringen, „um den blutigen Plan des Hitler-Faschismus zu vereiteln, der die offene, faschistische Diktatur über Deutschland aufrichten will“.

„Das war das Ende der Sozialfaschismusthese“, meint Gustav Gäde. „Offiziell wurde diese falsche ideologische Einschätzung zwar erst auf dem 7. Weltkongreß der Kommunistischen Internationale 1935 zurückgenommen, aber in der Praxis wurde mit dieser Erklärung der KPD diese These zu den Akten gelegt. Man richtete sogar eine Sonderkommission für die Antifaschistische Aktion ein. Ernst Schneller, der diese Gruppe leitete, befahl den Bezirksleitungen per Rundtelefonat, sofort alle Kräfte auf die antifaschistische Einheitsfront zu konzentrieren. In unserer Parteigruppe wurde diese Haltung der Berliner Zentrale sehr begrüßt, denn die meisten Genossen waren sowieso davon überzeugt, daß man endlich mit der SPD zusammenkommen müsse. Die Spaltung der Arbeiterbewegung war einfach unerträglich und mußte schleunigst überwunden werden.“

In zahlreichen Betrieben bildeten sich Komitees der Antifaschistischen Aktion, in den Städten entstanden örtliche Einheitsausschüsse. Mitglieder der SPD, des ADGB und des Reichsbanners

Ernst Thälmann am 1. Mai 1932: „Wir sagen allen Arbeitern: Die Stunde ist gekommen, wo ihr dem Faschismus eine einheitliche, kämpfende Front entgegenstellen müßt, um ihm das verbrecherische Handwerk zu legen."

bekannten sich zu den Zielen der Aktion und forderten von ihrer Parteiführung die Herstellung einer Einheitsfront gegen den Faschismus.

„Ich lief noch am gleichen Tag zum Vorsitzenden der SPD-Parteigruppe. Der war gerade beim Abendessen", erzählt Gustav Gäde. „‚Na, was will Moskau von mir?' hat er mich gefragt.

‚Hast du den Aufruf gelesen?' habe ich gefragt. ‚Laß uns überlegen, wie wir zusammen etwas auf die Beine stellen können.' Doch er schüttelte den Kopf. ‚Was geht mich euer Aufruf an? Da hat sich der Kreml wohl wieder was ausgedacht. Nein, das macht mal allein.'

‚Mensch, Genosse!' habe ich gebrüllt. ‚Hier geht es um unser Land. Laß uns doch zusammenstehen gegen die Braunen! Gib deinem Herzen einen Ruck!'

‚Ihr wollt doch nur Kapital für euch daraus schlagen. Ne, ne, laß mich in Frieden mit eurer Einheitsfront. Mit dem Hitler werden wir schon allein fertig.‘

Ich mußte unverrichteterdinge wieder abziehen, aber am nächsten Tag im Betrieb, da war die Einheitsfront das Gesprächsthema Nummer eins. Die meisten meiner ehemaligen Parteifreunde wollten von mir wissen, ob wir Kommunisten das auch ehrlich meinten. Ich habe ihnen dann gesagt: ‚Die Braunen bringen unsere Leute um, jeden Tag werden unsere Genossen von denen zusammengeschlagen, und die Nazis überfallen unsere Parteihäuser. Die wollen den Marxismus ausrotten, und damit meinen sie in erster Linie uns Kommunisten. Da fragt ihr noch, ob wir es ernst meinen?‘ So habe ich mit ihnen gesprochen, und vielen Kollegen hat das zu denken gegeben. Die haben sich uns angeschlossen, und wir haben schon eine Woche später eine Großveranstaltung gemacht, wo Sozialdemokraten und unsere Leute zusammen überlegt haben, was zu machen ist, um die braune Pest aufzuhalten.“

Der außerparlamentarische Kampf, den die KPD gegen die Regierung Papen und den in Lauerstellung wartenden Hitler zu entfalten versuchte, wurde durch das Angebot der KPD-Fraktion an die Reichstagsmitglieder der SPD ergänzt, gemeinsam gegen die Reaktion vorzugehen. Mit Hilfe der KPD konnte im preußischen Landtag die Bildung einer Naziregierung verhindert werden. Als dort ein Nationalsozialist zum Landtagspräsidenten gewählt werden sollte, versucht die KPD wieder, ein Bündnis mit der SPD und dem Zentrum zustande zu bekommen, doch das Zentrum lehnte die Zusammenarbeit ab und wählte den Hitler-Mann zum Präsidenten.

Eine der ersten Maßnahmen der Papen-Regierung war die Aufhebung des SA-Verbots. „In kurzem hallten die Straßen zahlreicher Städte von den Schüssen der sich befehdenden Nazi- und Kommunistenbanden wider“, schrieb der Sozialdemokrat Otto Braun, der immer noch nicht begreifen wollte, daß der Antikommunismus der SPD-Führung dem NS-Propaganda einen Teil der Arbeit abnahm. Führende SPD-Mitglieder erwiesen sich als unfähig zu erkennen, daß die Gefahr für den Bestand der Republik von rechts kam.

Da es den faschistischen Kommandos nicht gelingen wollte, die Selbstschutzorganisationen der Arbeiterbewegung mit Gewalt niederzuschlagen, mußte ein Gesetz her, das die Antifaschisten zu Kriminellen stempelte. Franz von Papen setzte am 9. August Sondergerichte ein; eine Notverordnung bedrohte „politische Gewalttaten“ mit hohen Zuchthausstrafen und dem Tode. Es bedarf kaum der Erwähnung, daß dieses Gesetz beinahe ausschließlich gegen linke „Täter“ Anwendung fand, während Nazischläger glimpflich davonkamen.

Vom 17. August bis zum 7. Dezember verhängten die regulären Gerichte gegen 2297 Antifaschisten ein Todesurteil, 405 Jahre Zuchthaus, 827 Jahre Gefängnis und 32 Jahre Festungshaft. Gegen Nazis ließen die Richter Milde walten und verfügten nur insgesamt 21 Jahre Zuchthaus und 108 Jahre Gefängnis. Die Sondergerichte Papens verurteilten im gleichen Zeitraum weitere 1222 Kommunisten, Sozialdemokraten und andere Antifaschisten zu insgesamt 454 Jahren Zuchthaus und 498 Jahren Gefängnis, während 538 Naziterroristen mit insgesamt 99 Jahren Zuchthaus und 149 Jahren Gefängnis davonkamen.

Das „Kabinett der Barone“ setzte sich zum Ziel, die Sozialdemokraten aus ihren Positionen in Preußen zu verdrängen und damit ein weiteres Hindernis auf dem Weg zur Diktatur zu beseitigen. Der erste, der das sinkende Schiff verließ, war Otto Braun, preußischer Ministerpräsident, der am 6. Juni 1932 in Urlaub ging „mit der festen Absicht, nicht mehr in das Amt zurückzukehren“.

„Wie Rekruten zum Appell“ (Severing) bestellte Papen vierzehn Tage später die preußische Landesregierung zu sich und teilte ihr mit, sie sei ab sofort nicht mehr im Amt, er habe die Regierungsgeschäfte der preußischen Regierung per Notverordnung selbst übernommen. Mit diesem kalten Staatsstreich wollte Papen testen, welchen Widerstand die Arbeiterklasse einer gewaltsamen Machtübernahme entgegensetzen würde.

Dem Putsch von oben waren fortgesetzte Angriffe der faschistischen und nationalistischen Presse auf die preußische Regierung vorausgegangen. Auch die Hugenberg-Blätter verlangten die Absetzung der Landesregierung in Preußen. Voller Vertrauen auf die Verfassungstreue Hindenburgs hatten die Sozialdemokraten bis zuletzt daran gezweifelt, daß Papen den „kalten Putsch“ in Preußen wagen würde. Der SPD-Politiker Heilmann hatte empört ausgerufen: „Ich weigere mich zuzugeben, daß Hindenburg je etwas derartiges tun würde.“

Carl Severing wollte scheinbar sogar Widerstand leisten. „Ich weiche nur der Gewalt!“ lehnte er seinen Rücktritt ab. Seine Parteifreunde hatte er vor dem Treffen mit dem Reichskanzler beruhigt: „Seid gewiß, in der Stunde der Gefahr werde ich das Reichsbanner zur Hilfspolizei erklären und bewaffnen.“

Doch die Reichsregierung fackelte nicht lange: Während man in der Reichskanzlei noch über die Forderung Papens debattierte, wurde über Berlin und die Provinz Brandenburg der Ausnahmezustand verhängt und die Schutzpolizei unter den Oberbefehl Generalleutnants Gerd von Rundstedt gestellt. Am Nachmittag traf Severing mit Franz Bracht, Testamentsvollstrecker des Stahlgiganten Hugo Stinnes und Berater der Familie Krupp, zusammen. Severing riet Bracht, Gewalt erst am Abend anzuwenden, denn bis dahin werde sich die empörte Menschenmenge, die sich im Regierungsviertel eingefunden hatte, verlaufen haben. Absprachegemäß „erschienen abends um 8 Uhr der anstelle des inzwischen amtsenthobenen Albert Grzesinski zum Berliner Polizeipräsidenten ernannte... Dr. Melcher und zwei Polizeioffiziere in meinem Amtszimmer", erinnert Severing sich. „Nachdem ich die Exekutoren aufgefordert hatte, sich für diese Ausführung ihres Auftrages auszuweisen und diese Ausweise beigebracht waren, habe ich das Amtszimmer verlassen."

Die „Verordnung des Reichspräsidenten, betreffend die Wiederherstellung der öffentlichen Sicherheit und Ordnung", mit der die Entmachtung der preußischen Regierung legalisiert werden sollte, löste in der SPD lähmendes Entsetzen aus. Obwohl die preußische Regierung über eine modern ausgebildete und bewaffnete Polizeitruppe im Umfang von 90 000 Mann verfügte, obwohl die Kommandeure der Polizei zum größten Teil Mitglieder der SPD waren, obwohl das Reichsbanner bereitstand, den Staatsstreich Papens, der geltendes Recht der Weimarer Republik verletzte, zu verhindern und die gewählte Regierung im Amt zu halten, unternahm die SPD nichts zur Verteidigung der preußischen Landesregierung, sondern lehnte sogar das Angebot der Kommunisten ab, den Generalstreik auszurufen und den Papen-Putsch in Preußen ebenso niederzuschlagen, wie man den Kapp-Lüttwitz-Putsch verhindert hatte.

Wieder setzte der SPD-Parteivorstand nicht auf die Kraft der solidarisch handelnden Arbeiterklasse, sondern auf die sozialdemokratische Presse, die der Parteibasis die Niederlage wieder einmal als Sieg zu verkaufen hatte. In der Öffentlichkeit stellte die SPD-Leitung die Vorgänge um die preußische Landesregierung so hin, als wollte der Reichskanzler die Arbeiterschaft mit dem Bruch der Verfassung nur zu unüberlegten Aktionen provozieren, um dann wegen innerer Unruhe die auf den 31. Juli 1932 angesetzte Reichstagswahl verschieben und ohne Reichstag regieren zu können. Die

Parteileitung behauptete, sie habe diese Hinterlist Papens durchschaut und durchkreuze sie nun, indem sie die Arbeiter dazu aufrufe, nichts zum Schutz der Regierung zu unternehmen.

Aber die Arbeiter waren es leid, sich Ratlosigkeit und politische Schwäche als kluge taktische Schachzüge vorführen zu lassen. „Der mangelnde Widerstand gegen den Staatsstreich in Preußen deprimierte die sozialdemokratischen Massen“, bemerkt Brüning dazu in seinen Memoiren. Bei den Reichstagswahlen, bei denen die NSDAP einen beispiellosen Terror gegen die linken Parteien entfaltete, entzogen 600 000 Wähler der SPD ihre Stimmen und wählten die KPD. Die Empörung der Parteibasis über die passive Haltung der SPD-Funktionäre kommt auch in einer Notiz zum Ausdruck, die der sozialdemokratische Parteifunktionär Grzesinski am 31. August niederschrieb und in der er feststellte, bei Parteiversammlungen seien „die Genossen sehr aufgebracht über die Entwicklung der Dinge“.

Wilhelm Hoegner, Reichstagsabgeordneter der SPD, beurteilt das Verhalten der Parteispitze: „Dabei war der Versuch eines Widerstandes gegen den Staatsstreich des Reichskanzlers Papen und seiner Regierung der Barone gar nicht aussichtslos. Gegen Papen standen die süddeutschen Staaten, die in der Absetzung der preu-

Wahlagitation für die KPD in einer Berliner Mietskaserne 1932

ßischen Regierung einen unzulässigen Eingriff der Staatsgewalt in die verfassungsmäßigen Rechte der Länder erblickten. Gegen Papen eingestellt waren ferner große Teile der preußischen Landespolizei. Die meisten ihrer Offiziere waren, getreu ihrem Eid, zur Verteidigung der rechtmäßigen Regierung Braun mit Waffengewalt entschlossen. In den Berliner Großbetrieben warteten die Vertrauensleute der freien Gewerkschaften fiebernd auf das Zeichen zum Beginn des Generalstreiks. Bei der Erbitterung der Zentrumspartei gegen den abtrünnigen Katholiken Papen wären auch die christlichen Gewerkschaften im Rheinland und in Westfalen in den Streik hineingerissen worden. Ebenso wären, trotz aller Verhetzung gegen die Sozialdemokratie, genau wie beim Kapp-Putsch auch die Kommunisten in die Front gegen die Verfassungsbrecher eingeschwenkt. Die preußische Polizei hätte durch Zehntausende erprobter Reichsbannerleute verstärkt werden können. Für die preußische Regierung sprachen aber vor allem Recht und Verfassung, die damals noch stark genug gewesen wären, Zaudernde und Schwankende auf ihre Seite zu ziehen.

Auf der anderen Seite verfügte Papen, solange ihn Hindenburg hielt, über die Reichswehr und nach den Abmachungen zwischen Schleicher und Hitler auch über die nationalsozialistische SA. Aber diese wäre in Süddeutschland, im Rheinland, in Hessen und Sachsen wohl gar nicht zur Entfaltung gekommen, sondern von der Polizei eingesperrt worden. So hätten vielleicht ein paar Tage Verwirrung im Norden und eine drohende Sprache der süddeutschen Regierungen genügt, die Umgebung des greisen Reichspräsidenten zur Vernunft zu bringen... Aber die deutsche Sozialdemokratie besaß damals nicht mehr die Kraft zu einer entschlossenen Tat. Es reichte gerade noch zu einer kraftmeierischen Geste aus."

Die Reichstagswahlen zeigten jedoch nicht allein die Verärgerung an der Basis der Sozialdemokratie, sie machten auch die NSDAP zur stärksten Fraktion im Reichstag. Die Nationalsozialisten erhielten 14 Millionen Wählerstimmen und stellten nun 230 Abgeordnete im höchsten deutschen Parlament. Dieser Wahlsieg der NSDAP gab in bürgerlichen Kreisen neuen Anlaß zu Spekulationen. Reichswehrgeneral Schleicher traf sich mit den führenden Vertretern der NSDAP zu Geheimgesprächen. Seine Motive enthüllte er wenig später dem SPD-Abgeordneten und langjährigen Reichstagspräsidenten Paul Löbe: „Schleicher: ‚Wie ist die Lage? Die Welle (des Nationalsozialismus; H. v. O.) ist so groß geworden, daß wir sie nicht aufhalten können. Deshalb müssen wir es anders machen. Wir nehmen den Kerl in die Mitte und hängen ihm zwei Gewichte an. Auf der einen Seite ich und die Reichswehr, auf der anderen Seite der alte Herr (Hindenburg; H. v. O.) und seine Autorität. Da werden wir den Adolf schon kirre kriegen.' So suchte ein Fuchs den anderen zu betrügen. Da Hitler aber nicht nur Fuchs, sondern auch Wolf und Schakal war, hat er über Schleicher triumphiert und ihn später umbringen lassen."

Wenige Tage nach der Reichstagswahl suchte Schleicher den Reichspräsidenten auf, um ihn davon zu überzeugen, daß er Papen fallenlassen und Hitler zum Reichskanzler machen müsse. Hindenburg widersetzte sich jedoch diesem Vorschlag, denn ihm war der Weltkriegsgefreite, der nun vor den Toren zur Macht angelangt war, zutiefst suspekt. Er war nur dazu bereit, Hitler die Vizekanzlerschaft zu übertragen, und empfing den NSDAP-Chef deshalb zu Verhandlungen über die Regierungsbildung. Die Gespräche endeten am 13. August mit einem frostigen Abschied, bei dem der Reichspräsident erklärte, er bedaure, „daß Herr Hitler sich nicht in der Lage sehe, entsprechend seinen vor den Reichstagswahlen abgegebenen Erklärungen eine vom Vertrauen des Herrn Reichspräsidenten berufene Nationalregierung zu unterstützen."

Erst am 30. August trat der neugewählte Reichstag zusammen. Die von schwerer Krankheit gezeichnete Alterspräsidentin Clara Zetkin benutzte die Gelegenheit, um von der Tribüne des Parlaments herab zum Kampf gegen den Faschismus aufzurufen: „Das Gebot der Stunde ist die Einheitsfront aller Werktätigen, um den Faschismus zurückzuwerfen, und damit den Versklavten und Ausgebeuteten die Kraft und die Macht ihrer Organisationen zu erhalten, ja sogar ihr physisches Leben. Vor dieser zwingenden geschichtlichen Notwendigkeit müssen alle fesselnden und trennenden politischen, gewerkschaftlichen, religiösen und weltanschaulichen Einstellungen zurücktreten."

Bei seiner zweiten Sitzung erteilte der Reichstag der Papen-Regierung die empfindlichste Niederlage, die je eine deutsche Regierung im Parlament hatte hinnehmen müssen: 512 Abgeordnete sprachen der Regierung das Mißtrauen aus, nur 42 Abgeordnete der DVP und der DNVP stellten sich hinter Papen und das „Kabinett der Barone". Papen hatte diese Abstimmungsniederlage allerdings vorausgesehen. Vorsorglich hatte er sich die Auflösungsorder des Reichspräsidenten besorgt und verkündete der Volksvertretung die Entlassung des Parlaments.

„Die NSDAP", sagt Gustav Gäde, „stimmte gegen die Regierung Papen, weil sie selbst an die Macht wollte, um die faschistische Diktatur errichten zu können. Unsere Leute dagegen sahen doch, daß der Reichstag längst seiner politischen Möglichkeiten beraubt war, daß die Bourgeoisie dieses Parlament eiskalt abserviert hatte. Der Reichstag konnte, wenn überhaupt, nur noch als Tribüne für die Auseinandersetzung benutzt werden. Auseinandersetzung mit dem Rechtskurs der Papen-Regierung, aber vor allem Kampf gegen den Naziterror. Auch die SPD hat bisweilen mit den Nazis gestimmt, wenn sich in einer bestimmten Situation die Positionen deckten. Zum Beispiel beim Sturz der preußischen Regierung, da hat die SPD zusammen mit Kommunisten und Nazis den Papen-Plänen eine Absage erteilt. Daraus kann man doch den Kommunisten oder auch der SPD keinen Vorwurf machen, wenn sich zufällig mal in einer Frage die Ansichten deckten oder wenn sich die Nazis aus demagogischen Gründen dazu veranlaßt sahen, genau wie die Arbeiterparteien zu stimmen."

Die Papen-Regierung war eine unpopuläre Staatsführung, die in kurzer Zeit ihren Willen bewies, die Verfassung zu zerstören, die Rechte der Arbeiterbewegung weiter einzuschränken und den Weg für die faschistische Diktatur freizuräumen.

In vielen Publikationen, besonders in bundesdeutschen Schulbüchern, hält sich bis auf den heutigen Tag die Legende von der Zusammenarbeit zwischen Kommunisten und Faschisten. Als Beleg dafür dient meist der Streik der Berliner Verkehrsbetriebe. Er soll unter Beweis stellen, daß die Kommunisten mit der Nazi-Partei gemeinsame Sache gegen die Republik machten. Der Streik begann am 4. November und war eigentlich keine besonders herausragende Aktion der Arbeiter gegen die Notverordnungspolitik der Regierung, denn zu dieser Zeit machte die Arbeiterklasse überall gegen den Rechtskurs Papens mobil, der die Lebensinteressen der arbeitenden Menschen und ihrer Familien bedrohte.

„Man sagt manchmal, der Streik richtete sich gegen die SPD", sagt Gustav Gäde. „Tatsache ist jedoch, daß es zu dieser Zeit weder sozialdemokratische Reichsminister noch preußische Länderminister gegeben hat. Deshalb konnte sich der Streik gar nicht gegen die Sozialdemokratie richten. In Wirklichkeit ging es um die Stundenlöhne der Beschäftigten in den Verkehrsbetrieben. Die Papen-Regierung hatte verfügt, die Löhne der Beschäftigten um zwei Pfennige pro Stunde zu kürzen."

In der Berliner Verkehrsgesellschaft kam es daraufhin zur Urabstimmung über die Frage, ob die Belegschaft die Maßnahme der Regierung mit Streik beantworten solle. Dabei sprach sich die erforderliche Mehrheit der Beschäftigten für Kampfmaßnahmen aus. Trotzdem erklärten der Vorstand der SPD und die Führung des ADGB, es handle sich um einen wilden Streik. Beide Organisationen rührten deshalb keinen Finger, als die Polizei gegen die Streikenden aufmarschierte, vier Beschäftige erschoß und 500 Arbeiter verhaftete. Nur einzelne Sozialdemokraten unterstützten den Ausstand und wirkten bei der Bildung einer Streikleitung mit, die aus Kommunisten, Sozialdemokraten, einzelnen ADGB-Mitgliedern und auch SA-Leuten bestand.

Man muß sich daran erinnern, daß der Streik zu einer Zeit stattfand, in der im Reich wieder einmal ein Wahlkampf geführt wurde. Die NSDAP bangte um ihren Einfluß in die Arbeiterschaft. Hitler erklärte dem Reichspräsidenten: „Die Leute sind sehr erbittert. Wenn ich meine Leute von der Beteiligung abgehalten hätte, hätte der Streik doch stattgefunden, aber ich hätte meine Anhänger in der Arbeiterschaft verloren, das wäre auch kein Vorteil für Deutschland. Wir befinden uns in einer keineswegs beneidenswerten Lage. Viele bürgerliche Kreise werden durch unsere Teilnahme am Streik abgeschreckt. Das ist aber nicht das Entscheidende. Diese Kreise kann man später leicht wiedergewinnen, hat man aber den Arbeiter einmal verloren, dann ist er auf immer verloren.“

Den kommunistischen Arbeitern, die an der Führung der Streikmaßnahmen beteiligt waren, kann man sicher nicht anlasten, daß sich die NSDAP aus durchsichtigen Gründen dazu entschloß, sich am Ausstand zu beteiligen. Auch ist es nicht ihre Schuld; wenn sich die Vorstandsmitglieder der SPD gegen die unmittelbaren Interessen der Beschäftigten stellten. ADGB-Vorstandsmitglied Graßmann erklärte auf der Sitzung des SPD-Parteivorstands am 10. November: „Für mehr als 20000 städtische Beschäftigte ist kurze Zeit vor den Verhandlungen mit der BVG ein Schiedsspruch zustande gekommen, der den Leuten vier Pfennig vom Stundenlohn nimmt, während die Regelung mit den Verkehrsarbeitern nur einen Abzug von zwei Pfennigen vorsah. Nun stellen Sie sich einmal die Lage für die Organisation vor: Den städtischen Arbeitern hat man gesagt: ‚Ihr müßt vier Pfennig Lohnabzug hinnehmen, ein Streik ist unmöglich.‘ Und den wegen zwei Pfennig Lohnabzug streikenden Verkehrsarbeitern müßte man eine Unterstützung durch die Organisation gewähren.“

Das Vorstandsmitglied der SPD, Crispien, machte auf der gleichen Sitzung seiner Enttäuschung über das Verhalten seiner Parteifreunde Luft: „In Verbindung mit dem Verkehrsstreik habe ich in Kreisen von Parteigenossen Dinge gehört, über die ich sprachlos gewesen bin.“

Der „Stahlhelm“ marschiert am Wahltag durch das Brandenburger Tor zur Kundgebung im Berliner Lustgarten.

Die Industrie bekommt Hitler

Seit Juni 1932 arbeitete der Keppler-Kreis fieberhaft daran, Hitler die nötige Reputation innerhalb der Führungsgruppe der deutschen Wirtschaftswelt zu verschaffen. Thyssen, Schacht und Kirdorf verlangten jetzt von Papen nicht nur weitere Zugeständnisse an die deutsche Industrie, sondern forderten zugleich die bedingungslose Übergabe der Regierungsgewalt. Bereits Anfang Oktober, noch bevor der neue Reichstag gewählt wurde, verlangte Martin Spahn im Auftrag Emil Helfferichs von der Papen-Regierung die Demission zugunsten eines Kabinetts Hitler.

Mitte Oktober organisierte der Keppler-Kreis eine Zusammenkunft der Industrieführung mit Hitler auf Schloß Landsberg, denn die NSDAP hatte Finanzsorgen. Ihre Schulden sollen sich in dieser Zeit auf die stolze Summe von zehn Millionen Reichsmark belaufen haben. Um den Reichstagswahlkampf dennoch mit großem propagandistischem Aufwand durchführen zu können, brauchte man die Millionen aus den politischen Kampffonds der Unternehmer, denn der Bergbau-Verein hatte erklärt, er sähe sich außerstande, für die Schulden der NSDAP allein aufzukommen und den Propagandaapparat zu finanzieren. Die Naziführung mußte sich keine Sorgen machen, denn wieder langten die Industriechefs tief in die Tasche.

Trotz der Wahlkampfunterstützung mußte die NSDAP bei den Reichstagswahlen eine herbe Niederlage hinnehmen: Sie büßte gleich zwei Millionen Stimmen ein. Damit bestätigte sich die These der Linksparteien, die Nazipropaganda werde bald ihre Wirksamkeit verlieren. Der antifaschistische Abwehrkampf trug erste Früchte und dokumentierte, daß es möglich war, den Faschismus nicht nur zu stoppen, sondern ihn sogar zurückzudrängen, wenn man entschlossen handelte.

Die Stimmung innerhalb der NSDAP nach der schweren Wahlschlappe am 6. November beschreibt eine Tagebuchnotiz Joseph Goebbels': „Die anfänglich starke Stimmung in der Partei ist jetzt wieder einer flauen Depression gewichen. Überall tauchen nun Ärger, Streit und Mißhelligkeiten auf. Wie das immer so ist: Nach der Niederlage kommt der ganze Unrat hoch, und damit muß man sich dann wochenlang abrackern ... Ich nehme einen Bericht über die Kassenlage der Berliner Organisation entgegen. Dieser ist ganz trostlos. Nur Ebbe, Schulden und Verpflichtungen, dazu die vollkommene Unmöglichkeit, nach dieser Niederlage irgendwo Geld in größerem Umfang aufzutreiben."

Gustav Gäde bemerkt zu dem Wahlergebnis: „Das war für die Nazis ein Schuß vor den Bug. Sie begriffen bald, daß sie jetzt schnell handeln mußten, wenn sie noch an die Macht wollten."

Auch in der Reichswehrführung löste das Wahlergebnis Besorgnis aus, und die Armee ließ erst einmal prüfen, ob die Reichswehr einem Ausnahmezustand gewachsen sei. Ott, einer der engsten Vertrauten Schleichers, erstattete Bericht: „Ich erhielt als Leiter der politischen Abteilung des Reichswehrministeriums die Genehmigung, diese Frage in einer kriegsspielartigen Studie zu klären. Wir versammelten im November 1932 die Vertreter aller Staatseinrichtungen, die für einen Ausnahmezustand von Wichtigkeit waren. In dreitägiger Studie wurde der militärische Ausnahmezustand im gesamten Reichsgebiet untersucht, für jeden Teil des Reiches nach der besonderen Lage, die dort voraussichtlich entstehen würde."

Die Einschätzung der Reichswehrführung über die Situation im Land ist aufschlußreich, sie zeigt nicht nur, daß man in der politischen Führung der deutschen Armee die Entwicklung in den einzelnen Landesteilen seit Jahren aufmerksam verfolgte, sie gibt auch Aufschluß über die Ziele der Reichswehrleitung selbst:

„So trat für Ostpreußen die Sicherung der Landesgrenze in den Vordergrund. Die Grenzziehung nach dem Versailler Vertrag war noch scharf umstritten und das Verhältnis zu Polen sehr gespannt. Es lag durchaus im Bereich des Möglichen, daß radikale polnische Elemente die Spannung der deutschen inneren Lage zum Zugriff auf Ostpreußen auszunützen versuchten. Die ostpreußische Division – im Konfliktsfalle vom Reichsgebiet abgeschnitten und nur auf die eigenen Kräfte gestellt – war gezwungen, sich auf möglichst große wehrbereite Teile der Bevölkerung zu stützen, um auch nur einen schwachen Grenzschutz aufzustellen. Die überwiegende Mehrheit solcher Verstärkungen mußte aus den Reihen der NSDAP kommen, denn sie hatte in Ostpreußen die Führung besonders der Jugend beherrschend an sich gebracht...

Im Gebiet von Hamburg war mit dem Generalstreik der Hafenarbeiter zu rechnen. Dieser würde lebenswichtige Funktionen des Hafens stillegen, nämlich die weithin ausstrahlende Lebensmittelzufuhr und den größten Teil des überseeischen Güteraustauschs Deutschlands. Die verfügbaren Kräfte an Polizei, Reichswehr und Reichsmarine waren gering; die Hauptlast in der Bekämpfung dieses Streiks fiel auf die Technische Nothilfe. Deren Leiter erklärte sich außerstande dazu ...

Für das Rhein-Ruhr-Gebiet waren drei Hauptfolgen zu prüfen: die Lahmlegung des Bergbaus und der Schwerindustrie, die Einstellung der Rheinschiffahrt, das Wiederaufleben separatistischer Umtriebe. Die Lage war hier besonders kritisch, weil in der entmilitarisierten Zone jeder Einsatz der Wehrmacht auch bei einem Notstand verboten war... Nach den Erfahrungen der vergangenen Monate war es außerdem zweifelhaft, wie weit die Polizei bereit wäre, gegen den kommunistischen Terror vorzugehen – eine im Ruhrgebiet vordringliche Frage.

Als Ergebnis unserer Studie habe ich dem Reichswehrminister gemeldet, daß alle Vorbereitungen getroffen seien, um einen etwa befohlenen Ausnahmezustand unverzüglich in Gang zu setzen. Es habe sich aber bei sorgfältiger Abwägung gezeigt, daß die Ordnungskräfte des Reiches und der Länder in keiner Weise ausreichten, um die verfassungsmäßige Ordnung... zu schützen."

Die Studie der Reichswehrführung macht deutlich, wovor man in der Heeresleitung besondere Angst hatte: vor einem Generalstreik der Arbeiter. Die kluge Einschätzung der Reichswehrführung, der jahrelange detailgenaue Analysen zugrunde lagen, belegt Gustav Gädes These, daß es unmöglich gewesen wäre, den Weg in den Faschismus zu gehen, wenn die Arbeiterbewegung sich zur antifaschistischen Einheitsfront zusammengefunden hätte.

Auf Schleichers Druck reichte Reichskanzler Papen am 17. November die Demission seiner Regierung ein, um Hindenburg erneut Gelegenheit zu geben, eine Reichsregierung einzusetzen. In diesem Angenblick war die Industrieführung zur Stelle: In einer Eingabe an den Reichspräsidenten schrieben die Wirtschaftsführer:

„Gleich Eurer Exzellenz durchdrungen von heißer Liebe zum deutschen Volk und Vaterland, haben die Unterzeichneten die grundlegende Wende, die Eure Exzellenz in der Führung der Staatsgeschäfte angebahnt haben, mit Hoffnung begrüßt. Mit Eurer Exzellenz bejahen wir die Notwendigkeit einer vom parlamentarischen Parteiwesen unabhängigen Regierung, wie sie in dem von Eurer Exzellenz formulierten Gedanken eines Präsidialkabinetts zum Ausdruck kommt. Der Ausgang der Reichstagswahl vom 6. November d.J. hat gezeigt, daß das derzeitige Kabinett, dessen aufrechten Willen niemand im deutschen Volk bezweifelt, für den von ihm eingeschlagenen Weg keine ausreichende Stütze im deutschen

Volk gefunden hat, daß aber das von Eurer Exzellenz gezeigte Ziel eine volle Mehrheit im deutschen Volk besitzt, wenn man – wie es geschehen muß – von der staatsverneinenden Kommunistischen Partei absieht... Wir halten dieses Ergebnis für außerordentlich erfreulich und können uns nicht vorstellen, daß die Verwirklichung dieses Zieles nunmehr an der Beibehaltung einer unwirksamen Methode scheitern sollte...

Wir bekennen uns frei von jeder engen parteipolitischen Einstellung. Wir erkennen in der nationalen Bewegung, die durch unser Volk geht, den verheißungsvollen Beginn einer Zeit, die durch Überwindung des Klassengegensatzes die unerläßliche Grundlage für einen Wiederaufstieg der deutschen Wirtschaft erst schafft. Wir wissen, daß dieser Aufstieg noch viele Opfer erfordert. Wir glauben, daß diese Opfer nur dann willig gebracht werden können, wenn die größte Gruppe dieser nationalen Bewegung führend an der Regierung beteiligt wird."

Der Vorstoß der Wirtschaftskapitäne verfehlte seine Wirkung auf den Reichspräsidenten nicht: Hindenburg empfing Hitler, um ihm die Ernennung zum Reichskanzler anzubieten. Hitler lehnte das Angebot ab; denn der Reichspräsident verlangte, der Nazichef solle Bedingungen akzeptieren, die seine Handlungsfreiheit als Regierungschef weitgehend eingeschränkt hätten.

„Hitler wollte die Macht, doch er wollte sie ganz", meint Gustav. „Der Reichspräsident war zu diesem Zeitpunkt noch nicht bereit, sie ihm zu geben."

Für den 1. Dezember rief Hindenburg deshalb seine beiden wichtigsten Berater, Papen und Schleicher, zu sich und bat um Ratschläge und einen akzeptablen Vorschlag für eine Regierungsbildung. Papen schlug vor, die Regierung notfalls mit Gewalt durchzusetzen, den Reichstag auszuschalten und die Linksparteien durch Polizei und Reichswehr niederzuhalten. Schleicher entwickelte den Plan, Strasser und andere gemäßigte Nationalsozialisten an einem Kabinett unter seiner Führung zu beteiligen, um die NSDAP zu spalten und einige Abgeordnete der Nazi-Partei für den Regierungskurs zu gewinnen. Auch für die SPD hatte Schleicher eine Rolle parat: Sie sollte sich ruhig verhalten und durch die Tolerierung der Regierungspolitik für die notwendige Reichstagsmehrheit sorgen.

Hindenburg entschied sich vorerst für Papens Staatsstreichkonzept, doch zeigte schon die erste Kabinettssitzung, daß eine Regierungsbildung unmöglich war; der überwiegende Teil der Minister wollte sich einem Kanzler Papen nicht erneut zur Verfügung stellen, so daß diesem keine Wahl blieb, als seinen Hut zu nehmen. Damit stand nur noch Schleicher zur Wahl, und Hindenburg zögerte keinen Moment, den Reichswehrchef mit der Bildung eines Kabinetts zu betrauen. Am 3. Dezember 1932 wurde die neue Regierung gebildet.

Doch die Regierung Schleicher sollte nicht von langer Dauer sein, denn seit Wochen wurde Hindenburg von einer Flut von Briefen überschwemmt, die Hitlers Ernennung forderten. Absender waren beinahe immer die Direktoren und Aufsichtsratsmitglieder aus den Großkonzernen.

Am 26. November etwa informierte Dr. Schulz vertraulich Franz Bracht über eine Sitzung der Industriekapitäne in Düsseldorf: „Die Tagung des Langnamvereins in Düsseldorf, die wohl ursprünglich im Rahmen des Papen-Programms und zur Stützung vorgesehen war, ergab anläßlich der zwanglosen Unterhaltung die überraschende Tatsache, daß fast die gesamte Industrie die Berufung Hitlers, gleichgültig unter welchen Umständen, wünscht. Während man noch vor wenigen Wochen Papen zugejubelt hat, ist man heute der Auffassung, daß es der größte Fehler sei, wenn Hitler, auch unter Vorbringung ernsthafter Gründe, nicht mit der Regierungsbildung beauftragt würde."

Bankier Schröder sollte 1946 vor dem Nürnberger Kriegsverbrechertribunal dazu aussagen: „Als die NSDAP am 6. November 1932 ihren ersten Rückschlag erlitt und also ihren Höhepunkt überschritten hatte, wurde eine Unterstützung durch die deutsche Wirtschaft besonders dringend. Ein gemeinsames Interesse der Wirtschaft bestand in der Angst vor dem Bolschewismus."

Aus der Aussage des Großbankiers Kurt Freiherr von Schröder geht auch hervor, daß Hitler, Papen, Himmler und Keppler sich am 4. Januar 1933 in seinem Büro in Köln getroffen haben, um über das weitere Vorgehen zu beraten. „Papen führte aus, daß er es für das Beste halte, eine Regierung zu formen, bei der die konservativen und nationalen Elemente, die ihn unterstützt hatten, zusammen mit den Nazis vertreten seien. Daraufhin hielt Hitler eine lange Rede, in der er sagte, daß, wenn er zum Kanzler ernannt würde, Anhänger von Papens als Minister in seiner, Hitlers, Regierung teilnehmen könnten, sofern sie gewillt wären, seine Politik, die viele Änderungen bestehender Zustände verfolgte, zu unterstützen. Er skizzierte diese Änderungen, einschließlich der Entfernung aller Sozialdemokraten und Juden von führenden Stellungen in Deutschland und der Wiederherstellung der Ordnung im öffentlichen Leben. Von Papen und Hitler erzielten eine prinzipielle Einigung."

Bevor Schröder seine Villa für das Geheimtreffen zur Verfügung stellte, hatte er sich bei seinen Freunden aus Unternehmerkreisen rückversichert. Erst als er sich davon überzeugt hatte, daß die Männer der Wirtschaft in dem Ziel übereinstimmten, „einen starken Führer in Deutschland an die Macht kommen zu sehen", stellte er den Rechtspolitikern sein Wohnzimmer zur Besprechung zur Verfügung. Ganze Unternehmerverbände hatten sich inzwischen öffentlich für den Hitler-Kurs ausgesprochen, so der Arbeitgeberverband Gruppe Nordwest und der Verein zur Wahrung der gemeinsamen wirtschaftlichen Interessen in Rheinland und Westfalen. Die Kasse der NSDAP hatte wieder schwarze Zahlen zu verzeichnen, und Goebbels, der gerade noch die finanzielle Misere der Partei beklagt hatte, konnte befriedigt in sein Tagebuch schreiben, es sei wieder Geld in Hülle und Fülle vorhanden.

Am 9. Januar eilte Papen zum Reichspräsidenten, um ihm seine Pläne offenzulegen. Hindenburg erteilte ihm den „persönlichen und streng vertraulichen" Auftrag, weiterhin mit der NSDAP-Führung in Verbindung zu bleiben und das Terrain zu sondieren. In Ribbentrops Haus wurden die Sondierungsgespräche zwischen Papen und Hitler am 11. Januar fortgesetzt. Zehn Tage später konferierte Hitler mit dem Sohn des Reichspräsidenten und erzielte weitgehende Übereinstimmung in der Einschätzung der politischen Situation.

Doch auch am 23. Januar schwankte Hindenburg noch, wie er sich entscheiden sollte. Zwar hatte er sich längst dazu durchgerungen, Schleicher zur Abdankung zu bewegen, doch zögerte er noch immer, Hitler mit aller Macht auszustatten.

Schleicher hatte versucht, einige Gewerkschaftsführer mit Arbeitsbeschaffungsmaßnahmen für sein Programm zu ködern, um sie zum Stillhalten zu veranlassen. Tatsächlich waren einige Gewerkschaftsfunktionäre bereit, mit dem Reichskanzler in Verhandlungen zu treten. Auch der Vorsitzende des ADGB, Theodor Leipart, war mit Schleicher zu mehreren Gesprächen zusammengetroffen. Während die sozialdemokratische Presse behauptete, nun sei die faschistische Gefahr gebannt, zog sich Schleicher mit dieser Politik gegenüber den Gewerkschaften das Mißtrauen der Industrie zu.

Auch sein Spaltungsversuch der NSDAP, das geplante Bündnis

mit Strasser, führte nicht zum erhofften Ergebnis. Schleicher mußte einsehen, daß er mit seinem Latein am Ende war. Da blieb ihm nur noch die Lösung, die Papen vorgeschlagen hatte: die Aussetzung der Reichstagswahlen, die Auflösung des alten Reichstags, die Erklärung des Sondernotstands, das Verbot der Arbeiterparteien. Doch zur Durchsetzung dieses Kurses brauchte er das Einverständnis des Reichspräsidenten.

Hindenburg lehnte es ab, Schleicher mit den gewünschten Vollmachten auszustatten. Die Pläne des Reichskanzlers sickerten an die Öffentlichkeit, SPD und Zentrum reagierten mit scharfem Protest. Schleicher sah sich genötigt, alles abzustreiten: Am 24. Januar ließ er erklären, daß er nicht daran denke, sich des „staatlichen Notstandes" zu bedienen, sondern mit allen Mitteln die Verfassung zu wahren versuche.

Papen drängte Hindenburg, er solle Schleicher absetzen und eine Regierung Papen-Hitler-Hugenberg mit der notwendigen Vollmacht auszustatten, doch der Reichspräsident blieb skeptisch. „Sie werden mir doch nicht zutrauen..., daß ich diesen österreichischen Gefreiten zum Reichskanzler berufe", fragte er anläßlich eines Empfanges der Heeresleitung am 27. Januar.

„Der Reichspräsident wußte nicht, daß er gar keine andere Wahl mehr hatte", sagt Gustav Gäde. „Im Berliner Hotel „Kaiserhof", in dem Hitler logierte, fanden sich am nächsten Tag die Vertreter der Rechtskräfte zusammen, um über die Bildung einer Regierung unter Beteiligung der Nazipartei zu verhandeln. Da war die ganze Sippschaft da, die in Adolf Hitler den ‚Mann der Stunde' sah: Schacht und Bankier Schröder genauso wie der Herzog von Coburg und der Chef der Berliner SA. Hugenberg und Hitler natürlich, Papen, Göring und Thyssen. Sie alle forderten die Regierungsbeteiligung Hitlers. Es ging nur noch um die Frage, unter welchen Bedingungen die Nazis ins Kabinett einziehen sollten. Die Verhandlungen zogen sich etwas hin, doch am Ende stand der Kuhhandel zwischen den Rechtskräften: Hitler sollte Reichskanzler werden."

Der linke Publizist Ernst Ottwalt schrieb später über den Augenblick, in dem die Würfel fielen:

„Hitler ist nicht der Mann, die Chance eines historischen Augenblicks nicht vorschriftsmäßig zu pathetischen Mätzchen zu benutzen. Nach einem kurzen peinlichen Schweigen springt er auf, reicht Hugenberg beide Hände und schwört bei allem, was ihm heilig ist, daß das Bündnis der beiden nationalen Parteien unverbrüch-

Norddeutsche Ausgabe / Ausgabe A
31. Ausg. • 46. Jahrg. • Einzelpreis 20 Pf.

Ausgabe A / Norddeutsche Ausgabe
Berlin, Dienstag, 31. Januar 1933

VÖLKISCHER BEOBACHTER

Herausgeber Adolf Hitler

Kampfblatt der national-sozialistischen Bewegung Großdeutschlands

Ein historischer Tag:

Erste Maßnahmen der Reichsregierung Hitler

Interview des „Völkischen Beobachters" mit dem Reichsinnenminister Frick – Tagung des neuen Kabinetts

Der Reichspräsident von Hindenburg hat Adolf Hitler zum Reichskanzler ernannt. Der neuen Regierung werden neben Adolf Hitler als Reichskanzler der frühere Minister Pg. Frick als Reichsinnenminister und der Reichstagspräsident Pg. Goering als Reichsminister ohne Geschäftsbereich und Reichskommissar für

lich für alle Zeiten bestehen werde. Tränen glänzen in seinen Augen... Punkt zwölf stellt sich im großen Empfangssaal die neue Reichsregierung dem Feldmarschall vor. Die NSDAP hat für gute Regie gesorgt: Auf der Straße stehen Tausende und bringen Hitler bei seiner Anfahrt Ovationen dar.

Hitler schwitzt vor Aufregung. Im Gegensatz zu ihrem letzten Zusammentreffen ist Hindenburg aber gnädigster Laune... Er legt Hitler die Hand auf die Schulter. Selbst Hugenberg, den er nicht leiden kann, bekommt ein paar freundliche Worte. Von draußen her dringen die Heilrufe der Menge. Hindenburg hat den letzten Auftrag erfüllt, den das deutsche Finanzkapital ihm erteilt hat: Hitler hat die Macht in den Händen."

Noch war Hitler nicht am Ziel seiner Wünsche. Er war zwar zum Reichskanzler ernannt worden, ausgerechnet von jenem Mann, den Millionen Gewerkschafter und Sozialdemokraten neun Monate zuvor zum Reichspräsidenten gemacht hatten. Doch damit allein hielt der deutsche Faschismus die Macht noch nicht in Händen, denn noch immer bestand die Möglichkeit, seine Machtübernahme unmöglich zu machen, wie die Arbeiterbewegung Jahre zuvor Kapp und Lüttwitz verjagt und Reichskanzler Cuno zur Abdankung gezwungen hatte.

Hitler und seine Helfershelfer wußten um diese Gefahr, die von der deutschen Arbeiterklasse ausging. Deshalb herrschte bei der Regierungsbildung nervöse Spannung. Deshalb holte man den Nazigeneral Blomberg heimlich von den Genfer Abrüstungsverhandlungen zurück und übergab ihm den Oberbefehl über die deutschen Truppen, noch bevor die übrigen Minister ernannt wurden. Deshalb ließ man selbst die für Ministerposten vorgesehenen Politiker bis zum letzten Moment darüber im Unklaren, welchem Kanzler sie dienen sollten.

Brüning beschreibt in seinen Memoiren die aufgeregte Spannung bei der Regierungsbildung: „Die Minster wurden auf zehn Uhr zwecks Vereidigung zum Reichspräsidenten bestellt. Krosigk und Neurath... glaubten, daß sie für ein Kabinett Papen vereidigt würden. Erst in letzter Minute erfuhren sie, daß es sich um ein Kabinett Hitler handelte. Zum Arbeitsminister war Seldte bestellt. Er hatte die Hoffnung aufgegeben und lag, als Meißner ihn anrufen ließ, um ihn zur Vereidigung zu holen, noch im Bett. Er erklärte, er werde kaum rechtzeitig da sein können. Man entschloß sich, Duesterberg zum Arbeitsminister zu machen. Er erschien rechtzeitig im Hause des Reichspräsidenten, wo man ihm mitteilte, er müsse Arbeitsminister werden und würde sofort vereidigt. Duesterberg, dessen Vater Rabbiner war, nahm an. Als die Minister sich im geschlossenen Zug in das Zimmer des Reichspräsidenten zu gehen anschickten, erschien Seldte auf der Bildfläche. Duesterberg wurde die Ernennungsurkunde aus den Händen genommen und zerrissen, und Seldte erhielt seine alte Urkunde ausgefertigt."

Die Nervosität der neuen Regierung war nicht unbegründet, denn wie Wilhelm Hoegner bemerkt, „wären im Jahre 1932 und noch 1933 mehr Deutsche als je bereit gewesen, für die Verteidigung der Volksfreiheit gegen den Faschismus zu kämpfen." „Wir standen Gewehr bei Fuß", erinnert sich Gustav Gäde. „Wir waren bereit zum Kampf und nicht nur wir. Auch die meisten der sozialdemokratischen Genossen wollten es wagen, dem Naziterror die Stirn zu bieten. ‚Sollen sie nur kommen!' sagte man in den Betrieben. ‚Wir werden schon mit ihnen fertig.'"

Am 30. Januar 1933 überbrachte Walter Ulbricht dem Parteivorstand der SPD im Auftrag der KPD-Zentrale das Angebot, gemeinsam gegen die faschistische Diktatur zu kämpfen. „Führt gemeinsam mit euren kommunistischen Klassengenossen in allen Betrieben und Arbeiterwohnvierteln die Massendemonstration, den Streik, den Massenstreik, den Generalstreik durch!" forderten die Kommunisten.

Doch die SPD-Führung schlug das Angebot der KPD aus. Sie wollte den Generalstreik nicht unterstützen, weil sie bis zuletzt auf die Legalität der Hitler-Regierung vertraute und nicht erkannte, daß der Faschismus Vorbereitungen traf, die Arbeiterparteien und die Gewerkschaften zu zerschlagen. Der Parteivorstand beantwortete das Angebot der KPD mit einem eigenen Aufruf: „Wir führen unseren Kampf auf dem Boden der Verfassung. Die politischen Rechte des Volkes, die in Verfassung und Gesetz verankert sind, werden wir gegen jeden Angriff mit allen Mitteln verteidigen. Jeder Versuch der Regierung, ihre Macht gegen die Verfassung anzuwenden oder zu behaupten, wird auf den äußersten Widerstand der Arbeiterklasse und aller freiheitlich gesinnten Volkskräfte stoßen. Zu diesem entscheidenden Kampf sind alle Kräfte bereitzuhalten. Undiszipliniertes Vorgehen einzelner Organisationen oder Gruppen auf eigene Faust würde der gesamten Arbeiterklasse zum schwersten Schaden gereichen!"

Auf der Parteivorstandssitzung vom 31. Januar beschwor Breitscheid die versammelten Leitungsmitglieder der SPD: „Seit gestern ist Adolf Hitler Reichskanzler, und zwar ist er Reichskanzler geworden auf legalem Wege, nicht durch einen Putsch... Wenn Hitler den Weg der Verfassung beschreitet, steht er an der Spitze einer Rechtsregierung, die wir bekämpfen können und müssen, mehr noch als die früheren. Aber es ist dann eben eine verfassungsmäßige Rechtsregierung... Es wäre töricht, wenn die Sozialdemokratische Partei und wenn die Arbeiterschaft überhaupt durch irgendwelche ungestümen und voreiligen Aktionen eine Entwicklung, die sich innerhalb der Regierung vollziehen muß, hindern und hemmen würde, wenn sie dazu beitrüge, diese einander widerstrebenden Kräfte zusammenzuschweißen."

Die 3,5 Millionen Mitglieder der Eisernen Front, vor allem die 250000 Mann starke „Schutzformation", kurz „Schufo" genannt, und warteten auf das Zeichen zum bewaffneten Kampf. Doch obwohl in Berlin die Alarmpläne bereitlagen, in die nur noch Datum und Uhrzeit eingetragen werden mußten, warteten die sozialdemokratischen Selbstschutzgruppen vergeblich, denn der Parteivorstand gab das Zeichen zur Verteidigung nicht.

Auf einer Kundgebung am 7. Februar in Berlin, an der 200000 Arbeiter und Antifaschisten gegen die Hitler-Regierung demonstrierten, wollte die KPD eine Erklärung verlesen, in der die Kommunisten das Angebot der Einheitsfront erneuerten. „Alles können wir in diesen Tagen und Wochen gewinnen", mahnte die KPD, „aber auch alles verlieren. Wir müssen deshalb sofort die Einheitsfront zum gemeinsamen Kampf schließen."

Generalstreik

gegen die faschistische Terror-Herrschaft!

Hitler Reichskanzler! — Papen Vizekanzler — Hugenberg Wirtschaftsdiktator — die Frick und Göring an der Spitze der Polizei — Stahlhelm-Seldte Arbeitsminister — dies neue Kabinett der offenen faschistischen Diktatur ist die brutalste unverhüllteste Kriegserklärung an die Werktätigen, die deutsche Arbeiterklasse!

Die Betrugsmanöver des „sozialen Generals" sind zu Ende. Die Zuspitzung der Krise, der machtvolle revolutionäre Aufschwung der Massen zwingt die Bourgeoisie, das nackte Gesicht ihrer Diktatur in äußerster Brutalität zu enthüllen. An die Stelle der „sozialen" Phrasen treten die Bajonette der Reichswehr und die Revolver der mordenden SA.- und SS.-Kolonnen. Schamloser Raub der Löhne, schrankenloser Terror der braunen Mordpest, Zertrampelung der letzten spärlichen Ueberreste der Rechte der Arbeiterklasse, hemmungsloser Kurs auf den imperialistischen Krieg — das alles steht unmittelbar bevor.

Die Partei der deutschen Arbeiter, die Partei der Streiks gegen Lohnraub, der Verteidigung der Interessen aller Werktätigen, des Kampfes für die Freiheit der Arbeiterklasse und für den Sozialismus —

die KPD. will man verbieten!

Die Kampforganisation der proletarischen Jugend, der KJVD., die Massenkampforganisation, die den Kampf gegen Lohnraub und Unternehmerwillkür führt, die RGO., sollen verboten werden. Diese faschistischen Anschläge sollen den Kurs auf die volle Zerschlagung aller Arbeiterorganisationen Deutschlands einleiten.

Das blutige, barbarische Terror-Regime des Faschismus wird über Deutschland aufgerichtet. Massen, laßt nicht zu, daß die Todfeinde des deutschen Volkes, die Todfeinde der Arbeiter und armen Bauern, der Werktätigen in Stadt und Land ihr Verbrechen durchführen! Setzt euch zur Wehr gegen die Anschläge und den Terror der faschistischen Konterrevolution! Verteidigt euch gegen die schrankenlose soziale Reaktion der faschistischen Diktatur!

Heraus auf die Straße!

Legt die Betriebe still!

KPD-Aufruf vom 30. Januar 1933

Doch die Kundgebungsleitung verbot dem KPD-Redner die Verlesung der Erklärung. Im *Vorwärts* begründete die SPD-Leitung dieses Redeverbot mit der Behauptung, die Polizei hätte die

Verlesung der KPD-Erklärung als Provokation auffassen können und die Kundgebung aufgelöst.

Hoegner schreibt dazu: „Der Parteivorsitzende Otto Wels hielt eine seiner weithin hallenden Ansprachen, aber sie zündete nicht, die Menschen blieben dumpf und stumm. Dann ereignete sich vorne bei der Versammlungsleitung ein Zwischenfall. Der Vorsitzende der kommunistischen Reichstagsfraktion, Ernst Torgler, verlangte das Wort. Einige Dutzend seiner Anhänger riefen laut seinen Namen. Aber eine kommunistische Rede war im Programm nicht vorgesehen. Man lehnte ab. Der Versammlungsleiter teilte das der Masse mit der seltsamen Begründung mit, daß sonst ein weiterer sozialdemokratischen Redner die Ausführungen Torglers erst wieder berichtigten müßte. Wahrscheinlich wollte man nicht den Anschein einer sozialdemokratisch-kommunistischen Kundgebung erwecken. Gerüchte von einem bevorstehenden Verbot der Kommunistischen Partei gingen um. Da galt es wohl, den Trennungsstrich recht deutlich zu ziehen."

Der Terror gegen die Linksparteien, von dem auch die SPD nicht verschont blieb, begann wenige Tage nach Hitlers Machtübernahme. Gustav Gäde berichtet: „Ich war die erste Verhaftung in Dorsten. Das war am 16. Februar 1933. In der Nacht vorher hatten Max Fabian und ich Flugblätter gedruckt, in denen stand, daß Hitler ein Verbrecher ist und den Krieg will. Ich habe mich verkleidet, habe mir einen Bückel gemacht mit einem kleinen Sack, in dem Sägespäne waren. Und dann habe ich mir den Hut ganz tief ins Gesicht gezogen, und so bin ich dann, humpelnd und auf einem Stock gestützt, von Tür zu Tür gelaufen, um die Flugblätter zu verteilen.

Am nächsten Morgen waren sie an der Tür, vierzehn Mann gleich. ‚Hausdurchsuchung!' sagten sie nur und sind in die Wohnung gekommen. Sie wollten gleich ins Bad, aber ich habe mich vor die Tür gestellt und habe gesagt: ‚Hier kommt ihr nicht rein, da ist meine Frau beim Baden. Da bleibt ihr draußen, bis sie sich angezogen hat.' Ich hatte doch mindestens 150 Flugblätter im Badezimmer. Mir lief der Schweiß herunter, das kann man sich ja vorstellen. Aber sie haben sich verblüffen lassen und sind nicht ins Bad. Während sie die anderen Räume durchsuchten, hat meine Frau dann schnell die Flugblätter im Badeofen verbrannt. Sie haben nichts gefunden, nicht mal die Pistole, die ich auf dem Dachboden versteckt hatte.

Aber mitgenommen haben sie mich trotzdem. Zu Fuß sind wir zum Kommissariat gelaufen, und überall an der Straße standen die

Der nationalsozialistische Terror nimmt endgültig staatliche Formen an: Polizei besetzt die Zentrale der KPD.

Leute und haben die Nazis ausgebuht. Die Leute wußten doch, das ist der Gäde, den bringen sie weg, weil er Kommunist ist. Im Gefängnis habe ich dann bald meine Genossen wiedergetroffen, von Tag zu Tag wurden es mehr.

Zu der Zeit unterstand das Gefängnis in Dorsten noch der Polizei, das wurde erst später von den Nazis übernommen, und deshalb hat mich meine Frau auch immer besuchen können. Sie war alle vierzehn Tage bei mir. Einmal ist sie sogar über die Mauer geklettert, um mir einen Kassiber zu bringen. Damit ich Bescheid wußte, wer alles verhaftet war. Aber ich habe ihr dann gesagt: ‚Das ist gefährlich, Friedchen. Paß mal auf, wir machen das anders. Wenn du nächstes Mal kommst und mir eine Nachricht zustecken willst, dann gibst du mir einen Kuß, und den Zettel hast du unter der Zunge. Den schiebst du mir dann in den Mund.'

Der Widerstand mußte ja weitergehen. Es sollte ein entsetzlich langer und blutiger Weg werden."

Gustav Gäde starb im Januar 1982 in Marl.

Die wichtigsten Reichsminister in der Weimarer Republik

Beginn	Reichskanzler	Vizekanzler	Äußeres
13. 2. 1919	Scheidemann (SPD)	Schiffer (DDP) ab 30. 4. 1919 Dernburg (DDP)	Graf Brockdorff- Rantzau (parteilos)
21. 6. 1919	Bauer (SPD)	Erzberger (Zentrum) ab 2. 10. 1919 Schiffer (DDP)	H. Müller (SPD)
27. 3. 1920	H. Müller (SPD)	Koch (DDP)	Köster (SPD)
21. 6. 1920	Fehrenbach (Zentrum)	Heinze (DVP)	Simons (parteilos)
10. 5. 1921	Wirth (Zentrum)	Bauer (SPD)	Rosen (parteilos)
26. 10. 1921	Wirth (Zentrum)	Bauer (SPD)	Wirth (Zentrum) 21. 1.–24. 6. 1922 Rathenau (DDP)
22. 11. 1922	Cuno (parteilos)	—	von Rosenberg (parteilos)
13. 8. 1923	Stresemann (DVP)	Schmidt (SPD)	Stresemann (DVP)
6. 10. 1923	Stresemann (DVP)	—	Stresemann (DVP)
30. 11. 1923	Marx (Zentrum)	Jarres (DVP)	Stresemann (DVP)
3. 6. 1924	Marx (Zentrum)	Jarres (DVP)	Stresemann (DVP)
15. 1. 1925	Luther (parteilos)	—	Stresemann (DVP)
20. 1. 1926	Luther (parteilos)	—	Stresemann (DVP)
16. 5. 1926	Marx (Zentrum)	—	Stresemann (DVP)
29. 1. 1927	Marx (Zentrum)	Hergt (DNVP)	Stresemann (DVP)
28. 6. 1928	H. Müller (SPD)	—	Stresemann (DVP) ab 4. 10. 1929 Curtius (DVP)
30. 3. 1930	Brüning (Zentrum)	Dietrich (DDP)	Curtius (DVP)
9. 10. 1931	Brüning (Zentrum)	Dietrich (DDP)	Brüning (Zentrum)
1. 6. 1932	von Papen (parteilos)	—	Frhr. v. Neurath (parteilos)
3. 12. 1932	von Schleicher (parteilos)	—	Frhr. v. Neurath (parteilos)
30. 1. 1933	Hitler (NSDAP)	von Papen (parteilos)	Frhr. v. Neurath (parteilos)

Inneres	Reichswehr	Wirtschaft	Finanzen
Preuß (DDP)	Noske (SPD)	Wissell (SPD)	Schiffer (DDP) ab 19. 4. 1919 Dernburg (DDP)
David (SPD) ab 5. 10. 1919 Koch (DDP)	Noske (SPD)	Wissell (SPD) ab 15. 7. 1919 Schmidt (SPD)	Erzberger (Zentrum)
Koch (DDP)	Geßler (DDP)	Schmidt (SPD)	Wirth (Zentrum)
Koch (DDP)	Geßler (DDP)	Scholz (DVP)	Wirth (Zentrum)
Gradnauer (SPD)	Geßler (DDP)	Schmidt (SPD)	Wirth (Zentrum)
Köster (SPD)	Geßler (DDP)	Schmidt (SPD)	Hermes (Zentrum)
Oeser (DDP)	Geßler (DDP)	Becker (DVP)	Hermes (Zentrum)
Sollmann (SPD)	Geßler (DDP)	von Raumer (DVP)	Hilferding (SPD)
Sollmann (SPD) ab 11. 11. 1923 Jarres (DVP)	Geßler (DDP)	Koeth (parteilos)	Luther (parteilos)
Jarres (DVP)	Geßler (DDP)	Hamm (DDP)	Luther (parteilos)
Jarres (DVP)	Geßler (DDP)	Hamm (DDP)	Luther (parteilos)
Schiele (DNVP) ab 26. 10. 1925 Geßler (DDP)	Geßler (DDP)	Neuhaus (DNVP) ab 26. 10. 1925 Krohne (DVP)	von Schlieben (DNVP) ab 26. 10. 1925 Luther (parteilos)
Külz (DDP)	Geßler (DDP)	Curtius (DVP)	Reinhold (DDP)
Külz (DDP)	Geßler (DDP)	Curtius (DVP)	Reinhold (DDP)
von Keudell (DNVP)	Geßler (DDP) ab 19. 1. 1928 Groener (parteilos)	Curtius (DVP)	Köhler (Zentrum)
Severing (SPD)	Groener (parteilos)	Curtius (DVP) ab 23. 12. 1929: Schmidt (SPD)	Hilferding (SPD) ab 23. 12. 1929 Moldenhauer (DVP)
Wirth (Zentrum)	Groener (parteilos)	Dietrich (DDP)	Moldenhauer (DVP) ab 26. 6. 1930 Dietrich (DDP)
Groener (parteilos)	Groener (parteilos)	Warmbold (parteilos)	Dietrich (DDP)
Frhr. v. Gayl (DNVP)	von Schleicher (parteilos)	Warmbold (parteilos)	Graf Schwerin-v. Krosigk (parteilos)
Bracht (parteilos)	von Schleicher (parteilos)	Warmbold (parteilos)	Graf Schwerin-v. Krosigk (parteilos)
Frick (NSDAP)	von Blomberg (parteilos)	Hugenberg (DNVP)	Graf Schwerin-v. Krosigk

Bildnachweis

Archiv (S. 9, 37, 43, 47, 97, 101, 139, 171, 184, 188, 193, 200, 202, 215, 219, 224, 232, 235, 237)
Bildarchiv Preußischer Kulturbesitz (S. 194)
Friedrich-Ebert-Stiftung (S. 20)
John Heartfield, S. 173, Fotomontage
SPD-Frankfurt (S. 22, 206)
Studienkreis zur Geschichte und Vermittlung der Geschichte des deutschen Widerstandes (S. 54, 148)

Einige Lesetips:

W. Abendroth, Ein Leben in der Arbeiterbewegung, Frankfurt a. M. 1976
H. Brüning, Memoiren 1918–1934, München 1972
E. Carlebach, Hitler war kein Betriebsunfall, Frankfurt a. M. 1978
F. Deppe u. a., Geschichte der deutschen Gewerkschaftsbewegung, Köln² 1977
E. J. Gumbel, Verschwörer – Zur Geschichte und Soziologie der deutschen nationalistischen Geheimbünde, Heidelberg 1979
F. Hitzer, Der Mord im Hofbräuhaus, Frankfurt a. M. 1982
W. Hoegner, Flucht vor Hitler, München 1977
R. Kühnl (Hrsg.), Der deutsche Faschismus in Quellen und Dokumenten, Köln 1975
Kunstamt Kreuzberg; Weimarer Republik, Westberlin 1977
A. Reisberg, An den Quellen der Einheitsfrontpolitik, Westberlin o. J.
W. Ruge, Weimar – Republik auf Zeit, Köln 1980
J. Schleifstein, Die Sozialfaschismusthese, Frankfurt a. M. 1980